:: 中華文化促進會主持編纂

:: 國家"十一五"~"十四五"重點圖書出版規劃項目

:: 中國社會科學院哲學社會科學創新工程學術出版資助項目

出品人 王石 段先念

今注本二十四史

後漢書

二四

志〔四〕

南朝宋 范曄 撰 唐 李賢等 注

卜憲群 周天游 主持校注

中国社会科学出版社

後漢書　志第二十三

郡國五

漢中　巴郡　廣漢　蜀郡　犍爲　牂牁　越嶲　益州
永昌　廣漢屬國　蜀郡屬國　犍爲屬國

右益州

隴西　漢陽　武都　金城　安定　北地　武威　張掖
酒泉　敦煌　張掖屬國　張掖居延屬國

右涼州

上黨　太原　上郡　西河　五原　雲中　定襄　鴈門
朔方

右并州

涿郡　廣陽　代郡　上谷　漁陽　右北平　遼西　遼東
玄菟　樂浪　遼東屬國

右幽州

南海　蒼梧　鬱林　合浦　交趾　九真　日南

右交州

漢中郡。秦置。雒陽西千九百九十里。[1]九城，户五萬七千三百四十四，口二十六萬七千四百二。

［1］【今注】漢中郡：治南鄭縣（今陝西漢中市漢臺區）。更始帝更始二年（24），封宗室、大將軍劉嘉爲漢中王，都於南鄭。東漢光武帝建武二年（26），延岑逐走劉嘉，割據漢中。後逃奔天水，漢中轉爲公孫述所據。建武十二年，公孫述敗，漢中復爲漢郡。至東漢末，張魯割據漢中，改郡名爲漢寧。獻帝建安二十年（215），曹操平定張魯勢力，恢復漢中舊名。建安二十四年，劉備進據漢中，上表自立爲漢中王。　秦置：其地戰國時屬楚。秦惠文王十三年（前312），秦在丹陽之戰大敗楚軍，取其漢中之地而置漢中郡。

南鄭。[1]**成固**。嬀墟在西北。[2]**西城**。[3]**褒中**。[4]**沔陽**。有鐵。[5]**安陽**。[6]**錫**。有錫，春秋時曰錫穴。[7]**上庸**。本庸國。[8]**房陵**。[9]

［1］【劉昭注】《華陽國志》曰："有池水，從旱山來。"【今注】南鄭：縣名。治所在今陝西漢中市漢臺區。

［2］【劉昭注】《前書》云在西城（云，殿本作"曰"）。《帝王世記》亦云姚墟在西北（記，殿本作"紀"，下同），有舜祠。【今注】成固：縣名。治所在今陝西成固縣東。　嬀墟：帝舜起於嬀汭，以嬀爲姓，後世遂稱其居處之地爲嬀墟。據《世本》，舜又姓姚，故嬀墟又作"姚墟"。《漢書·地理志》"姚墟"繫於西城縣下。

［3］【劉昭注】《巴漢志》云漢末以爲西城郡。【今注】西城：縣名。治所在今陝西安康市西北。東漢獻帝建安二十年（215）置西城郡，郡治當在本縣。

［4］【劉昭注】《華陽國志》曰有唐公防祠（錢大昕《廿二史

考異》卷一四《續漢書二》以爲“防”當爲“房”之誤)。【今注】褒中：縣名。治所在今陝西勉縣東。《漢書·地理志》作“褒中”。

[5]【劉昭注】《華陽國志》曰有定軍山。《博物記》曰縣北有丙穴(北，大德本作“西”)。《巴漢志》曰：“縣有度水，水有二原，一曰清檢(檢，此字底本爲空格，今據諸本補)，二曰濁檢(二，殿本作‘一’)。”【今注】沔陽：縣名。治所在今陝西勉縣東南。

[6]【今注】安陽：縣名。治所在今陝西城固縣北。或以爲在今陝西石泉縣一帶。

[7]【劉昭注】《左傳》文十一年，楚伐麇，至于錫穴。【今注】錫：縣名。治所在今陝西白河縣東。漢封泥有“錫丞之印”；《漢書·地理志》亦作“錫”，顔師古注引應劭曰音“陽”。應劭爲東漢時人，讀音當不誤，故縣名應以“錫”字爲是(詳王先謙《後漢書集解》及中華本校勘記)。　錫穴：周代子爵小國麇國的都城，在今陝西白河縣。一説在今湖北十堰市鄖陽區。

[8]【今注】上庸：縣名。治所在今湖北竹山縣西南。　庸國：商周古國。在今湖北省竹山縣西南。春秋時爲楚國所滅，其地置上庸縣。

[9]【劉昭注】《巴漢志》曰：“建安十三年别屬新城郡(屬，大德本作‘蜀’)。有維山，維水所出，東入瀘。”【今注】房陵：縣名。治所在今湖北房縣。東漢獻帝建安末改屬房陵郡。

巴郡。秦置。雒陽西三千七百里。[1]十四城，户三十一萬六百九十一，口百八萬六千四十九。[2]

[1]【劉昭注】譙周《巴記》曰：“初平六年(東漢獻帝初平紀元止於四年，錢大昕《廿二史考異》卷一四《續漢書二》以爲

‘六年’必誤），趙穎分巴爲二郡（陳景雲《兩漢訂誤》卷四以爲據本書卷七五《劉焉傳》，‘趙穎’當作‘趙韙’），欲得巴舊名，故郡以墊江爲治，安漢以下爲永寧郡。建安六年，劉綽分巴（綽，殿本作‘璋’），以永寧爲巴東郡，以墊江爲巴西郡。”《蜀都賦》注云：“銅梁山在巴東。”干寶《搜神記》曰：“有澤水，民謂神龍，不可鳴鼓其傍，即使大雨。”《蜀都賦》曰：“潛龍蟠於沮澤，應鳴鼓而興雨。”【今注】巴郡：治江州縣（今重慶市北）。東漢初爲公孫述所據。光武帝建武十二年（36），公孫述敗，巴郡復爲漢郡。獻帝興平二年（195），以郡地分爲永寧郡、巴郡、固陵郡。至建安六年（201），益州牧劉璋改永寧郡爲巴郡，固陵郡爲巴東郡，巴郡爲巴西郡，合稱“三巴”。　秦置：據《華陽國志·巴志》，秦惠文王時滅巴國，置巴郡。

［2］【今注】案，據《華陽國志》記東漢桓帝永興二年（154）巴郡太守但望上疏，巴郡轄域南北四千，東西五千，週萬餘里。屬縣十四，鹽鐵五官各有丞史。户數四十六萬四千七百八十，口數一百八十七萬五千五百三十五。永興爲桓帝年號，時值東漢晚期，巴郡户口數皆多於本志。

江州。[1]**宕渠**。有鐵。[2]**朐忍**。[3]**閬中**。[4]**魚復**。[5]扞水，有扞關。[6]**臨江**。[7]**枳**。[8]**涪陵**。出丹。[9]**墊江**。[10]**安漢**。[11]**平都**。[12]**充國**。永元二年分閬中置。[13]**宣漢**。[14]**漢昌**。永元中置。[15]

［1］【劉昭注】杜預曰巴國也。有塗山，禹娶塗山。《華陽國志》曰：“帝禹之廟銘存焉。有清水穴，巴人以此爲粉，則膏暉鮮芳（暉，大德本、殿本作‘澤’），貢粉京師，因名粉水（‘因’字上殿本有‘乃’字）。”【今注】江州：縣名。治所在今重慶市北。

［2］【今注】宕渠：縣名。治所在今四川渠縣東北。

［3］【劉昭注】《巴漢志》曰："山有大小石城勢者（惠棟《後漢書補注》以爲'勢者'二字衍。中華本據删）。"【今注】朐（qú）忍：縣名。治所在今重慶市雲陽縣西南。

［4］【劉昭注】案本傳有俞水。《巴漢志》曰："有彭池、大澤、名山、靈臺，見孔子《内讖》。"【今注】閬中：縣名。治所在今四川閬中市。

［5］【劉昭注】古庸國，《左傳》文十年魚人逐楚師是也（陳景雲《兩漢訂誤》卷四謂"十"字後脱"六"字。中華本據《殿本考證》補）。【今注】魚復：縣名。治所在今重慶奉節縣東。

［6］【劉昭注】《史記》曰，楚肅王爲扞關以拒蜀。【今注】扞水：長江支流。源出長江北岸大巴山支脈，南流至今重慶奉節縣東注入長江。　扞關：關隘名。又稱捍關、江關，戰國時楚國置，在今重慶奉節縣東長江北岸赤甲山上，向爲荆楚西入巴蜀之門户。本書卷一三《公孫述傳》記載，公孫述派遣將軍任滿"從閬中下江州，東據扞關，於是盡有益州之地"，足見兩漢之際扞關仍爲巴蜀地區東部關防。《漢印文字徵》有"扞關長印"。張家山漢簡《二年律令·津關令》作"打關"。或以爲楚肅王爲拒蜀而修建的扞關在今湖北長陽土家族自治縣境内（東漢時爲南郡佷山縣），故劉昭此注不應置於巴郡魚復縣下，而應置於南郡佷山縣條下。魚復扞關實爲西漢之江關，東漢時改稱扞關。（詳見朱聖鍾《〈後漢書·郡國志〉劉昭注補魚復扞關考》，《三門峽職業技術學院學報》2013年第2期）

［7］【今注】臨江：縣名。治所在今重慶市忠縣。

［8］【劉昭注】《史記》蘇代曰："楚得枳而國亡。"《華陽國志》有明月峽、廣德嶼者是也（國，底本作"同"，今據諸本改）。【今注】枳：縣名。治所在今重慶市涪陵區東北。

［9］【劉昭注】《巴記》曰："靈帝分涪陵置永寧縣。"《巴漢

志》曰："涪陵，巴郡之南鄙，從枳南入折丹涪水（殿本'涪'後有'陵'字），本與楚商於之地接（殿本無'本'字）。漢時赤田軍常取其民（惠棟《後漢書補注》據《華陽國志》，以爲'赤田軍'當爲'赤甲軍'）。"【今注】涪陵：縣名。治所在今重慶彭水苗族土家族自治縣。　丹：丹砂，硃砂，係一種深紅的礦物質，在秦漢時期爲重要顔料。

［10］【今注】墊江：縣名。治所在今重慶市合川區。

［11］【今注】安漢：縣名。治所在今四川南充市北。

［12］【劉昭注】《巴記》曰："和帝分枳置。"【今注】平都：縣名。治所在今重慶市豐都縣。其地本屬枳縣，東漢和帝永元二年（90），分枳縣地置平都縣，因界内有平都山，故名。

［13］【劉昭注】《巴記》曰："初平四年，復分爲南充國縣。"【今注】充國：縣名。治所在今四川閬中市南。　永元二年分閬中置：《漢書·地理志》即有充國縣，此謂東漢分閬中縣置，令人費解，故錢大昕《廿二史考異·續漢書二》疑其有誤。王先謙《後漢書集解》以爲，西漢有充國縣，東漢初或省併入閬中縣，至和帝永元二年（90）復置。

［14］【劉昭注】《巴漢記》曰："和帝分宕渠之東置（和，大德本作'恒'）。"【今注】宣漢：縣名。治所在今四川達州市通川區。東漢和帝永元年間，分宕渠縣東部之地置縣。

［15］【劉昭注】《巴記》曰（巴，紹興本作"已"）："分宕渠之北而置之（之，殿本作'也'）。"【今注】漢昌：縣名。治所在今四川巴中市巴州區。東漢和帝永元年間，分宕渠縣北部之地置縣。

廣漢郡。高帝置。雒陽西三千里。[1]十一城，户十三萬九千八百六十五，[2]口五十萬九千四百三十八。

［1］【今注】廣漢郡：初治涪縣（今四川綿陽市東北），東漢安帝元初二年（115）徙治雒縣（今四川廣漢市北）。東漢初爲公孫述所據。光武帝建武十二年（36），公孫述敗，廣漢郡復爲漢郡。

［2］【今注】案，五，大德本作“一”。

雒。［1］州刺史治。［2］**新都**。［3］**綿竹**。［4］**什邡**。［5］**涪**。［6］**梓潼**。［7］**白水**。［8］**葭萌**。［9］**郪**。［10］**廣漢**。［11］有沈水。［12］**德陽**。［13］

［1］【今注】雒：縣名。治所在今四川廣漢市東。爲廣漢郡太守、益州刺史治所。

［2］州刺史治：《殿本考證》齊召南謂各州刺史治例無“州”字，此“州”字衍。中華本據删。可從。李慈銘《後漢書札記》卷七亦謂：志所紀刺史治，惟此與漢陽郡隴下作“州刺史治”，餘皆無“州”字。刺史自知爲州，不必贅此一字。疑兩處皆是衍文，當删之，與它處一例。

［3］【劉昭注】《華陽國志》曰：“有金堂山，水通巴漢。”【今注】新都：縣名。治所在今四川成都市新都區。

［4］【劉昭注】《地道記》曰：“有紫巖山，綿水之所出焉。”【今注】綿竹：縣名。治所在今四川德陽市北。

［5］【今注】什邡：縣名。治所在今四川什邡市。《漢書·地理志》作“汁方”。漢封泥有“汁邡長印”。

［6］【劉昭注】《巴漢志》曰：“孱水出孱山。”【今注】涪：縣名。治所在今四川綿陽市東。

［7］【劉昭注】《地道記》“五婦山，馳水出”。建安二十二年，劉備以爲郡。【今注】梓潼：縣名。治所在今四川梓潼縣。

［8］【劉昭注】《山海經》曰白水出蜀而東南入江，郭璞曰今在縣。【今注】白水：縣名。治所在今四川青川縣東北。

［9］【劉昭注】《華陽國志》："有水通于漢川，有金銀礦，民洗取之。"【今注】葭（jiā）萌：縣名。治所在今四川廣元市西南。

［10］【今注】郪：縣名。治所在今四川中江縣東南。

［11］【今注】廣漢：縣名。治所在今四川射洪市東南。更始帝更始元年（23），封光禄勳劉賜爲廣漢侯。

［12］【今注】沈水：即今四川射洪市東南之洋溪河。東漢光武帝建武十一年（35），輔威將軍臧宫大破公孫述部將延岑於沈水。

［13］【劉昭注】《華陽國志》曰："有劍閣道，三十里，至險。"【今注】德陽：縣名。治所初在今四川梓潼縣北，後徙至今四川遂寧市南〔詳見周振鶴、李曉傑、張莉《中國行政區劃通史·秦漢卷（下）》，復旦大學出版社 2016 年版，第 922 頁〕。

蜀郡。秦置。雒陽西三千一百里。[1]十一城，户三十萬四百五十二，口百三十五萬四百七十六。

［1］【今注】蜀郡：治成都縣（今四川成都市武侯區）。東漢初爲公孫述所據。光武帝建武十二年（36），公孫述敗，蜀郡復爲漢郡。　秦置：秦惠文王時置蜀郡。《水經注·江水》云："秦惠文王二十七年，遣張儀與司馬錯等滅蜀，遂置蜀郡焉。"然據《史記》卷五《秦本紀》，秦惠文王更元九年（前 316），"司馬錯伐蜀，滅之"。《史記·六國年表》同樣將"擊蜀，滅之"繫在惠文王更元九年。惠文王更元十二年封公子繇通爲蜀侯，十四年蜀侯繇通爲蜀相陳壯所殺。秦武王元年（前 310）誅蜀相陳壯。可見秦滅蜀之後，先封侯以治蜀地，終秦惠文王之世，未在蜀地設郡。《史記·六國年表》記秦昭襄王六年（前 301）"蜀反，司馬錯往誅蜀守煇，定蜀"，可知秦昭襄王六年之前，蜀地已置郡。案，三，大德本作"二"。

成都。[1]**郫**。[2]**江原**。[3]**繁**。[4]**廣都**。[5]**臨邛**。[6]有鐵。**湔氐道**。[7]岷山在西徼外。[8]**汶江道**。[9]**八陵**。[10]**廣柔**。[11]**緜虒道**。[12]

［1］【劉昭注】《蜀都賦注》曰："武帝元鼎二年，立成都郭十八門。"【今注】成都：縣名。治所在今四川成都市武侯區。

［2］【今注】郫：縣名。治所在今四川成都市郫都區。

［3］【今注】江原：縣名。治所在今四川崇州市東南。東漢明帝永平五年（62）刑徒磚銘文有"蜀郡江原完城旦"〔胡海帆、湯燕編著：《中國古代磚刻銘文集（下）》，文物出版社 2005 年版，第 3 頁〕。

［4］【今注】繁：縣名。治所在今四川彭州市西北。

［5］【劉昭注】任豫《益州記》曰："縣有望川源，鑿石二十里，引取郫江水灌廣都田，云後漢所穿鑿者。"【今注】廣都：縣名。治所在今四川成都市雙流區東南。

［6］【劉昭注】《博物記》曰："有火井，深二三丈，在縣南百里。以竹木投取火，後人以火燭投井中，火即滅絶，不復然。"《蜀都賦注》曰："火井欲出其火，先以家火投之，須臾許隆隆如雷聲，爛然通天，光耀十里，以竹筒盛之，接其光而無炭也。取井火還，煮井水，一斛水得四五斗鹽，家火煮之，不過二三斗鹽耳。"【今注】臨邛：縣名。治所在今四川邛崍市。

［7］【劉昭注】《蜀王本紀》曰："縣前有兩石對如闕，號曰彭門。"【今注】湔氐道：縣道名。治所在今四川松潘縣北。漢代稱少數民族聚居之縣爲道。湔，大德本作"澵"。

［8］【劉昭注】《山海經》曰："岷山，江水出焉，東北注于海。中多良龜，其上多金玉，其下多白珉，其獸多犀、象、夔。"郭璞曰："今蜀山中有大牛，重數千斤，曰夔。"《蜀都賦注》曰："岷山特多藥，其椒特多好者，絶異於天下之好者。"【今注】岷

山：在今四川松潘縣北部，爲岷江發源之地。　徼外：邊塞以外。

［9］【劉昭注】《華陽國志》曰："濊水、駹水出焉，多冰寒，盛夏凝凍不釋（凝，大德本作'疑'）。孝安延光三年復立之以爲郡。"【今注】汶江道：縣道名。治所在今四川茂縣北。

［10］【今注】八陵：當爲"蠶陵"（詳惠棟《後漢書補注》），縣名。治所在今四川茂縣西北。

［11］【劉昭注】《帝王世紀》曰禹生石紐（紀，紹興本、大德本作"記"）。縣有石紐邑。《華陽國志》曰："夷人營其地，方百里，不敢居牧。有過，逃其野中不敢追，云畏禹神；能藏三年，爲人所得，則共原之，云禹神靈祐之。"【今注】廣柔：縣名。治所在今四川理縣東北。

［12］【劉昭注】《華陽國志》曰："有玉壘山，出璧玉，湔水所出。"【今注】緜虒（sī）道：縣道名。治所在今四川汶川縣西南。"緜"同"綿"。

犍爲郡。武帝置。雒陽西三千二百七十里。劉璋分立江陽郡。[1]九城，户十三萬七千七百一十三，口四十一萬一千三百七十八。

［1］【今注】犍爲郡：治所始在僰道（今四川宜賓市西南），後移至武陽縣（今四川眉山市彭山區東）。東漢初爲公孫述所據。光武帝建武十二年（36），公孫述敗，蜀郡復爲漢郡。犍爲，漢碑、封泥、簡牘皆作"楗爲"。　武帝置：西漢武帝建元六年（前135）開。《漢書》卷九五《西南夷傳》記載，武帝拜唐蒙爲郎中將，"將千人，食重萬餘人，從巴莋關入，遂見夜郎侯多同。厚賜，諭以威德，約爲置吏，使其子爲令。夜郎旁小邑皆貪漢繒帛，以爲漢道險，終不能有也，迺且聽蒙約。還報，迺以爲犍爲郡"。　劉璋：字季玉，東漢末益州牧劉焉之子，割據益州，後歸降劉備。傳見

《三國志》卷三一。 江陽郡：東漢獻帝建安十八年（213），益州牧劉璋分犍爲郡之江陽、漢安、符節三縣置江陽郡，治所在江陽縣。

武陽。有彭亡聚。[1]**資中**。[2]**牛鞞**。[3]**南安**。[4]有魚泣津。[5]**僰道**。[6]**江陽**。[7]**荷節**。[8]**南廣**。[9]**漢安**。[10]

［1］【劉昭注】岑彭死處。《南中志》曰："縣南二十里彭望山。"《益州記》曰："縣有王喬仙處。王喬祠今在縣，下有彭祖冢，上有彭祖祠。"【今注】武陽：縣名。治所在今四川眉山市彭山區東。1993年四川成都市白馬寺江邊出土東漢"犍爲武陽"銘文磚（高文、王錦生編著：《中國巴蜀漢代畫像磚大全》，澳門：國際港澳出版社2002年版）。 彭亡聚：鄉聚名。在今四川眉山市彭山區江口鎮。東漢光武帝建武十一年（35），征南大將軍岑彭征討公孫述，宿營於此，被刺客刺殺。《華陽國志·公孫述劉二牧志》："彭破述荆門關及沔關，徑至彭亡。述使刺客殺彭。由是改彭亡曰平無，言無賊也。"

［2］【今注】資中：縣名。治所在今四川資陽市雁江區。

［3］【今注】牛鞞（bēi）：縣名。治所在今四川簡陽市。

［4］【劉昭注】《蜀都賦注》曰："縣之南有五屼山（屼，大德本作'屹'），一山而五里，在越巂界。"【今注】南安：縣名。治所在今四川樂山市市中區。

［5］【劉昭注】《蜀都賦注》曰："魚符津數百步，在縣北三十里。縣臨大江，岸便山嶺相連，經益州郡，有道廣四五尺，深或百丈，斬鑿之跡今存（斬，大德本作'塹'），昔唐蒙所造。"《博物記》："縣西百里有牙門山。"《華陽國志》曰："縣西有熊耳峽，南有峨眉山，去縣八十餘里。"【今注】魚泣津：又名"魚符津"，爲岷江津渡，在今四川樂山市北岷江邊。東漢光武帝建武十

二年（36），大司馬吴漢在此大破公孫述部將魏黨、公孫永。

［6］【劉昭注】《華陽國志》曰："治馬湖江會，水通越巂。舊本有僰人。有荔枝、薑蒟。有王岳蘭（王，大德本作'五'，殿本作'玉'。案，惠棟《後漢書補注》云：'《水經注》曰縣有蜀王兵蘭。"蘭"與"闌"古字通。今《華陽國志》作"兵欄"也'）。李冰燒之崖有五色，赤白映水玄黄。魚從楚來，至此而止，畏崖映其水故也。"【今注】僰（bó）道：縣道名。治所在今四川宜賓市西南。

［7］【劉昭注】《華陽國志》曰："江、雒會，有方蘭祀（惠棟《後漢書補注》以爲諸本'方'後脱'山'字），江中有大闕、小闕。"《蜀都賦注》云："沱、潛既道，從縣南流至漢嘉縣入大穴，中通剛山下，因南潛出，今名復出水是也。"【今注】江陽：縣名。治所在今四川瀘州市江陽區。

［8］【今注】荷節：《漢書·地理志》作"符"。王先謙《後漢書集解》卷二三引錢大昕説："《前志》有符，無荷節，疑荷乃符之訛，而衍一節字也。《水經》：'江水東過符縣。'注引符有先絡，僰道有張帛，是後漢亦名符縣矣。或謂東京改名符節，晉時復爲符者，非也。"據此，"荷節"乃"符"之訛誤。符縣治所在今四川合江縣。何焯《義門讀書記》以爲當爲"符節"之誤。

［9］【今注】南廣：縣名。治所在今四川筠連縣一帶。《懸泉漢簡》編號 VT1410③簡文有"公車令奉親劾南廣守長堂琅右尉平夷上女子徐意言變事書一封平夷不爲意稱妾而爲稱臣有言而誤"，"南廣守長"即指南廣縣長官。

［10］【今注】漢安：縣名。治所在今四川内江市西。《漢書·地理志》不見此縣名。東漢時分資中縣之地新置漢安縣。《漢安長陳君閣道碑》碑文有"永建五年孟春下，漢安長蜀郡青衣陳君到官"，知漢安縣在順帝永建五年（130）之前即已設置（參見劉琳《華陽國志校注》，巴蜀書社 1984 年版，第 292 頁）。

牂牁郡。武帝置。雒陽西五千七百里。[1]十六城，户三萬一千五百二十三，口二十六萬七千二百五十三。

[1]【今注】牂牁郡：治故且蘭縣（今貴州黄平縣至貴陽市一帶）。　武帝置：西漢武帝建元六年（前135）設立。

故且蘭。[1]**平夷**。[2]**鄨**。[3]**毋斂**。[4]**談指**。出丹。[5]**夜郎**。出雄黄、雌黄。[6]**同並**。[7]**談稾**。[8]**漏江**。[9]**毋單**。[10]**宛温**。[11]**鐔封**。[12]**漏卧**。[13]**句町**。[14]**進乘**。[15]**西隨**。[16]

[1]【劉昭注】《地道記》曰："有沈水（王先謙《後漢書集解》以爲'沈'當作'沅'）。"【今注】故且蘭：縣名。治所在今貴州黄平縣至貴陽市一帶。

[2]【今注】平夷：縣名。治所在今貴州畢節市東一帶。

[3]【劉昭注】《地道記》曰："不狼山，鄨水所出。"【今注】鄨：縣名。治所在今貴州遵義市西。

[4]【今注】毋斂：縣名。治所在今貴州獨山縣北。

[5]【劉昭注】《南中志》曰："有不津江，江有瘴氣。"【今注】談指：縣名。治所在今貴州貞豐縣北。

[6]【劉昭注】案《本傳》有竹王三郎祠。【今注】夜郎：縣名。治所在今貴州關嶺布衣族苗族自治縣一帶。

[7]【今注】同並：縣名。治所在今雲南彌勒市東南。

[8]【今注】談稾：縣名。治所在今貴州盤州市一帶。

[9]【今注】漏江：縣名。治所在今雲南瀘西縣東。

[10]【今注】毋單：縣名。治所在今雲南彌勒市西北。

[11]【劉昭注】《南中志》曰："縣北三百里有盤江，廣數百

步，深十餘丈。此江有毒氣。"【今注】宛温：縣名。治所在今雲南丘北縣南、硯山縣北一帶。

［12］【劉昭注】《華陽國志》曰："有温水。"【今注】鐔封：縣名。治所在今雲南硯山縣西北與文山苗族壯族自治州交界處一帶。

［13］【今注】漏臥：縣名。治所在今雲南羅平縣。

［14］【劉昭注】案本傳有桄榔木。《地道記》有文衆水。【今注】句町：縣名。治所在今雲南廣南縣西北。

［15］【今注】進乘：縣名。治所在今雲南屏邊苗族自治縣東一帶。《漢書·地理志》及《水經注》作"進桑"。

［16］【劉昭注】《地道記》曰："麋水，西受徼外，東至麋泠（麋，殿本作'麊'），入尚龍谿。"【今注】西隨：縣名。治所在今雲南元陽縣東南。

越巂郡。武帝置。雒陽西四千八百里。[1]十四城，户十三萬一百二十，口六十二萬三千四百一十八。[2]

［1］【今注】越巂郡：治邛都縣（今四川西昌市東南）。越巂，《漢書·地理志》作"越嶲"。　武帝置：西漢武帝建元六年（前135）設立。

［2］案，三千，殿本作"二千"。

邛都。南山出銅。[1]**遂久**。[2]**靈關道**。[3]**臺登**。出鐵。[4]**青蛉**。有禺同山，俗謂有金馬碧雞。[5]**卑水**。[6]**三縫**。[7]**會無**。出鐵。[8]**定莋**。[9]**闡**。[10]**蘇示**。[11]**大莋**。[12]**莋秦**。[13]**姑復**。[14]

［1］【劉昭注】《南中志》曰："縣東南數里有水名邛廣都河，從廣二十里，深百餘丈，有魚長一二丈，頭特大，遥視如戴鐵釜狀。"《華陽國志》曰："河有嗱嶲山（嶲，殿本作'雋'），又有温水穴，冬夏常熟（熟，紹興本、大德本、殿本作'熱'）。"【今注】邛都：縣名。治所在今四川西昌市高梘鄉中所村高梘土城遺址（參見涼山彝族自治州博物館、涼山彝族自治州文物管理所編著《一個考古學文化交彙區的發現——涼山考古四十年》，科學出版社 2015 年版，第 381—384 頁）。1983 年，四川省昭覺縣好穀鄉發現一批東漢末石表、石碑，其中一通石表是東漢靈帝光和四年（181）邛都縣上諸、安斯二鄉十四里民衆所立，内容爲朝廷詔書及郡縣執行文書，涉及與當地有關的基層官吏調動及税賦復除等事（參見劉弘、陳娜、唐亮《四川涼山州昭覺縣好穀鄉發現的東漢石表》，《四川文物》2007 年第 2 期）。　南山出銅：南山，當指今四川西昌市東南螺髻山。1976 年曾在螺髻山東部河谷石嘉鄉發現銅器窖藏，1988 年在西昌市南黄連關區東坪村發現、發掘一處面積達十八萬平方米的漢代冶銅鑄幣遺址（詳見四川大學歷史系考古專業、西昌市文管所《四川西昌東坪漢代冶鑄遺址的發掘》，《文物》1994 年第 9 期）。

［2］【劉昭注】《華陽國志》曰："有繩水。"《廣志》曰："有縹碧石，有緑碧。"【今注】遂久：縣名。治所在今雲南玉龍納西族自治縣北部。

［3］【劉昭注】《華陽國志》曰："有銅山，又有利慈。"【今注】靈關道：縣道名。治所在今四川峨邊彝族自治縣南部一帶。

［4］【劉昭注】《華陽國志》曰："有孫水，一曰白沙江。山有砮，火燒成鐵。"【今注】臺登：縣名。治所在今四川冕寧縣南。

［5］【劉昭注】《華陽國志》曰："有鹽官。濮水出。"【今注】青蛉：縣名。治所在今雲南大姚縣。陳直《漢書新證》以爲"青蛉"爲"蜻蛉"之省文（中華書局 2008 年版，第 205 頁）。　禺同

山：山名。在今雲南大姚縣。　金馬碧雞：《漢書·郊祀志》記載，西漢宣帝神爵元年（前61），“或言益州有金馬碧雞之神，可醮祭而致，於是遣諫大夫王褒使持節而求之”。後王褒病死道中，其事遂寢。顔師古注引如淳曰：“金形似馬，碧形似雞。”意謂有形狀似馬的黄金、形狀似雞的碧玉。

［6］【劉昭注】《華陽國志》曰：“水通馬湖。”【今注】卑水：縣名。治所在今四川昭覺縣一帶。今昭覺縣城北鄉谷都羅村羅火熱遺址，可能就是漢卑水縣治所在（參見涼山彝族自治州博物館、涼山彝族自治州文物管理所編著《一個考古學文化交彙區的發現——涼山考古四十年》，第385—386頁）。

［7］【劉昭注】《華陽國志》曰：“通道寧州，度瀘得蛉縣（蛉，大德本作‘泠’。案，惠棟《後漢書補注》謂‘今《華陽國志》云“蜻蛉縣”’）。有長谷石時坪，中有石豬，子母數千頭，長老傳言夷昔牧豬於此，一朝豬化爲石，迄今夷不敢往牧。”【今注】三縫：縣名。治所在今雲南元謀縣北。《漢書·地理志》作“三絳”。《華陽國志》亦作“三縫”。

［8］【劉昭注】郭璞曰，《山海經》稱縣東山出碧，亦玉類。《華陽國志》曰：“故濮人邑也。今有濮人冢，冢不閉户，其中多珠，人不可取，取之不祥。有元馬河（此處諸‘元馬’皆爲‘天馬’之誤。詳參惠棟《後漢書補注》）。元馬日行千里。縣有元馬祠。民居家馬牧山下，或産駿駒，云元馬子也。今其有元馬逕（惠棟《後漢書補注》以爲‘其’字衍），厥迹存焉。河中有銅船，今在，祠以羊可取也。河中見子（惠棟《後漢書補注》以爲‘子’當作‘存’）。土地特産好群牛（惠棟《後漢書補注》以爲‘群’當作‘犀’）。東山出青碧。”【今注】會無：縣名。治所在今四川會理市。今會理城北約一千米處的營頂遺址，可能與漢代會無縣有關（參見涼山彝族自治州博物館、涼山彝族自治州文物管理所編著《一個考古學文化交彙區的發現——涼山考古四十年》，

第 386 頁）。

［9］【劉昭注】《華陽國志》："縣在郡西（西，大德本作'四'）。度瀘水，賓岡徼白摩沙夷有鹽坑，積薪，以齊水灌而後焚之，成白鹽，漢末夷等皆錮之（錮，殿本作'飼'）。"【今注】定莋：縣名。治所在今四川鹽源縣北。

［10］【劉昭注】《華陽國志》："故邛人邑，治邛都城。"【今注】闌：縣名。治所在今四川越西縣東北。《漢書·地理志》作"闌"。

［11］【今注】蘇示：縣名。治所在今四川西昌市禮州鎮陳遠村土城遺址（參見涼山彝族自治州博物館、涼山彝族自治州文物管理所編著《一個考古學文化交彙區的發現——涼山考古四十年》，第 384 頁）。1983 年四川省昭覺縣好穀鄉發現的東漢靈帝光和四年石表，內容涉及蘇示縣基層官員調動（參劉弘、陳娜、唐亮《四川涼山州昭覺縣好穀鄉發現的東漢石表》，《四川文物》2007 年第 2 期）。

［12］【今注】大莋：縣名。治所在今四川鹽邊縣一帶。

［13］【今注】莋秦：縣名。治所在今四川冕寧縣一帶。

［14］【劉昭注】《地道記》：鹽池澤在南。【今注】姑復：縣名。治所在今雲南永勝縣一帶。

益州郡。武帝置。故滇王國。雒陽西五千六百里。《諸葛亮表》有耽文山、澤山、司彌瘞山、婁山、辟龍山，此等並皆未詳所在縣。[1] 十七城，户二萬九千三十六，口十一萬八百二。

［1］【今注】益州郡：治滇池縣（今雲南昆明市晉寧區東）。

武帝置：西漢武帝元封二年（前 109）開。《漢書》卷六《武帝紀》記載，武帝元封二年"遣將軍郭昌、中郎將衛廣發巴蜀兵平西南夷未服者，以爲益州郡”。本書卷八六《西南夷傳》記載：“滇王者，莊蹻之後也。元封二年，武帝平之，以其地爲益州郡，割牂柯、越嶲各數縣配之。後數年，復并昆明地，皆以屬之此郡。”滇王國：周秦時期西南古國，以今雲南昆明市滇池爲中心，故稱“滇”。西漢武帝元封二年降漢，漢廷賜滇王印綬，於其地置益州郡，滇國地區正式歸入中原王朝管轄。1956年，雲南昆明市晉寧區石寨山6號墓出土一枚西漢時期的金印，印紐作蛇形，背爲鱗紋。印面方形，邊長2.3釐米，通高1.8釐米，陰文篆刻“滇王之印”四字，正與文獻記載對應。1955年至1960年，雲南省博物館對石寨山墓群做了四次考古發掘，1996年進行了第五次發掘，出土了包括青銅器在内的大量精美隨葬品，確認其地爲古滇國的墓地。　諸葛亮表：當爲三國時諸葛亮所制表奏，如《出師表》。惟此表存字寥寥，具體内容無考。或以爲是蜀漢建興三年（225）諸葛亮南征四郡時，向後主劉禪彙報的軍情簡報（參張澍輯、方家常注譯《諸葛亮文集全譯》，貴州人民出版社1997年版，第59頁）。案，未，底本作“米”，誤。據紹興本、大德本改。

滇池。[1]出鐵。有池澤。[2]北有黑水祠。[3]**勝休**。[4]**俞元**。[5]裝山出銅。[6]**律高**。[7]石室山出錫。[8]盢町山出銀、鉛。[9]**賁古**。采山出銅、錫。[10]羊山出銀、鉛。[11]**毋棳**。[12]**建伶**。[13]**穀昌**。[14]**牧靡**。[15]**味**。[16]**昆澤**。[17]**同瀨**。[18]**同勞**。[19]**雙柏**。出銀。[20]**連然**。[21]**梇棟**。[22]**秦臧**。[23]

[1]【今注】滇池：縣名。治所在今雲南昆明市晉寧區東。

[2]【劉昭注】澤在縣西，見《前書》。《南中志》曰：“地周二百五十里（地，紹興本、大德本、殿本作‘池’）。”【今注】

池澤：《漢書·地理志》作“滇池澤”，即今雲南滇池。

［3］【劉昭注】《華陽國志》曰水是温泉。又有白蝟山，淮有蝟（惠棟《後漢書補注》以爲“淮”當作“惟”）。【今注】黑水祠：祭祀黑水之所。黑水，此處當指雅礱江，亦有金沙江、瀾滄江、怒江等説。

［4］【劉昭注】《南中志》曰：“有大河，從廣百四十里，深數十丈。”《地道記》曰“水東至毋棳，入橋水。”【今注】勝休：縣名。治所在今雲南江川縣北部一帶。

［5］【今注】俞元：縣名。治所在今雲南澄江縣一帶。

［6］【劉昭注】《華陽國志》在河中洲上。【今注】裝山：即今雲南澄江縣北梁王山。《漢書·地理志》作“懷山”。

［7］【今注】律高：縣名。治所在今雲南開遠、彌勒二市交界處。

［8］【今注】石室山：即今雲南彌勒市西南石洞山。《漢書·地理志》作“石空山”。

［9］【今注】盢（xù）町山：在今雲南彌勒市東南隅。今稱皈依底山。

［10］【劉昭注】《前書》曰在縣北。【今注】賁古：縣名。治所在今雲南蒙自市東南。　采山：在今雲南個舊市北。《華陽國志·南中志》記賁古縣“山出銀鉛銅鐵”。

［11］【劉昭注】在縣西。《地道記》曰：“南烏山，出錫。”【今注】羊山：在今雲南個舊市西。

［12］【劉昭注】《地道記》曰：“有橋水，出橋山。”【今注】毋棳：縣名。治所在今雲南華寧縣南。

［13］【今注】建伶：縣名。治所在今雲南昆明市晉寧區南部。故宫博物院藏傳世新莽璽印有“建伶道宰印”。“宰”爲新莽官名，由此印文可知新莽時建伶其實爲道而非縣。新莽郡縣實源於西漢，如改名者則注“莽曰”。新莽時，建伶爲“道”而非“縣”，或可

推知在西漢時也應爲道而非縣。（詳見后曉榮《〈漢書·地理志〉“道”目補考》，《中國歷史地理論叢》2008年第1輯）《隸釋》卷一七《益州太守無名碑》有“故吏建伶李□”題名。

［14］【今注】穀昌：縣名。治所在今雲南昆明市東北一帶。

［15］【劉昭注】李奇曰：“靡音麻。”出升麻。【今注】牧靡：縣名。治所在今雲南尋甸回族彝族自治縣北一帶。《漢書·地理志》作“收靡”。《隸釋》卷一七《益州太守無名碑》有“故吏牧靡孫□”，碑陰有“故吏牧靡陳漢”“故吏牧靡楊□”題名，可證“收靡”爲“牧靡”之誤字。

［16］【今注】味（mèi）：縣名。治所在今雲南曲靖市麒麟區。

［17］【今注】昆澤：縣名。治所在今雲南宜良縣北部一帶。

［18］【劉昭注】《地道記》曰：“銅虜山，米水所出。”【今注】同瀨：縣名。治所在今雲南馬龍縣南一帶。《漢書·地理志》作“銅瀨”。

［19］【今注】同勞：縣名。治所在今雲南陸良縣西一帶。

［20］【今注】雙柏：縣名。治所在今雲南雙柏縣南一帶。

［21］【今注】連然：縣名。治所在今雲南安寧市。

［22］【劉昭注】《地道記》：“連山，無血水所出。”【今注】梇棟：縣名。治所在今雲南姚安縣北。《漢書·地理志》作“弄棟”。

［23］【今注】秦臧：縣名。治所在今雲南禄豐縣東部一帶。

永昌郡。明帝永平二年分益州置。雒陽西七千二百六十里。[1]八城，户二十三萬一千八百九十七，口百八十九萬七千三百四十四。[2]

［1］【劉昭注】《廣志》曰：“永昌一郡，見龍之燿（燿，大德本、殿本作‘耀’），日月相屬。”【今注】永昌郡：治不韋縣（今雲南保山市東北）。東漢明帝永平十二年（69），哀牢王柳貌率

衆内屬，“其稱邑王者七十七人，户五萬一千八百九十，口五十五萬三千七百一十一”（本書卷八六《西南夷傳》）。漢廷以其地設立哀牢、博南二縣，又割益州郡西部都尉所管六縣，總共八縣，合爲永昌郡。案，《殿本考證》齊召南謂“二”上脱“十”字。

［2］案，永昌郡户數僅次於南陽郡、豫章郡、汝南郡、巴郡、蜀郡、潁川郡、長沙郡，居全國第八；口數僅次於南陽郡、汝南郡，居全國第三；户均8.13口，遠高於户均5.06口的全國平均數，故中華本校勘記指出：“永昌僻邪，而户口繁庶如此，且以除法計之，每十户過八十餘口，逾恒率矣，疑口數有僞。”或以爲這是《郡國志》“文字的上下竄奪，而造成了混亂”（朱桂昌：《永昌郡户口數考辨》，《思想戰綫》1980年第5期）。或以爲應把當時少數民族人口增長的特殊情況和華夏人口的一般情況區别開來審視，《郡國志》所載永昌郡户口數是值得依賴的（詳見王瑰《〈續漢書·郡國志〉永昌郡人口辨》，《曲靖師範學院學報》2016年第4期）。

不韋。出鐵。[1] **巂唐**。[2] **比蘇**。[3] **楪榆**。[4] **邪龍**。[5] **雲南**。[6] **哀牢**。[7] 永平中置，故牢王國。[8] **博南**。永平中置。南界出金。[9]

［1］【劉昭注】《華陽國志》曰：“孝武置不韋縣，徙南越相吕嘉子孫宗族居之，因名不韋，以章其先人之惡。”【今注】不韋：縣名。治所在今雲南保山市東北。

［2］【劉昭注】本西南夷，《史記》曰古爲巂、昆明。《古今注》曰：“永平十年置益州西部都尉（十，底本不清，今據諸本補），治巂唐，鎮尉哀牢人楪榆蠻夷。”《華陽國志》曰：“有同水從徼外來（同，大德本作‘司’；惠棟《後漢書補注》謂《華陽國志》作‘周’）。”【今注】巂唐：縣名。治所在今雲南保山市

與雲龍縣、永平縣交界處。《漢書·地理志》作“巂唐”。

［3］【今注】比蘇：縣名。治所在今雲南雲龍縣北。

［4］【劉昭注】有河。《廣志》曰：“有弔鳥山，縣西北八十里，在阜山，衆鳥千百群共會，鳴呼啁哳，每歲七月、八月晦望至，集六日則止，歲凡六至。雉雀來弔，特悲。其方人夜然火伺取，無嗉不食者以爲義鳥，則不取也。俗言鳳皇死於此山，故衆鳥來弔。”《地道記》有澤，在縣東。【今注】楪榆：縣名。治所在今雲南大理市西北。《漢書·地理志》作“葉榆”。縣有楪榆澤，即今雲南洱海。

［5］【今注】邪龍：縣名。治所在今雲南巍山彝族回族自治縣北部一帶。

［6］【劉昭注】《南中志》曰：“縣西高山相連，有大泉水，周旋萬步，名馮河。縣西北百數十里有山，衆山之中特高大，狀如扶風太一，鬱然高峻，與雲氣相連結，因視之不見。其山固陰沍寒，雖五月盛暑不熱。”《廣志》曰：“五月霜雪皓然。”【今注】雲南：縣名。治所在今雲南祥雲縣東南。

［7］【今注】哀牢：縣名。治所在今雲南盈江縣東。東漢明帝永平十二年（69）置縣。

［8］【今注】牢王國：即哀牢王國，戰國秦漢時期西南古國，由西南少數民族的一支“哀牢夷”建立，以今雲南保山市一帶爲中心。《華陽國志·南中志》稱“哀牢地東西三千里，南北四千六百里”，疆域甚廣。東漢前期内附。

［9］【劉昭注】《華陽國志》曰：“西山高三十里，越得蘭滄水，有金沙，洗取融爲金。有光珠穴。”《廣志》曰：“有虎魄生地中，其上及旁不生草（旁，殿本作‘傍’），深者四五八九尺，大者如斛，削去外皮（皮，殿本無），中成虎魄如升，初如桃膠凝堅成也。”【今注】博南：縣名。治所在今雲南永平縣西南。

廣漢屬國都尉。故北部都尉，屬蜀郡，安帝時以爲屬國都尉，别領三城。[1]户三萬七千一百一十，口二十萬五千六百五十二。

［1］【今注】廣漢屬國：治陰平道（今甘肅文縣西）。屬郡級行政區劃。東漢安帝永初二年（108），廣漢郡塞外參狼羌降附，遂將郡北部置爲廣漢屬國，專設屬國都尉管理。獻帝建安二十年（215），改爲陰平郡。屬國是漢代在邊境地區設置的行政機構，專門安置、管理附漢的少數民族。長官爲屬國都尉，職掌如郡太守，秩二千石。屬國之民各依舊俗，但行政方面須服從漢官，遇有戰事則奉調出兵從征。屬國之制始於漢武帝。《漢書》卷五五《霍去病傳》顔師古注曰："不改其本國之俗而屬於漢，故號屬國。"東漢沿用此制，本書《百官志五》："中興建武六年，省諸郡都尉，并職太守，無都試之役。省關都尉，唯邊郡往往置都尉及屬國都尉，稍有分縣，治民比郡。"案，"廣漢屬國都尉"，錢大昕《廿二史考異》卷一四《續漢書二》以爲"都尉"二字衍。　故北部都尉：此指廣漢郡北部都尉，掌管廣漢郡北部諸縣武事。東漢在邊郡設置數部都尉，秩比二千石，協助太守典掌所部區域軍事守備，有時亦"比郡治民"。部，底本作"郡"，今據諸本改。

陰平道。[1]**甸氐道**。[2]**剛氐道**。[3]

［1］【今注】陰平道：縣道名。治所在今甘肅文縣西。

［2］【劉昭注】《華陽國志》曰："有白水，出徼外，入漢。"【今注】甸氐道：縣道名。治所在今四川平武縣西北。

［3］【劉昭注】《華陽國志》曰："涪水所出，有金銀礦。"【今注】剛氐道：縣道名。治所在今四川平武縣。

蜀郡屬國。故屬西部都尉，延光元年以爲屬國都尉，别領四城。[1]户十一萬一千五百六十八，口四十七萬五千六百二十九。

［1］【今注】蜀郡屬國：治漢嘉縣（今四川雅安市名山區北）。屬郡級行政區劃。本爲蜀郡西部都尉，東漢安帝延光二年（123）置爲蜀郡屬國。靈帝時改爲漢嘉郡。2006年四川蘆山縣姜城遺址出土一通東漢殘碑（《趙儀碑》），據碑文，碑主名叫趙儀，字臺公，犍爲屬國漢陽縣人氏。桓帝永康元年（167）任巴郡涪陵縣長，秩四百石。靈帝建寧四年（171）出任蜀郡屬國都尉，秩比二千石。後卒，享年六十五歲。（詳見郭鳳武《蘆山出土〈趙儀碑〉考釋》，《中華文化論壇》2015年第8期）　西部都尉：此指蜀郡西部都尉，掌管蜀郡西部諸縣武事。　延光元年：本書卷五《安帝紀》記載："是歲，分蜀郡西部爲屬國都尉。"是歲，指延光二年。本書卷八六《西南夷傳》記載："延光二年春，旄牛夷叛，攻零關，殺長吏，益州刺史張喬與西部都尉擊破之。於是分置蜀郡屬國都尉，領四縣如太守。"據此可知，蜀郡屬國實設於安帝延光二年，本志注誤。

漢嘉。故青衣，陽嘉二年改。有蒙山。[1]**嚴道**。有邛僰九折坂者，邛刻置。[2]**徙**。[3]**旄牛**。[4]

［1］【劉昭注】《華陽國志》曰："有沫水，從邛來出岷江，又從岷山西來入江，合郡下青衣江入大江，土地多山。"《蜀都賦》曰"廓靈關而爲門"，注曰山名也。地在縣南。【今注】漢嘉：縣名。治所在今四川雅安市名山區北。本即西漢之青衣道，東漢順帝陽嘉二年（133）改爲漢嘉縣。張家山漢簡《二年律令·秩

律》簡文有“青衣道”。傳世西漢封泥有“青衣道令”。后曉榮據此推斷，青衣在西漢一直爲道，東漢内屬之後，纔改道爲縣。此地曾出土西漢“青衣瓦當”。（詳見后曉榮《〈漢書・地理志〉“道”目補考》，《中國歷史地理論叢》2008 年第 1 輯）《趙儀碑》，碑主名叫趙儀，靈帝時曾任蜀郡屬國都尉；立碑者張某（或即張河，字起南），蜀郡臨邛縣縣人氏，獻帝時爲“試守漢嘉長”（詳見郭鳳武《蘆山出土〈趙儀碑〉考釋》，《中華文化論壇》2015 年第 8 期）。　蒙山：山名。在今四川雅安市名山區。

［2］【劉昭注】《山海經》曰“崍山，江水出焉”，郭璞曰“中江所出也”。《華陽國志》曰：“道至險，有長嶺若棟，八渡之難，楊母閣之峻，昔陽氏倡造作閣（陽，紹興本、大德本、殿本作‘楊’），故名焉。邛崍山本名邛莋，故邛人、莋人界也。巖阻峻，迴曲九折，乃至山上，凝冰夏結，冬則劇寒，正陽行部至此退（正，紹興本、殿本作‘王’，大德本漫漶不清。底本誤。部，大德本、殿本作‘步’）。”【今注】嚴道：縣道名。治所在今四川滎經縣。　邛僰九折坂：山路名。又稱邛崃皈，在今四川滎經縣鳳儀鄉大相嶺山上，以曲折險峻著稱。　邛刻置：案，刻，當爲“郵”之誤。邛郵置爲郵驛機構名稱。郵、置均爲交通通信機構，負責傳遞公文書信，運送公務人員，並提供食宿。郵以步行傳遞爲主，置以驛馬傳遞爲主。

［3］【劉昭注】《華陽國志》曰：“出丹砂、雄雌黄、空青、青碧。”【今注】徙：縣名。治所在今四川天全縣東南。

［4］【劉昭注】《華陽國志》曰：“旄，地也，在邛崃山表。邛人自蜀入，度此山甚險難，南人毒之，故名邛崃。有鮮水、若水，一名洲江。”【今注】旄牛：縣道名。治所在今四川漢源縣南。

犍爲屬國。故郡南部都尉，永初元年以爲屬國都尉，别領二城。[1] 户七千九百三十八，口三萬七千一百八十七。

［1］【今注】犍爲屬國：治朱提縣（今雲南昭通市）。屬郡級行政區劃。東漢安帝永初元年（107）改犍爲郡南部都尉置屬國。獻帝建安十九年（214），改爲朱提郡。 南部都尉：此指犍爲郡南部都尉，掌管犍爲郡南部諸縣武事。

朱提。[1]山出銀、銅。[2]**漢陽**。[3]

［1］【劉昭注】《南中志》曰："縣有大淵池水，名千頃池（池，大德本作'地'）。西南二里有堂狼山（西，大德本作'而'），多毒草，盛夏之月，飛鳥過之，不能得去。"《蜀都賦注》曰："有靈池在縣南數十里，周四十七里。"【今注】朱提：縣名。治所在今雲南昭通市。

［2］【劉昭注】案《前書》，朱提銀重以八兩爲一流，直一千五百八十，他銀一流直一千。《南中志》曰（志，紹興本作"心"）："舊有銀窟數處。"《諸葛亮書》云："漢嘉金，朱提銀，採之不足以自食。"【今注】山出銀銅：山，指朱提山，在今雲南昭通市魯甸縣，古來以出産高質量銀著稱。《漢書·食貨志》："朱提銀重八兩爲一流，直一千五百八十。它銀一流直千。是爲銀貨二品。"顔師古注曰："朱提，縣名，屬犍爲，出善銀。"案，《漢書·地理志》作"山出銀"，"銅"字或訛。曹金華《後漢書稽疑》即指出："本志注引《前書》《南中志》等止謂出'銀'，《漢書·地理志》亦作'山出銀'，故疑有誤。"

［3］【今注】漢陽：縣名。治所在今貴州威寧彝族回族苗族自治縣、赫章縣一帶。據《趙儀碑》碑文，碑主名叫趙儀，字臺公，犍爲屬國漢陽縣人氏。東漢桓帝永康元年（167）任巴郡涪陵縣長，秩四百石。靈帝建寧四年（171）出任蜀郡屬國都尉，秩比二千石。後卒，享年六十五歲。（詳見郭鳳武《蘆山出土〈趙儀碑〉考釋》，《中華文化論壇》2015年第8期）

右益州刺史部，郡、國十二，縣、道百一十八。[1]

[1]【劉昭注】本梁州。《袁山松書》曰："建安二十年復置漢寧郡，漢中之安陽、西城郡，分錫、上庸爲上庸郡，置都尉。"【今注】益州刺史部：東漢十四刺史部之一。治雒縣（今四川廣漢市東）。案，殿本"道"字後有"一"字。

隴西郡。秦置。雒陽西二千二百二十里。[1] 十一城，户五千六百二十八，口二萬九千六百三十七。

[1]【今注】隴西郡：初治狄道縣（今甘肅臨洮縣），安帝永初五年（111）徙治襄武縣（今甘肅隴西縣東南），東漢延光三年（124）復治狄道縣。　秦置：隴西置郡於秦昭襄王時，唯其具體年代説法不一。本書卷八七《西羌傳》記載，"至王赧四十三年，宣太后誘殺義渠王於甘泉宫，因起兵滅之，始置隴西、北地、上郡焉"。王赧（即周赧王）四十三年（前272），即秦昭襄王三十五年。《水經注·河水》則記爲"漢隴西郡治，秦昭王二十八年置"。

狄道。[1] **安故**。[2] **氐道**。養水出此。[3] **首陽**。有鳥鼠同穴山，[4] 渭水出。[5] **大夏**。[6] **襄武**。有五雞聚。[7] **臨洮**。有西頃山。[8] **枹罕**。故屬金城。[9] **白石**。故屬金城。[10] **鄣**。[11] **河關**。故屬金城。積石山在西南，河水出。[12]

[1]【今注】狄道：縣名。治所在今甘肅臨洮縣。爲隴西郡治所。

[2]【今注】安故：縣名。治所在今甘肅臨洮縣南。

［3］【劉昭注】《巴漢志》曰："漢水二源，東源出縣之養山（出，大德本作'此'），名養。"《南都賦注》曰："漢水縣出隴西（縣，紹興本、殿本作'源'），經武都至武關山，歷南陽界，出沔口入江。"《巴漢志》曰："西漢，隴西嶓冢山，會白水經葭萌入漢。始源曰沔，故曰漢沔。"【今注】氐道：縣道名。治所在今甘肅武山縣東南。　養水：即漾水，漢水上游古名，源出今陝西寧强縣嶓塚山。

［4］【劉昭注】《爾雅》曰："其鳥爲鵌。其鼠爲鼵，如人家鼠而短尾。鵌似鵽而小，黄黑色。穴地入三四尺，鼠在内，鳥在外。"孔安國《尚書傳》曰："共爲雌雄。"《張氏地理記》云不爲牝牡。《山海經》曰："山多白虎、白玉。"【今注】首陽：縣名。治所在今甘肅渭源縣北。　鳥鼠同穴山：又稱"鳥鼠山"，在今甘肅渭源縣西南。

［5］【劉昭注】《地道記》曰："有三危，三苗所處。"

［6］【今注】大夏：縣名。治所在今甘肅廣河縣西北。

［7］【今注】襄武：縣名。治所在今甘肅隴西縣東南。　五雞聚：鄉聚名。在今甘肅隴西縣。案，本書卷一下《光武帝紀下》記載，光武帝建武十年（34）冬，中郎將"來歙率諸將擊羌於五谿，大破之"。李賢注："《續漢志》曰隴西襄武縣有五谿聚。"據此，五雞當作"五谿"，"雞""谿"二字形近而訛。

［8］【劉昭注】《前志》曰在縣西。本傳縣馬防築索西城。【今注】臨洮：縣名。治所在今甘肅岷縣。隴西郡南部都尉治所。　西頃山：山名。位於今甘肅東南、青海東部，屬於昆侖山系巴顔喀拉山的支脈。山峰主體位於甘肅甘南藏族自治州境瑪曲、碌曲兩縣之間。

［9］【今注】枹罕：縣名。治所在今甘肅臨夏回族自治州西南。

［10］【今注】白石：縣名。治所在今甘肅臨夏縣西南。

[11]【今注】鄣：縣名。治所在今甘肅漳縣西。《漢書·地理志》不見此縣名，當爲東漢新置。

[12]【今注】河關：縣名。治所在今青海同仁縣北。　積石山：此指小積石山。在今甘肅臨夏回族自治州西側。

漢陽郡。武帝置，爲天水，永平十七年更名。在雒陽西二千里。[1]十三城，户二萬七千四百二十三，口十三萬一百三十八。

[1]【劉昭注】《秦川記》曰（川，大德本、殿本作"州"，底本誤）："中平五年，分置南安郡。"《獻帝起居注》曰："初平四年十二月，已分漢陽、上郡爲永陽，以鄉亭爲屬縣。"【今注】漢陽郡：治冀縣（今甘肅甘谷縣東）。本名天水，東漢明帝永平十七年（74）改稱漢陽。　武帝置：西漢武帝元鼎三年（前114）置天水郡。

冀。[1]有朱圄山。[2]有緹群山。[3]有雒門聚。[4]**望恒**。[5]**阿陽**。[6]**略陽**。有街泉亭。[7]**勇士**。[8]**成紀**。[9]**隴**。州刺史治。[10]有大坂，名隴坻。[11]豲坻聚，有秦亭。[12]**豲道**。[13]**蘭干**。[14]**平襄**。[15]**顯親**。[16]**上邽**。故屬隴西。[17]**西**。故屬隴西。有嶓冢山，西漢水。[18]

[1]【劉昭注】《史記》曰："秦武公伐冀戎，縣。"【今注】冀：縣名。治所在今甘肅甘谷縣東。

[2]【劉昭注】《前志》曰在縣南。【今注】朱圄山：在今甘肅甘谷縣西南，爲秦嶺支脈。圄，一作"圉"。《水經注·渭水》："（長塹谷水、安蒲溪水、衣谷水）並南出朱圉山，山在梧中聚，

有石鼓，不擊自鳴，鳴則兵起。漢成帝鴻嘉三年，天水冀南山有大石自鳴，聲隱隱如雷，有頃止，聞於平襄二百四十里，野雞皆鳴，石長丈三尺，廣厚略等。著崖脅，去地百餘丈，民俗名曰石鼓，石鼓鳴則有兵。"

［3］【今注】緹群山：在今甘肅甘谷縣北。本書《五行志》記載新莽末天水童謡曰："出吴門，望緹群，見一蹇人，言欲上天。令天可上，地上安得民？"緹群，即指緹群山。

［4］【劉昭注】來歙破隗囂處。【今注】雒門聚：鄉聚名。在今甘肅武山縣洛門鎮。雒門，一作"落門"。東漢光武帝建武十年（34）十月，中郎將來歙率軍大破隗純於落門。經此一役，漢軍徹底平定隴右隗囂勢力。

［5］【今注】望恒：縣名。治所在今甘肅天水市北道區西北。《漢書·地理志》作"望垣"。

［6］【今注】阿陽：縣名。治所在今甘肅静寧縣西南。

［7］【劉昭注】街水故縣，省。【今注】略陽：縣名。治所在今甘肅秦安縣東北。《漢書·地理志》作"略陽道"。　街泉亭：鄉亭名。在今甘肅莊浪縣西南。西漢有街泉縣，東漢初省併入略陽縣。

［8］【今注】勇士：縣名。治所在今甘肅榆中縣北。

［9］【劉昭注】《帝王世記》曰（記，殿本作"紀"）："庖犧氏生於成紀（庖，大德本、殿本作'包'）。"【今注】成紀：縣名。治所在今甘肅静寧縣西南。

［10］【劉昭注】《漢官》云："去雒陽二千一百里。"【今注】隴：縣名。治所在今甘肅通渭縣東北。東漢時爲涼州刺史治所。

［11］【劉昭注】《三秦記》："其坂九迴，不知高幾許，欲上者七日乃越。高處可容百餘家，清水四注下。"郭仲産《秦州記》曰："隴山東西百八十里。登山嶺，東望秦川四五百里，極目泯然。山東人行役升此而顧瞻者（役，紹興本作'投'），莫不悲

思。故歌曰：‘隴頭流水，分離四下。念我行役，飄然曠野。登高遠望，涕零雙墮。’度汧、隴（汧，紹興本、大德本、殿本作‘汧’），無蠶桑，八月乃麥，五月乃凍解。”【今注】隴坻：又稱隴阪、隴山，即今六盤山南段，山勢高峻，是渭河平原與隴中高原的分界。隴，大德本作“壠”。

［12］【劉昭注】秦之先封起於此。【今注】豲坻聚：鄉聚名。李慈銘《後漢書札記》卷七以爲“豲”上當脱一“有”字。 秦亭：又稱“秦邑”“秦城”。在今甘肅張家川回族自治縣或清水縣（詳見雍際春《秦早期歷史研究》，中國社會科學出版社2017年版，第221—223頁）。據《世本》記載，秦人先祖非子始封於秦，故後世以秦爲號。《水經注·渭水》：秦川“有故秦亭，秦仲所封也，秦之爲號，始自是矣”。

［13］【劉昭注】《史記》秦孝公西斬戎王。【今注】豲道：縣道名。治所在今甘肅隴西縣東南。豲爲西戎部族名，主要活動於隴西一帶，後被秦國征服，於其地置豲道。

［14］【今注】蘭干：縣名。治所今地無考。

［15］【今注】平襄：縣名。治所在今甘肅通渭縣。

［16］【今注】顯親：縣名。治所在今甘肅秦安縣西北。《漢書·地理志》不見此縣名。東漢光武帝建武八年，封竇融之弟竇友爲顯親侯。傳國至其子竇固，章帝章和二年（88）卒，無子嗣爵，國除。

［17］【劉昭注】《秦州記》曰：“縣北有利山，川中平地有土堆，高五丈，生細竹，翠茂殊常。二楊樹大數十圍，百姓祀之。”【今注】上邽（guī）：縣名。治所在今甘肅天水市。

［18］【劉昭注】《史記》曰：“申命和仲居西土。”徐廣曰：“今之西縣。”鄭玄曰：“西在隴西西（惠棟《後漢書補注》謂當作‘隴西之西’，諸本皆脱‘之’字），今謂之人充山（人，大德本、殿本作‘八’）。”【今注】西：縣名。治所在今甘肅禮縣北。

嶓冢山：即嶓塚山，在今陝西寧强縣東北，爲北漢水發源之地。

西漢水：李慈銘《後漢書札記》卷七以爲“水”下脱一“出”字。

武都郡。武帝置。雒陽西一千九百六十里。[1]七城，户二萬一百二，口八萬一千七百二十八。

[1]【今注】武都郡：治下辨縣（今甘肅成縣西北）。　武帝置：西漢武帝元鼎六年（前111），以廣漢郡西北陰平道、甸氐道、剛氐道及隴西郡東南數縣置武都郡，治武都縣（今甘肅禮縣南）。東漢移治下辨縣。案，西，底本作“四”，據諸本改；大德本無“一”字。

下辨。[1]**武都道**。[2]**上禄**。[3]**故道**。[4]**河池**。[5]沮沔水出東狼谷。[6]**羌道**。[7]

[1]【劉昭注】有赤亭。【今注】下辨：縣道名。治所在今甘肅成縣西北。《漢書·地理志》作“下辨道”。東漢《李翕碑》題名下有“下辨道長任詩”，則本志“下辨”下闕一“道”字（詳見惠棟《後漢書補注》）。

[2]【劉昭注】《華陽國志》曰：“有天池澤（天，大德本、殿本作‘大’）。”【今注】武都道：縣道名。治所在今甘肅禮縣南。《漢書·地理志》作“武都”，似乎爲縣，然《漢書》卷三《高后紀》載“武都道山崩”。師古曰：“武都道屬武都郡。”張家山漢簡《二年律令·秩律》簡文有“武都道”。后曉榮據此認爲“武都郡下的武都，在西漢實應爲道而非縣”（詳見后曉榮《〈漢書·地理志〉“道”目補考》，《中國歷史地理論叢》2008年第1

期)。東漢武都爲道，應是沿用西漢行政舊制。

[3]【今注】上禄：縣名。治所在今甘肅成縣西。

[4]【劉昭注】干寶《搜神記》曰："有奴特祠，秦置旄頭騎起此。"【今注】故道：縣名。治所在今陝西寶雞市西南。

[5]【劉昭注】《地道記》曰："有泉街水。"【今注】河池：縣名。治所在今甘肅徽縣西北。據敦煌漢簡，河池，或爲"何池"之誤〔詳見黄東洋、鄔文玲《新莽職方補考》，《簡帛研究（二〇一二）》，廣西師範大學出版社2013年版〕。

[6]【今注】沮沔水：《漢書·地理志》作"沮水"，又名"上沮水"，即今陝西西南漢江北源黑河。《水經注·沔水》："沔水一名沮水。闞駰曰：'以其初出沮洳然，故曰沮水也，縣亦受名焉。'"　東狼谷：在今陝西留壩縣北。

[7]【今注】羌道：縣道名。治所在今甘肅舟曲縣北。李慈銘《後漢書札記》卷七以爲，《漢書·地理志》羌道屬隴西郡，本志"羌道"下蓋脱"故屬隴西"四字。

金城郡。昭帝置。雒陽西二千八百里。[1]十城，户三千八百五十八，口萬八千九百四十七。

[1]【今注】金城郡：治允吾縣（今甘肅永靖縣西北）。東漢安帝永初四年（110），爲西羌所迫，臨時徙治於隴西郡之襄武縣，至安帝元初年間復返治允吾縣。　昭帝置：西漢昭帝始元六年（前81）七月，以邊塞闊遠，取天水、隴西、張掖郡各二縣置金城郡。初置僅六縣，至成帝時增擴至十三縣。

允吾。[1]**浩亹**。[2]**令居**。[3]**枝陽**。[4]**金城**。[5]**榆中**。[6]**臨羌**。有昆崙山。[7]**破羌**。[8]**安夷**。[9]**允街**。[10]

［1］【劉昭注】《西羌傳》有唐谷。秦州有牢北山，傍有三窟。【今注】允吾：縣名。治所在今甘肅永靖縣西北。

［2］【劉昭注】有雒都谷，馬武破羌處。【今注】浩亹：縣名。治所在今甘肅永登縣西南。

［3］【今注】令居：縣名。治所在今甘肅永登縣西北。

［4］【今注】枝陽：縣名。治所在今甘肅永登縣南。陽，殿本作“楊”。

［5］【今注】金城：縣名。治所在今甘肅蘭州市西。

［6］【今注】榆中：縣名。治所在今甘肅榆中縣西。

［7］【今注】臨羌：縣名。治所在今青海湟源縣東南。

［8］【今注】破羌：縣名。治所在今青海海東市樂都區東南。

［9］【今注】安夷：縣名。治所在今青海西寧市東。

［10］【今注】允街：縣名。治所在今甘肅永登縣南。

安定郡。武帝置。雒陽西千七百里。[1]八城，户六千九十四，口二萬九千六十。

［1］【今注】安定郡：治臨涇縣（今甘肅鎮原縣東南）。東漢安帝永初五年（111）爲西羌所迫，徙治右扶風美陽縣，至順帝永建四年（129）返治臨涇縣。　武帝置：西漢武帝元鼎三年（前114）析北地郡地置安定郡。

臨涇。[1]**高平**。有第一城。[2]**朝那**。[3]**烏枝**。有瓦亭，[4]出薄落谷。[5]**三水**。[6]**陰盤**。[7]**彭陽**。[8]**鶉觚**。故屬北地。[9]

［1］【劉昭注】《謝承書》曰“宣仲爲長史，民扳留，改曰宜

民”，見《李固傳》，而志無阯改（阯，紹興本、大德本、殿本作“此”），豈承之妄乎？【今注】臨涇：縣名。治所在今甘肅鎮原縣東南。

［2］【劉昭注】高峻所據。【今注】高平：縣名。治所在今寧夏固原市原州區。　第一城：此指高平縣城，因位置險要、城池堅固，故名“高平第一”。據本書卷二三《竇融傳》，建武八年（32）光武帝親征隗囂，竇融率五郡太守及西北少數民族武裝步騎數萬人，輜重五千餘輛，與漢軍會於“高平第一”。

［3］【劉昭注】有湫淵，方四十里，停不流，冬夏不增減，不生草木。郭璞注《山海經》曰：“涇水出縣西幵頭山，入渭。”【今注】朝那：縣名。治所在今寧夏彭陽縣東。

［4］【劉昭注】牛邯軍處。【今注】烏枝：縣名。治所在今寧夏固原市東南。《漢書·地理志》作“烏氏”。居延新簡“里程簡”（編號 EPT59. 582）有“月氏至烏氏五十里”“烏氏至涇陽五十里”。李慈銘《後漢書札記》卷七以爲，胡地讀氏作支，本志作“枝”，屬同音假借字。　瓦亭：在今寧夏涇源縣大灣鄉。本書卷一三《隗囂傳》記載，光武帝建武八年（32），隗囂分遣諸軍屯守諸隘，防禦中郎將來歙所率漢軍，其中牛邯守於瓦亭。李賢注曰：“安定烏支縣有瓦亭故關，有瓦亭川水，在今原州南。”

［5］【劉昭注】本傳有龍池山，《地道記》曰烏水出。【今注】薄落谷：薄落山之谷。薄落山又名雞頭山，即今寧夏隆德縣東、甘肅平涼市西崆峒山。

［6］【劉昭注】有左谷，盧芳所居。【今注】三水：縣名。治所在今寧夏同心縣東。

［7］【劉昭注】舊有陰密縣，未詳所并。杜預曰：“安定陰密縣，古密須國。”《史記》曰，秦遷白起于陰密。《山海經》曰：“温水出崆峒山，在臨汾南入河，華陽北。”郭璞曰：“水常煖（煖，大德本、殿本作‘温’）。”【今注】陰盤：縣名。治所在今

陝西長武縣西北。《漢書·地理志》作“陰槃”。

［8］【今注】彭陽：縣名。治所在今甘肅鎮原縣東。

［9］【今注】鶉觚：縣名。治所在今甘肅靈臺縣東北。《漢書·地理志》作“鶉孤”。

北地郡。秦置。雒陽西千一百里。[1]六城，户三千一百二十二，口萬八千六百三十七。

［1］【今注】北地郡：治富平縣（今寧夏吴忠市西南）。東漢安帝永初五年（111）爲西羌所迫，徙治左馮翊池陽縣，至順帝永建四年（129）返治富平縣。　秦置：其地戰國時本屬義渠戎。秦昭襄王時誘殺義渠王，於其地置隴西、北地、上郡三郡。

富平。[1]**泥陽**。有五柞亭。[2]**弋居**。[3]有鐵。**廉**。[4]**參䜌**。故屬安定。[5]**靈州**。[6]

［1］【今注】富平：縣名。治所在今寧夏吴忠市西南。

［2］【劉昭注】《地道記》曰：“泥水出郁郅北蠻中。”【今注】泥陽：縣名。治所在今甘肅寧縣東南。　五柞亭：在今甘肅寧縣馬蓮河東岸一帶。

［3］【今注】弋居：縣名。治所在今甘肅寧縣南。

［4］【劉昭注】《前志》卑移山在西北。【今注】廉：縣名。治所在今寧夏銀川市西北。

［5］【劉昭注】有青山。《謝沈書》：“屬國降羌胡數千人，居山田畜。”【今注】參䜌（luán）：縣名。治所在今甘肅環縣東南。

［6］【今注】靈州：縣名。治所舊説在今寧夏靈武市北，馬孟龍據張家山漢簡《二年律令·秩律》及東漢永建五年“復北地，

縣靈州”瓦當，考證認爲當在今甘肅環縣曲子鎮（詳參馬孟龍《尋找失落的漢代靈州縣》，《澎湃新聞》2021 年 1 月 24 日）。

武威郡。故匈奴休屠王地，武帝置。雒陽西三千五百里。[1]十四城，户萬四十二，[2]口三萬四千二百二十六。

[1]【今注】武威郡：治姑臧縣（今甘肅武威市城區）。 休屠王：匈奴諸王之一，與渾邪王共同駐牧於河西走廊一帶，西漢武帝元狩二年（前 121）被霍去病漢軍襲破，共謀降漢，復爲渾邪王所殺。 武帝置：此説有誤。西漢宣帝地節三年（前 67）析張掖郡東部之地置武威郡。案，雒，底本作“華”，今據諸本改。

[2]案，二，大德本、殿本作“三”。

姑臧。[1]**張掖**。[2]**武威**。[3]**休屠**。[4]**揟次**。[5]**鸞鳥**。[6]**樸劉**。[7]**媪圍**。[8]**宣威**。[9]**倉松**。[10]**鸇陰**。故屬安定。[11]**租厲**。故屬安定。[12]**顯美**。故屬張掖。[13]**左騎千人官**。[14]

[1]【劉昭注】《地道記》：“南山，谷水所出。”【今注】姑臧：縣名。治所在今甘肅武威市涼州區。

[2]【今注】張掖：此爲武威郡屬縣，治所在今甘肅武威市謝河鄉武家寨子一帶（詳見郝樹聲、張德芳《懸泉漢簡研究》，甘肅文化出版社 2009 年版，第 112—113 頁）。時人稱張掖縣爲“小張掖”，以與張掖郡區别，如居延漢簡、懸泉漢簡“里程簡”中即有“小張掖”。武威雷臺漢晉墓出土銅馬上有“守張掖長張君”銘文，或以爲墓主人張君曾擔任張掖縣長。

[3]【今注】武威：此爲武威郡屬縣，治所在今甘肅民勤縣東

北。或以爲今民勤縣泉山鎮西北約十千米沙漠中的連城古城，就是漢代武威縣治（參見李并成《河西走廊歷史地理》，甘肅人民出版社 1995 年版，第 40—42 頁）。

［4］【今注】休屠：縣名。治所在今甘肅武威市北。

［5］【今注】揟次：縣名。治所在今甘肅古浪縣土門鎮西。揟次，漢簡作"揗次"。居延新簡"里程簡"有"觻里至揗次九十里""揗次至小張掖六十里"。

［6］【今注】鸞鳥：治所舊説不一。懸泉漢簡"里程簡"中有"倉松去鸞鳥六十五里""鸞鳥去小張掖六十里"，據此判斷縣治在今甘肅古浪縣古浪鎮小橋堡村一帶（詳見郝樹聲、張德芳《懸泉漢簡研究》，第 113—116 頁）。

［7］【今注】樸劚：縣名。治所在今甘肅景泰縣東南。《漢書·地理志》作"撲劚"。

［8］【今注】媪圍：縣名。治所在今甘肅皋蘭縣北。居延新簡"里程簡"（編號 EPT59·582）有"媪圍至居延置九十里"。

［9］【今注】宣威：縣名。治所在今甘肅民勤縣西南。

［10］【劉昭注】《地道記》曰："南山，松陜水所出。"【今注】倉松：治所在今甘肅天祝藏族自治縣安遠鎮一帶（詳見郝樹聲、張德芳《懸泉漢簡研究》，第 117 頁）。倉，殿本、《漢書·地理志》作"蒼"。懸泉漢簡"里程簡"有"倉松去鳮鳥六十五里"。

［11］【今注】鸇陰：縣名。治所在今甘肅靖遠縣西北部。《漢書·地理志》作"鶉陰"。

［12］【今注】租厲：縣名。治所在今甘肅會寧縣西北。《漢書·地理志》作"祖厲"。李慈銘《後漢書札記》卷七以爲當以"祖厲"爲是。

［13］【今注】顯美：縣名。治所在今甘肅武威市涼州區豐樂鎮豐樂堡（詳見郝樹聲、張德芳《懸泉漢簡研究》，第 118—119 頁）。

［14］【今注】左騎千人：本爲武官名，此指其駐防之城。武

威雷臺漢晉墓出土銅馬上刻有"守左騎千人張掖長張君"銘文，或以爲墓主人張君曾任左騎千人之職。錢大昕《三史拾遺》卷五《後漢書·郡國志五》以爲"左騎""千人"爲二官，"郡領十四城，左騎、千人官蓋别居一城，并姑臧等十三縣數之爲十四城也。至張掖屬國，别領五城，以《志》考之，惟有候官、左騎、千人、司馬官、千人官而不領縣，以左騎、千人各一城，又别有千人官一城，與候官、司馬官爲五城矣。與武威之左騎、千人官爲一城者互異。"或以爲此處"左騎""千人官"或有一訛，即此處的左騎、千人官亦應似張掖屬國所領五城中之左騎、千人一樣，各爲一城，而不應以千人官爲左騎之注文。又因武威所領十四縣之數已定，故頗疑此處"左騎"或"千人官"有一處乃衍文，蓋緣張掖屬國所領之左騎、千人之名而衍〔參見周振鶴、李曉傑、張莉《中國行政區域通史·秦漢卷（下）》，復旦大學出版社2016年版，第894—895頁〕。

張掖郡。故匈奴昆邪王地，武帝置。雒陽西四千二百里。獻帝分置西郡。[1]八城，户六千五百五十二，口二萬六千四十。

［1］【今注】張掖郡：治觻得縣（今甘肅張掖市甘州區西北）。　昆邪王：匈奴諸王之一，與休屠王共同駐牧於河西走廊一帶，西漢武帝元狩二年（前121）被霍去病漢軍襲破，殺休屠王而降漢，被封爲濕陰侯。昆邪，又作"渾邪""混邪"。　武帝置：西漢武帝元鼎六年（前111）分酒泉郡東部置張掖郡。　西郡：東漢獻帝興平二年（195），析張掖郡東部日勒、番和、驪靬三縣置西郡，治日勒縣。

觻得。[1]**昭武**。[2]**删丹**。弱水出。[3]**氐池**。[4]**屋**

蘭。[5]**日勒。**[6]**驪靬。**[7]**番和。**[8]

［1］【今注】觻（lù）得：縣名。治所在今甘肅張掖市甘州區明永鄉下崖村黑水國故城北古城遺址（詳見郝樹聲、張德芳《懸泉漢簡研究》，第120—123頁）。甘肅敦煌懸泉漢簡“里程簡”中有“氐池去觻得五十四里”“觻得去昭武六十二里府下”。

［2］【今注】昭武：縣名。治所在今甘肅臨澤縣鴨暖鄉昭武村一帶（詳見郝樹聲、張德芳《懸泉漢簡研究》，第127—128頁）。甘肅敦煌懸泉漢簡“里程簡”中有“觻得去昭武六十二里府下”“昭武去祁連置六十一里”。

［3］【今注】删丹：縣名。治所在今甘肅山丹縣南。敦煌懸泉漢簡編號Ⅰ90DXT0206②：7簡文“删丹丞憲再”〔甘肅簡牘博物館等編：《懸泉漢簡（壹）》，中西書局2019年版，第286頁〕，記録删丹縣縣丞，名憲。居延新簡“里程簡”（編號EPT59. 582）有“删丹至日勒八十里”“烏氏至涇陽五十里”。　弱水：水名。通常指今甘肅境内由山丹河、甘州河合流後之黑河，又稱張掖河，北流注入居延澤（今内蒙古額濟納旗境内）。

［4］【今注】氐池：縣名。治所在今甘肅張掖市甘州區梁家墩鎮一帶（詳見郝樹聲、張德芳《懸泉漢簡研究》，第123—127頁）。甘肅敦煌懸泉漢簡“里程簡”中有“氐池去觻得五十四里”。氐，同“氐”。

［5］【今注】屋蘭：縣名。治所在今甘肅張掖市甘州區碱灘鎮東古城村。居延新簡“里程簡”（編號EPT59. 582）有“鈞耆置至屋蘭五十里”“烏蘭至氐五十里”。

［6］【今注】日勒：縣名。治所在今甘肅山丹縣東南。居延新簡“里程簡”（編號EPT59. 582）有“删丹至日勒八十里”“日勒至鈞耆置五十里”。

［7］【今注】驪靬：縣名。治所在今甘肅永昌縣南。

［8］【今注】番和：縣名。治所在今甘肅永昌縣。

酒泉郡。武帝置。雒陽西四千七百里。[1]九城，户萬二千七百六。

［1］【今注】酒泉郡：治禄福縣（今甘肅酒泉市）。　武帝置：其地本匈奴昆邪王駐牧之地，西漢武帝元狩二年（前 121）昆邪王降漢，漢以其地置酒泉郡。

福禄。[1]**表氏**。[2]**樂涫**。[3]**玉門**。[4]**會水**。[5]**沙頭**。[6]**安彌**。故曰綏彌。[7]**乾齊**。[8]**延壽**。[9]

［1］【今注】福禄：縣名。治所在今甘肅酒泉市區。《漢書·地理志》作"禄福"。《三國志》卷一八《魏書·龐淯傳》有"禄福長尹嘉"，裴松之注引皇甫謐《列女傳》有"禄福趙君安之女"。《曹全碑》亦有"拜酒泉禄福長"。錢大昕《廿二史考異》卷一四《續漢書二》據此以爲當作"禄福"。

［2］【今注】表氏：縣名。治所在今甘肅高臺縣黑泉鄉定安村一帶（詳見郝樹聲、張德芳《懸泉漢簡研究》，第 129—133 頁）。《漢書·地理志》作"表是"。甘肅敦煌懸泉漢簡"里程簡"（編號Ⅱ90DXT0214①：130）有"祁連置去表是七十里"，亦作"表是"。

［3］【今注】樂涫：縣名。治所在今甘肅酒泉市東南。

［4］【今注】玉門：縣名。治所在今甘肅玉門市西北。懸泉漢簡"里程簡"（編號Ⅱ90DXT0214①：130）有"玉門去沙頭九十九里"。

［5］【今注】會水：縣名。治所在今甘肅高臺縣西北。

［6］【今注】沙頭：縣名。治所在今甘肅玉門市西北。《漢

書·地理志》作“池頭”。甘肅敦煌懸泉漢簡“里程簡”（編號Ⅱ90DXT0214①：130）有“沙頭去乾齊八十五里”，當以“沙頭”爲是。

［7］【今注】安彌：縣名。治所在今甘肅酒泉市東。《漢書·地理志》作“綏彌”。

［8］【今注】乾齊：縣名。治所在今甘肅玉門市西北。懸泉漢簡“里程簡”（編號Ⅱ90DXT0214①：130）有“沙頭去乾齊八十五里”“乾齊去淵泉五十八里”。

［9］【劉昭注】《博物記》曰：“縣南有山（縣，底本作‘緜’，今據諸本改），石出泉水，大如筥篆（大，殿本作‘入’），注地爲溝（地，大德本、殿本作‘池’）。其水有肥，如煮肉洎，羡羡永永，如不凝膏，然之極明，不可食，縣人謂之石漆。”【今注】延壽：縣名。治所在今甘肅玉門市東南。

敦煌郡。武帝置。雒陽西五千里。[1]六城，户七百四十八，口二萬九千一百七十。

［1］【劉昭注】《耆舊記》曰：“國當乾位，地列艮墟，水有縣泉之神，山有鳴沙之異，川無蛇虺，澤無兕虎，華戎所支（支，紹興本作‘交’），一都會也。”【今注】敦煌郡：治敦煌縣（今甘肅敦煌市七里區白馬塔村）。　武帝置：西漢武帝元鼎六年（前111）析酒泉郡西部之地置敦煌郡。

敦煌。古瓜州，出美瓜。[1]**冥安**。[2]**效穀**。[3]**拼泉**。[4]**廣至**。[5]**龍勒**。有玉門關。[6]

［1］【今注】敦煌：縣名。治所在今甘肅敦煌市七里區白馬塔

村。　古瓜州：《左傳》昭公九年有“允姓之戎（一説爲‘允姓之姦’），居于瓜州”之語，漢代人以爲允戎、陸渾戎等西戎本居河西走廊西端的瓜州，後東遷進入華夏之域。《漢書·地理志》敦煌郡敦煌縣，顔師古注：“杜林以爲古瓜州地，生美瓜。”

［2］【今注】冥安：縣名。治所在今甘肅瓜州縣橋子鄉南鎖陽古城。漢武帝時所設冥安縣位於老師兔緑洲的中心，至東漢初，由於東巴兔山水量減少，老師兔緑洲開始萎縮，冥安縣遂移到冥澤以南的冥水南岸，即鎖陽城（參見吴礽驤《河西漢塞調查與研究》，文物出版社 2005 年版，第 9 頁）。或以爲橋子鄉南垻村東南、冥水古河道南岔大坑的新、老兩城，是冥安縣城，因老城地勢低窪易受河水沖擊，後來移到新城（參見岳邦湖、鍾聖祖《疏勒河流域漢代長城考察報告》，文物出版社 2001 年版，第 86—88 頁）。冥，大德本作“宜”。

［3］【今注】效穀：縣名。治所在今甘肅敦煌市東北。

［4］【今注】拼泉：縣名。治所在今甘肅瓜州縣東。《漢書·地理志》作“淵泉”。懸泉漢簡“里程簡”（編號Ⅱ90DXT0214①：130）有“乾齊去淵泉五十八里”。李慈銘《後漢書札記》卷七以爲當以《漢書·地理志》“淵泉”爲是，“拼”爲“淵”壞字所致。

［5］【今注】廣至：縣名。治所在今甘肅瓜州縣西南。

［6］【今注】龍勒：縣名。治所在今甘肅敦煌市西南。　玉門關：故址即今甘肅敦煌市西北小方盤城。

張掖屬國。武帝置屬國都尉，以主蠻夷降者。安帝時，別領五城。[1]户四千六百五十六，口萬六千九百五十二。

［1］【今注】張掖屬國：治候官城（今地無考。或以爲即今甘肅民樂縣永固鄉八卦營古城遺址），屬郡級行政區劃。《中國歷史地圖集》將屬國位置標於張掖郡北側，或以應在張掖郡南部的黑河上

游地區（參見肖化《略談盧水胡的族源》，《西北師大學報》1983年第2期；李并成《河西走廊歷史地理》，甘肅人民出版社1995年版，第138頁）。居延漢簡有“張掖屬國司馬趙□功一勞三歲十月廿六日”（編號53·8，參見謝桂華、李均明、朱國炤《居延漢簡釋文合校》，文物出版社1987年版，第93頁）。　安帝時別領五城：或以爲“安帝時”後脱“以爲屬國都尉”（詳見田立坤《〈後漢書·郡國志〉中“别領”之我見》，《社會科學戰綫》2015年第11期）。

候官。[1]左騎千人。[2]司馬官。[3]千人官。[4]

［1］【今注】候官：“候”本爲屬國都尉屬下長吏，秩六百石。屬國候駐屯之所，稱“候官”。嚴耕望以爲，此處之“候官”“司馬”“千人”等官，位次皆比縣道令長。邊郡民少政簡，而兵多事繁，故時或即廢省縣道長吏，而以軍官兼理民務，並以官名爲縣道之名（詳見嚴耕望《中國地方行政制度史：秦漢地方行政制度》）。或以爲候官爲張掖屬國都尉治所，在今甘肅民樂縣永固鄉八卦營古城遺址。八卦營古城所在的祁連山北麓山前牧場，殘存馬營墩城、三角城、鐵城子、岔家堡、瓦房城、南城子、舊城子、黑城（霍城）等古代城址，或與張掖屬國所領諸城有關（詳見李并成《河西走廊歷史地理》，第139頁）。

［2］【今注】左騎千人：本爲屬國都尉屬下長吏名稱，秩六百石，有固定駐所。此處指左騎千人駐守之城。今地無考。

［3］【今注】司馬官：司馬，本爲屬國都尉屬官，如《居延漢簡釋文合校》編號53·8簡有“張掖屬國司馬趙□”，趙□即爲張掖屬國司馬。司馬駐守之城稱“司馬官”。今地無考。

［5］【今注】千人官：千人，本爲屬國都尉屬官，如肩水金關編號73EJT30：170+144簡有“故屬國千人辛君大奴”。千人所駐之

城稱“千人官”。今地無考。

張掖居延屬國。故郡都尉，安帝别領一部。[1]户一千五百六十，口四千七百三十三。[2]

［1］【今注】張掖居延屬國：治居延縣（今内蒙古額濟納旗東南）。屬郡級行政區劃。　安帝别領一部：或以爲“安帝”後脱“時以爲屬國都尉”（詳見田立坤《〈後漢書·郡國志〉中“别領”之我見》，《社會科學戰綫》2015年第11期）。部，紹興本、大德本、殿本作“郡”。

［2］案，三十三，殿本作“三十二”。

居延。有居延澤，古流沙。[1]

［1］【劉昭注】獻帝建安末，立爲西海郡。【今注】居延：縣名。治所在今内蒙古額濟納旗東南。居延屬國都尉治所。　居延澤：湖澤名。又名居延海，古稱流沙。在今内蒙古額濟納旗東部。

右凉州刺史部，郡、國十二，縣、道、候官九十八。[1]

［1］【劉昭注】《袁山松書》曰：“興平元年，分安定鶉觚、右扶風之漆置新平郡。”【今注】凉州刺史部：治漢陽郡隴縣（今甘肅張家川回族自治縣）。東漢獻帝興平元年（194），析武威、張掖、酒泉、敦煌四郡置雍州，州治張掖郡姑臧縣（今甘肅武威市）。獻帝建安十八年（213），曹操控制下的漢廷改革州制，依《禹貢》設九州，撤凉州，其地併入雍州。

上黨郡。秦置。雒陽北千五百里。[1]十三城，户二萬六千二百二十二，口十二萬七千四百三。

[1]【今注】上黨郡：治長子縣（今山西長子縣西）。東漢末董卓爲亂，郡治徙至壺關縣（今山西長治市北）。 秦置：戰國時屬韓國，公元前262年降趙國，復爲秦所得，仍沿用上黨郡名。

長子。[1]**屯留**。絳水出。[2]**銅鞮**。[3]**沾**。[4]**涅**。有閼與聚。[5]**襄垣**。[6]**壺關**。有黎亭，故黎國。[7]**泫氏**。有長平亭。[8]**高都**。[9]**潞**。本國。[10]**猗氏**。[11]**陽阿**。侯國。[12]**穀遠**。[13]

[1]【劉昭注】《山海經》曰："有發鳩之山，章水出焉（惠棟《後漢書補注》以爲'章'當作'漳'）。"《上黨記》曰："關城，都尉所治。令狐徵君隱城東山中，去郡六十里，即壺關三老令狐茂上書訟戾太子者也（三，紹興本作'二'），茂即葬其山。"【今注】長子：縣名。治所在今山西長子縣西。

[2]【劉昭注】《上黨記》曰："有鹿谷山，濁漳所出。有余吾城，在縣西北三十里。"【今注】屯留：縣名。治所在今山西長治市屯留區南。東漢安帝永初元年（107）刑徒葬磚銘文有"無任上黨淳留完城旦王平"（中國科學院考古研究所洛陽工作隊：《東漢洛陽城南郊的刑徒墓地》，《考古》1972年第4期）。淳留，即屯留。

[3]【劉昭注】《上黨記》曰："晉别宫墟關猶存（存，大德本、殿本無），有北城，去晉宫二十里，羊舌所邑。"《左傳》成九年晉執鄭伯於此。【今注】銅鞮（dī）：縣名。治所在今山西沁縣南。

［4］【劉昭注】《山海經》曰："有少山，其上有金玉（玉，紹興本作'王'），其下有銅。"郭璞曰在沾（曰，紹興本、大德本、殿本作"云"）。【今注】沾：縣名。治所在今山西昔陽縣西南。

［5］【劉昭注】《史記》曰，趙奢破秦兵閼與。《山海經》云（云，殿本作"曰"）："謁戾之山有金玉，沁水出焉，南流注于河。"郭璞曰在涅。【今注】涅：縣名。治所在今山西武鄉縣西北。《漢書·地理志》作"涅氏"。　閼與聚：鄉聚名。在今山西和順縣（一説在今山西沁縣西南，一説在今山西襄垣縣，一説在今河北武安縣）。戰國時爲韓國之邑。公元前 269 年，秦國攻韓，趙將趙奢於此大敗秦軍。

［6］【劉昭注】《上黨記》曰："邑帶山林，茂松生焉。"【今注】襄垣：縣名。治所在今山西襄垣縣北。

［7］【劉昭注】文王戡黎即此也。《上黨記》曰："東山在城東南，晉申生所伐，今名平臯（平臯，大德本作'無臯'。臯，殿本作'澤'）。"【今注】壺關：縣名。治所在今山西長治市北。　黎亭：在今山西長治市西北。黎，殷商古國，後爲周所併。

［8］【劉昭注】《史記》曰，白起破趙長平。《上黨記》曰："城在郡南山中百二十里（城，大德本、殿本作'白城'）。"【今注】泫（xuàn）氏：縣名。治所在今山西高平市。東漢光武帝建武二年（26），槐里侯萬脩卒，其子萬普嗣爵，徙爲泫氏侯。傳國至其子萬親，徙爲扶柳侯，泫氏侯國除。　長平亭：在今山西高平市北。戰國時爲趙國之邑。公元前 260 年，秦將白起於此大破趙軍，史稱"長平之戰"。

［9］【劉昭注】《前志》曰有天井關。《戰國策》曰桀居天井，即天門也。《博物記》曰："縣南地名即垂。"【今注】高都：縣名。治所在今山西晉城市。

［10］【劉昭注】《左傳》哀四年齊伐晉壺口，杜預曰："潞縣

東有壺口關（潞，紹興作‘路’）。”《上黨記》曰：“路，濁漳也（漳，大德本作‘章’）。縣城臨潞。晉荀林父伐曲梁，在城西十里，今名石梁。又東北八十里有黎城，臨壺口關，至延安十一年（延，紹興本、大德本、殿本作‘建’，底本誤），從洶河口鑿入潞河，名泉州梁，以通于海。”【今注】潞：縣名。治所在今山西潞城市東北。　本國：此指潞國，潞，又作“路”，在今山西黎城縣南。夏代封炎帝之後裔姜参盧爲諸侯，都於路，因以路爲國名。

［11］【劉昭注】《漢書音義》縣出鷃。【今注】猗氏：縣名。治所在今山西臨猗縣南。《漢書·地理志》作“陭氏”。

［12］【今注】陽阿：縣名。治所在今山西陽城縣西北大陽鎮。侯國置除情形不詳。

［13］【劉昭注】《上黨記》曰：“有羊頭山，沁水所出（沁，殿本作‘泌’）。”【今注】穀遠：縣名。治所在今山西沁源縣。敦煌懸泉漢簡編號Ⅰ90DXT0110③：14+T0110④：6簡文“戍卒上黨郡轂遠里賈博出”〔甘肅簡牘博物館等編：《懸泉漢簡（壹）》，中西書局2019年版，第82頁〕。轂遠，即穀遠。

太原郡。秦置。[1] 十六城，户三萬九百二，口二十萬一百二十四。

［1］【今注】太原郡：治晉陽縣（今山西太原市西南）。東漢光武帝建武二年（26），封皇兄劉縯長子劉章爲太原王。建武十一年，劉章徙爲劉王，太原國復爲漢郡。　秦置：戰國時屬趙國。秦莊襄王二年（前248）攻取，次年置郡。

晉陽。本唐國。[1] 有龍山，晉水所出。[2] 刺史治。[3] **界休**。有界山，有緜上聚。[4] 有千畝聚。[5] **楡**

次。[6]有鑿壺。[7]**中都**。[8]**于離**。[9]**玆氏**。[10]**狼孟**。[11]**鄔**。[12]**盂**。[13]**平陶**。[14]**京陵**。春秋時九京。[15]**陽曲**。[16]**大陵**。有鐵。[17]**祁**。[18]**慮虒**。[19]**陽邑**。有箕城。[20]

[1]【劉昭注】《毛詩譜》曰堯始都於此，後遷河東平陽。【今注】晉陽：縣名。治所在今山西太原市西南。　唐國：商代方國。在今山西翼城縣西。相傳爲堯的後裔。後爲周成王所滅，成爲其弟叔虞的封地。

[2]【劉昭注】《山海經》曰："有懸甕之山，其上多玉（玉，大德本作'王'），其下多銅，其獸多閭麋，晉水出焉，東南注汾。"郭璞曰在縣。《左傳》曰："遷實沈于大夏。"賈逵曰："陶唐之胤劉累也。"杜元凱曰（杜，大德本作"社"。元凱，殿本作"預"）："今晉陽縣。"【今注】龍山：今名懸甕山，在今山西太原市晉祠西。　晉水：源出今山西太原市西南懸甕山，東北流，經古城營西古城注入汾水。

[3]【劉昭注】《漢官》曰："南有梗陽城，中行獻子見巫皋（皋，殿本作'矣'）。"

[4]【劉昭注】《左傳》曰晉文公以綿上爲介之推田。界山（界，殿本作'介'），推焚死之山，故太原俗有寒食。【今注】界休：縣名。治所在今山西介休市東南。　界山：即介山，又稱綿山，在今山西介休市東南。相傳春秋時期晉文公近臣介之推隱於此山，故名。　縣上聚：鄉聚名。在今山西介休市東南。

[5]【劉昭注】《左傳》曰"晉爲千畝之戰"，在縣南。【今注】千畝聚：鄉聚名。在今山西介休市東南。

[6]【劉昭注】《左傳》謂塗水。【今注】榆次：縣名。治所在今山西晉中市榆次區。

[7]【劉昭注】《史記》曰，韓魏殺智伯，埋於鑿壺之下。【今注】鑿壺：《史記》卷七八《春申君列傳》有"韓、魏叛之，

殺智伯瑶於鑿臺之下”。《戰國策》《水經注·汾水》皆作“鑿臺”。錢大昕《廿二史考異》卷一四《續漢書二》以爲“壺”“臺”二字形近而訛誤。鑿臺，臺名，在今山西晉中市榆次區西。

［8］【劉昭注】《左傳》昭二年執陳無宇於中都，杜預曰界休縣南中都城是也。【今注】中都：縣名。治所在今山西平遥縣西南。

［9］【今注】于離：縣名。治所今地無考，或在今山西汾陽市一帶。

［10］【今注】兹氏：縣名。治所在今山西汾陽市東南。

［11］【今注】狼孟：縣名。治所在今山西陽曲縣東北。

［12］【劉昭注】《史記》韓信破夏説於鄔（惠棟《後漢書補注》以爲諸本“鄔”後脱“東”字），徐廣曰音於庶反。【今注】鄔：縣名。治所在今山西平遥縣西南、介休市東北。

［13］【劉昭注】晉大夫盂丙邑（盂，大德本作“盂”）。【今注】盂：縣名。治所在今山西陽曲縣東北。

［14］【今注】平陶：縣名。治所在今山西文水縣西南。

［15］【劉昭注】《禮記》曰趙武從先大夫於九京，鄭玄曰“晉卿大夫之墓地。‘京’，字之誤，當爲‘九原’”。【今注】京陵：縣名。治所在今山西平遥縣東。　九京：當爲“九原”，在今山西新絳縣北。春秋時爲晉國之地。

［16］【今注】陽曲：縣名。治所在今山西定襄縣東。

［17］【劉昭注】《史記》曰趙肅侯游大陸，出於鹿門。即大陵。【今注】大陵：縣名。治所在今山西文水縣東北。

［18］【今注】祁：縣名。治所在今山西祁縣東南。

［19］【今注】慮（lú）虒（yí）：縣名。治所在今山西五臺縣北。

［20］【劉昭注】《左傳》僖三十三年晉敗狄于箕（三十三，殿本作“二十三”）。【今注】陽邑：縣名。治所在今山西晉中市

榆次區東南。東漢明帝時封馮魴爲陽邑侯。　箕城：在今山西榆社縣東南箕城鎮。

上郡。秦置。[1]十城，户五千一百六十九，口二萬八千五百九十九。

［1］【今注】上郡：治膚施縣（今陝西榆林市東南）。　秦置：秦昭襄王三年（前 304）置上郡。

膚施。[1]**白土**。[2]**漆垣**。[3]**奢延**。[4]**雕陰**。[5]**楨林**。[6]**定陽**。[7]**高奴**。[8]**龜兹屬國**。[9]**候官**。[10]

［1］【今注】膚施：縣名。治所在今陝西榆林市東南魚河鎮。一説在今榆林市榆陽區巴拉素鎮火連海則古城（參見馬孟龍《秦漢上郡膚施縣、高望縣地望考辨》，《文史》2020 年第 2 輯）。膚，殿本作“慮”。

［2］【今注】白土：縣名。治所在今陝西靖邊縣北。

［3］【今注】漆垣：縣名。治所在今陝西銅川市西北。

［4］【今注】奢延：縣名。治所在今陝西靖邊縣北。

［5］【今注】雕陰：縣名。治所在今陝西甘泉縣南。

［6］【今注】楨林：縣名。治所在今内蒙古准格爾旗西南。

［7］【今注】定陽：縣名。治所在今陝西延安市東南。

［8］【今注】高奴：縣名。治所在今陝西延安市東北。

［9］【今注】龜兹屬國：治所在今陝西榆林市榆陽區下泥灣，專門安置降附漢朝的龜兹國人（參見普慧《兩漢上郡龜兹屬國及其文化遺存考臆》，《人文雜志》2008 年第 5 期）。或以爲今陝西神木縣大保當古城遺址即漢代上郡屬國治所龜兹縣（參見徐龍國《秦漢城邑考古學研究》，中國社會科學出版社 2013 年版，第 170 頁）。

案，龜兹屬國，或即上郡屬國。本書卷四《和帝紀》記載，“（永元）二年……復置西河、上郡屬國都尉官”。李賢注：“《前書》西河郡美稷縣、上郡龜兹縣並有屬國都尉，其秩比二千石。”上郡屬國都尉治龜兹縣，故此作“龜兹屬國”。内蒙古和林格爾縣東漢護烏桓校尉墓壁畫榜題有“行上郡屬國都尉時所治土軍城府舍”，《漢書·地理志》西河郡有土軍縣（今山西石樓縣），本書《郡國志》不見此縣。黄盛璋推斷，順帝永和五年（140）南匈奴叛亂，殺上郡都尉及軍司馬，漢廷被迫將西河郡徙治離石縣，上郡徙治左馮翊之夏陽縣，西河屬國都尉與上郡屬國都尉亦當南遷，其中上郡屬國都尉由龜兹遷到西河郡之土軍，惟史書失載（黄盛璋：《和林格爾漢墓壁畫與歷史地理問題》，《文物》1974年第1期）。

[10]【今注】候官：今地無考。《漢書·地理志》無，當爲東漢新置。其性質當與張掖屬國所領之候官及會稽郡所領之東候官相同，是以官名來代縣名，具有軍事色彩，等級亦恐較漢縣爲低〔參見周振鶴、李曉傑、張莉《中國行政區劃通史·秦漢卷（下）》，第867—868頁〕。

西河郡。武帝置。雒陽北千二百里也。[1]十三城，户五千六百九十八，口二萬八百三十八。

[1]【今注】西河郡：治平定縣（今内蒙古准格爾旗西南）。東漢順帝永和五年（140）徙治離石縣（今山西吕梁市離石區）。武帝置：西漢武帝元朔四年（前125）析上郡東部諸縣置西河郡。　雒陽北千二百里也：案，殿本無“也”字。王鳴盛《十七史商榷》卷三三《後漢書五》亦以爲“也”字衍。

離石。[1]**平定**。[2]**美稷**。[3]**樂街**。[4]**中陽**。[5]**皋狼**。[6]**平周**。[7]**平陸**。[8]**益蘭**。[9]**圜陰**。[10]**藺**。[11]**圜陽**。[12]

廣衍。[13]

［1］【今注】離石：縣名。治所在今山西吕梁市離石區。内蒙古和林格爾縣東漢護烏桓校尉墓壁畫榜題有“西河長史所治離石城府舍”（黄盛璋：《和林格爾漢墓壁畫與歷史地理問題》，《文物》1974年第1期）。陝西綏德縣蘇家圪坨畫像石墓題刻有“西河太守行長史事離石楊君孟元永元八年三月廿一日作”（吴蘭：《陝西綏德漢畫像石墓》，《文物》1983年第5期）。

［2］【今注】平定：縣名。治所在今内蒙古准格爾旗西南。

［3］【今注】美稷：縣名。治所在今内蒙古准格爾旗沙圪堵鎮納林村古城。或以爲美稷縣在西漢時期爲西河屬國都尉駐地，東漢建武年間又爲南匈奴屬國的單于庭駐地和使匈奴中郎將治所，既是高級軍政機構駐地，也是南匈奴貴族居住地，更是屯駐重兵之地，其城建規模必定遠大於一般縣城。考古所見納林古城占地面積較小，古城内外遺物較少，文化層較淺，與史書對美稷故城的記載並不符合，故推斷納林古城以西暖水鄉榆樹壕村古城可能爲美稷縣故址（詳見王興鋒《漢代美稷古城新考》，《中國邊疆史地研究》2016年第1期）。

［4］【今注】樂街：縣名。治所今地無考。

［5］【今注】中陽：縣名。治所在今山西中陽縣。更始政權曾封尚書僕射、行大將軍事鮑永爲中陽侯。

［6］【今注】皋狼：縣名。治所在今山西吕梁市離石區西北。

［7］【今注】平周：縣名。治所在今陝西米脂縣銀州鎮官莊村。2005年發掘的官莊東漢畫像石墓，題刻有“故大將軍掾并州從事屬國都尉府丞平周壽貴里木君孟山夫人德行之宅”，木孟山爲平周縣壽貴里人（參見榆林市文物保護研究所、榆林市文物考古勘探工作隊編著《米脂官莊畫像石墓》，文物出版社2009年，第83—85頁）。

［8］【今注】平陸：縣名。治所今地無考。

［9］【今注】益蘭：縣名。治所今地無考。《漢書・地理志》作“益闌”。

［10］【今注】圜陰：縣名。治所在今陝西榆林市横山區東。

［11］【今注】藺：縣名。治所在今山西柳林縣北。

［12］【今注】圜陽：縣名。治所在今陝西綏德縣四十里鋪南無定河北岸。

［13］【今注】廣衍：縣名。治所在今内蒙古准格爾旗西南川掌鄉瓦爾吐溝古城。

五原郡。秦置爲九原，武帝更名。[1] 十城，户四千六百六十七，口二萬二千九百五十七。

［1］【今注】五原郡：治九原縣（今内蒙古包頭市西）。　秦置爲九原：九原郡當爲戰國時期趙國所置，秦時省併劃入雲中郡。疑五原郡乃西漢武帝於元朔二年（前127）置朔方郡時，分雲中郡西部數縣置，同時又以上郡之武都縣來屬〔詳見周振鶴、李曉傑、張莉《中國行政區域通史・秦漢卷（上）》，第524頁〕。

九原。[1] **五原**。[2] **臨沃**。[3] **父國**。[4] **河除**。[5] **武都**。[6] **宜梁**。[7] **曼柏**。[8] **成宜**。[9] **西安陽**。北有陰山。[10]

［1］【今注】九原：縣名。治所在今内蒙古包頭市西。

［2］【今注】五原：縣名。治所在今内蒙古烏拉特前旗東。

［3］【今注】臨沃：縣名。治所在今内蒙古包頭市西南。

［4］【今注】父國：殿本作“文國”，王鳴盛《十七史商榷》卷三三《後漢書五》亦以爲“父”當作“文”。底本誤。文國，縣名。治所今地無考。

［5］【今注】河除：殿本作“河陰”，底本誤，應據殿本改。河陰，縣名。治所在今内蒙古達拉特旗西北。

［6］【今注】武都：縣名。治所在今内蒙古准格爾旗北。

［7］【今注】宜梁：縣名。治所在今内蒙古烏拉特前旗三頂帳房古城（詳見王曉琨《戰國至秦漢時期河套地區古代城址研究》，社會科學文獻出版社2014年版，第173頁）。

［8］【今注】曼柏：縣名。治所在今内蒙古達拉特旗東南。

［9］【今注】成宜：縣名。治所在今内蒙古烏拉特前旗東南。

［10］【劉昭注】徐廣曰：“陰山在河南，陽山在河北。”《史記》曰，蒙恬築長城臨洮，延袤萬里餘，度河據陽山。【今注】西安陽：縣名。治所在今内蒙古烏拉特前旗東南。

雲中郡。秦置。[1]十一城，户五千三百五十一，口二萬六千四百三十。

［1］【今注】雲中郡：治雲中縣（今内蒙古托克托縣古城村）。秦置：雲中郡本戰國時期趙武靈王所置，秦、漢因之。

雲中。[1]**咸陽**。[2]**箕陵**。[3]**沙陵**。[4]**沙南**。[5]**北輿**。[6]**武泉**。[7]**原陽**。[8]**定襄**。故屬定襄。[9]**成樂**。故屬定襄。[10]**武進**。故屬定襄。[11]

［1］【今注】雲中：縣名。治所在今内蒙古托克托縣東北古城村。

［2］【今注】咸陽：縣名。治所在今内蒙古土默特右旗東。

［3］【今注】箕陵：縣名。治所在今内蒙古清水河縣西北。《漢書·地理志》雲中郡有“楨陵”，王先謙《後漢書集解》引李

兆洛説，以爲箕陵即西漢之“楨陵”。

[4]【今注】沙陵：縣名。治所在今内蒙古托克托縣哈拉板申村東古城。

[5]【劉昭注】案：烏桓有蘭池城，烏桓之圍耿曅處。【今注】沙南：縣名。治所在今内蒙古准格爾旗十二連城古城。

[6]【今注】北輿：縣名。治所在今内蒙古呼和浩特市新城區。

[7]【今注】武泉：縣名。治所在今内蒙古呼和浩特市新城區豪沁營鎮塔布陀羅亥古城。

[8]【今注】原陽：縣名。治所在今内蒙古呼和浩特市賽罕區金河鎮八拜村古城。

[9]【今注】定襄：縣名。治所在今内蒙古呼和浩特市賽罕區黄合少鎮西梁村（原“城墻村”）古城。

[10]【今注】成樂：縣名。治所在今内蒙古和林格爾縣盛樂鎮土城子村古城。

[11]【今注】武進：縣名。治所在今内蒙古和林格爾縣東北。西漢爲定襄郡西部都尉治所。漢封泥有“武進右尉”。

定襄郡。高帝置。[1]五城，户三千一百五十三，口萬三千五百七十一。

[1]【今注】定襄郡：治善無縣（今山西右玉縣西北）。高帝置：西漢高祖十一年（前196）析雲中郡東部數縣置定襄郡。

善無。故屬鴈門。[1]**桐過**。[2]**武成**。[3]**駱**。[4]**中陵**。[5]故屬鴈門。

［1］【今注】善無：縣名。治所在今山西右玉縣西北。

［2］【今注】桐過：縣名。治所在今内蒙古清水河縣城嘴子古城。

［3］【今注】武成：縣名。治所在今内蒙古清水河縣北。《漢書·地理志》作“武城”。

［4］【今注】駱：縣名。治所在今内蒙古清水河縣西南。

［5］【今注】中陵：縣名。治所在今山西朔州市平魯區西北。

鴈門郡。秦置。雒陽北千五百里。[1]十四城，户三萬一千八百六十二，口二十四萬九千。

［1］【今注】鴈門郡：治陰館縣（今山西朔州市東南）。　秦置：雁門郡本戰國時期趙武靈王所置，秦、漢因之。

陰館。[1]**繁畤**。[2]**樓煩**。[3]**武州**。[4]**注陶**。[5]**劇陽**。[6]**崞**。[7]**平城**。[8]**埒**。[9]**馬邑**。[10]**鹵城**。故屬代郡。[11]**廣武**。故屬太原。有夏屋山。[12]**原平**。故屬太原。[13]**彊陰**。[14]

［1］【劉昭注】《史記》曰漢蘇意軍句注，應劭曰山險名也，在縣。《爾雅》八陵西隃鴈門是也。郭璞曰即鴈門山。《山海經》曰，鴈門山者，鴈飛出於其閒。【今注】陰館：縣名。治所在今山西朔州市東南。

［2］【今注】繁畤：縣名。治所在今山西渾源縣西南。

［3］【今注】樓煩：縣名。治所在今山西寧武縣北。

［4］【劉昭注】《前書》武帝誘匈奴入武州塞。【今注】武州：縣名。治所在今山西偏關縣東北。

［5］【今注】注陶：紹興本、大德本、殿本作“汪陶”，底本誤，應據諸本改。汪陶，縣名。治所在今山西應縣西。《漢書·地理志》作“涯陶”。

［6］【今注】劇陽：縣名。治所在今山西應縣東北。

［7］【今注】崞：縣名。治所在今山西渾源縣西。

［8］【劉昭注】《前書》高帝被圍白登，服虔曰去縣七里。【今注】平城：縣名。治所在今山西大同市東北。

［9］【今注】埒：縣名。治所在今山西神池縣東北。王鳴盛《十七史商榷》卷三三《後漢書五》以爲“埒”當作“埒”。

［10］【劉昭注】干寶《搜神記》曰：“昔秦人築城於武州塞内以備胡，城成而崩者數矣。有馬馳走一地，周旋反覆，父老異之，因依以築城，城乃不崩，遂名之爲馬邑。”【今注】馬邑：縣名。治所在今山西朔州市朔城區。

［11］【劉昭注】《山海經》曰：“秦戲之山（秦，殿本作‘泰’），無草木，多金玉，呼沱之水出焉。”郭璞曰今呼沱河縣武夫山（惠棟《後漢書補注》謂諸本‘河’後脱‘出’字）。《周禮》：“并州，其川呼沱。”《魏志》曰：“建安十年鑿渠自呼沱入汾，名平虜渠。”【今注】鹵城：縣名。治所在今山西繁峙縣東北。

［12］【劉昭注】《史記》曰，趙襄子北登夏屋山，以銅斗殺代王。郭璞曰，《爾雅》山中有獸，形如菟，相負共行，土俗名之蹷。【今注】廣武：縣名。治所在今山西代縣西南。　夏屋山：即今山西代縣北之草垛山，屬恒山山脈。

［13］【劉昭注】《古史考》曰：“趙衰居原，今原平縣。”【今注】原平：縣名。治所在今山西原平市東。

［14］【今注】彊陰：縣名。治所在今内蒙古豐鎮市西。

朔方郡。武帝置。[1]六城，户千九百八十七，口七千八百四十三。[2]

[1]【今注】朔方郡：治臨戎縣（今内蒙古磴口縣北河拐子古城）。 武帝置：西漢武帝元朔二年（前127），漢軍奪回河南地，置朔方郡。

[2]【今注】案，千，底本作“十”，紹興本、大德本、殿本作“千”，今據改。

臨戎。[1]**三封**。[2]**朔方**。[3]**沃野**。[4]**廣牧**。[5]**大城**。故屬西河。[6]

[1]【今注】臨戎：縣名。治所在今内蒙古磴口縣北河拐子古城。

[2]【今注】三封：縣名。治所在今内蒙古磴口縣西北哈騰套海蘇木陶升井古城。

[3]【今注】朔方：縣名。治所在今内蒙古杭錦旗東北什拉召古城。

[4]【今注】沃野：縣名。治所在今内蒙古巴彦淖爾市臨河區西南。

[5]【今注】廣牧：縣名。治所在今内蒙古烏拉特前旗西北。

[6]【今注】大城：縣名。治所在今内蒙古杭錦旗東南。《漢書·地理志》作“大成”。

右并州刺史部，郡九，縣、邑、侯國九十八。[1]

[1]【劉昭注】《古今注》曰：“建武十一年十月，西河上郡屬魏（錢大昕《廿二史考異》卷一四《續漢書二》以爲注文當有

脱漏，又因下引《魏志》而衍一‘魏’字)。”《魏志》曰：“建安二十年省雲中、定襄、五原、朔方，置一縣領其民，合以爲新興郡。”

涿郡。高帝置。雒陽東北千八百里。[1]七城，户十萬二千二百一十八，口六十三萬三千七百五十四。[2]

[1]【今注】涿郡：治涿縣（今河北涿州市）。　高帝置：此説有誤。其地漢初屬燕國之廣陽郡。西漢武帝元狩六年（前117）析廣陽郡置涿郡。

[2]案，五，殿本作“二”。

涿。[1]**迺**。侯國。[2]**故安**。易水出，雹水出。[3]**范陽**。侯國。[4]**良鄉**。[5]**北新城**。有汾水門。[6]**方城**。故屬廣陽。有臨鄉。[7]有督亭。[8]

[1]【今注】涿：縣名。治所在今河北涿州市。

[2]【劉昭注】《史記》漢武帝至鳴澤，服虔曰在縣北界。【今注】迺（qiú）：縣名。治所在今河北淶水縣。侯國置廢情形不詳。

[3]【劉昭注】案本記（記，殿本作“紀”），永元十五年復置縣鐵官。【今注】故安：縣名。治所在今河北易縣東南。東漢桓帝建和二年（148），尊其父劉翼之夫人馬氏爲孝崇博園貴人，以涿郡之良鄉、故安，河間之蠡吾三縣爲湯沐邑。　易水：源出今河北易縣，東南流匯入拒馬河。　雹水：源出今河北易縣西南，東南流，在今保定市徐水區東南匯入易水。《水經注·易水》：易水“東流，有嵑水南會，渾波同注，俗謂之爲雹河……世祖令耿況擊

故安西山賊吴耐蠡，符雹上十餘營，皆破之。即是水者也”。

［4］【今注】范陽：縣名。治所在今河北定興縣西南故城鎮。本志侯國置除情形不詳。東漢獻帝建安十六年（211），封曹操之子曹據爲范陽侯，建安二十二年徙封宛侯。

［5］【今注】良鄉：縣名。治所在今北京市房山區竇店古城遺址。東漢桓帝建和二年（148），爲孝崇博園貴人馬氏之湯沐邑。

［6］【劉昭注】《史記》曰，趙與燕汾門（汾，殿本作“分”）。【今注】北新城：縣名。治所在今河北保定市徐水區西。《漢書·地理志》作“北新成”。　汾水門：即汾門。戰國時燕國長城門闕名，在今河北保定市徐水區西北，後爲趙所得。公元前247年，又交换給燕國。

［7］【劉昭注】故縣，後省。惠文王與燕臨樂。【今注】方城：縣名。治所在今河北固安縣西南方城村。　臨鄉：鄉聚名。西漢時爲臨鄉侯國，在今河北固安縣西南。

［8］【劉昭注】劉向《别録》曰：“督亢，膏腴之地。”《史記》荆軻奉督亢圖入秦。【今注】督亭：疑當爲“督亢亭”。在今河北固安縣東南。其地戰國時期屬燕國，以肥沃著稱，燕太子丹曾派遣荆軻以進獻督亢地圖爲由刺殺秦王。

廣陽郡。高帝置，爲燕國，昭帝更名爲郡。[1]世祖省并上谷，永平八年復。[2]五城，户四萬四千五百五十，口二十八萬六百。

［1］【今注】廣陽郡：治薊縣（今北京市西城區南）。東漢建武二年（26），光武帝封步父劉良爲廣陽王。建武五年，劉良徙爲趙王。建武十三年，省併西漢十王國，廣陽之地併入上谷郡。至和帝永元八年（96），復置廣陽郡。　高帝置爲燕國：公元前226年秦滅燕，後二年置廣陽郡。漢初先後屬臧荼燕國、盧綰燕國、劉建

燕國、吕通燕國、劉澤燕國，爲燕内史之地。　昭帝更名爲郡：此説有誤。燕國除爲廣陽郡，時在西漢武帝元朔元年（前128）。元狩六年（前117）封皇子劉旦爲燕王。昭帝元鳳元年（前80），燕王劉旦謀反事敗，燕國復除爲廣陽郡。

［2］【今注】案，“永平”當爲“永光”，詳惠棟《後漢書補注》。

薊。本燕國。刺史治。[1]**廣陽**。[2]**昌平**。[3]故屬上谷。**軍都**。[4]故屬上谷。**安次**。[5]故屬勃海。

［1］【劉昭注】《漢官》曰：“雒陽東北二千里。”【今注】薊：縣名。治所在今北京市西城區南。東漢時爲廣陽郡（國）治所，亦爲幽州刺史駐地。

［2］【今注】廣陽：縣名。治所在今北京市房山區良鄉鎮廣陽城村。

［3］【今注】昌平：縣名。治所在今北京市昌平區南上東廓村與下東廓村附近（詳見周正義主編《北京地區漢代城址調查與考證》，北京燕山出版社2009年版，第64—67頁）。

［4］【今注】軍都：縣名。治所在今北京市昌平區馬池口鎮土城區。

［5］【今注】安次：縣名。治所在今河北廊坊市安次區西北。

代郡。秦置。雒陽東北二千五百里。[1]十一城，户二萬一百二十三，口十二萬六千一百八十八。

［1］【劉昭注】《古今注》曰：“建武二十七年七月屬幽州。”【今注】代郡：治代縣（今河北蔚縣東北）。屬幽州刺史部。東漢

光武帝建武十六年（40），封盧芳爲代王。建武十八年，盧芳復逃歸匈奴，代國復爲代郡。　秦置：秦王嬴政二十三年（前224）置代郡。漢因之。

高柳。[1]**桑乾**。[2]**道人**。[3]**當城**。[4]**馬城**。[5]**班氏**。[6]**狋氏**。[7]**北平邑**。[8]永元八年復。**東安陽**。[9]**平舒**。[10]**代**。[11]

[1]【今注】高柳：縣名。治所在今山西陽高縣。據《水經注·漯水》，東漢光武帝建武十九年（43），封代相閔堪爲高柳侯。

[2]【今注】桑乾（gān）：縣名。治所在今河北原陽縣東。

[3]【今注】道人：縣名。治所在今山西陽高縣東南。

[4]【今注】當城：縣名。治所在今河北蔚縣東北。

[5]【今注】馬城：縣名。治所在今河北懷安縣西。

[6]【今注】班氏：縣名。治所在今山西大同市東南。

[7]【今注】狋（quán）氏：縣名。治所在今山西陽高縣東南。

[8]【今注】北平邑：縣名。治所在今山西大同市東。《漢書·地理志》作“平邑”，東漢初省併，東漢和帝永元八年（96）復置。

[9]【今注】東安陽：縣名。治所在今河北蔚縣西北。

[10]【今注】平舒：縣名。治所在今山西廣靈縣西。東漢光武帝建武七年（31），封揚武將軍馬成爲平舒侯。建武二十七年，定封爲全椒侯。

[11]【劉昭注】干寶《搜神記》曰：“代城始築，立板幹，一旦亡西南板，四五十里於澤中自立（里，底本作‘田’，今據諸本改），結葦爲外門，因就營築焉，故其城周圓三十五丈，爲九門，故城處呼之以爲東城。”【今注】代：縣名。治所在今河北蔚

縣東北。

上谷郡。秦置。雒陽東北三千二百里。[1]八城，户萬三百五十二，口五萬一千二百四。

[1]【今注】上谷郡：治沮陽縣（今河北懷來縣大古城村）。秦置：戰國時期燕國置郡，秦、漢因之。漢初屬燕國。西漢景帝三年（前154）轉爲漢郡。

沮陽。[1]**潘**。[2]永元十一年復。**甯**。[3]**廣甯**。[4]**居庸**。[5]**雊瞀**。[6]**涿鹿**。[7]**下落**。[8]

[1]【今注】沮陽：縣名。治所在今河北懷來縣大古城村。

[2]【今注】潘：縣名。治所在今河北涿鹿縣西南。西漢有潘縣，東漢初省併，和帝永元十一年（99）復置。

[3]【今注】甯：縣名。亦爲東漢護烏桓校尉駐地，在今河北張家口市萬全區東南。一説在今張家口市萬全區西南北沙城鄉北沙城村（詳黄燕妮《護烏桓校尉治所寧城考》，魏堅主編《北方民族考古》第7輯，科學出版社2019年版，第90—110頁）。《漢書·地理志》作“寧”。内蒙古和林格爾縣小板申東漢壁畫墓題刻有“甯城幕府”“甯市中”“甯城南門”“甯城東門”“甯縣寺門”等，皆作“甯”。

[4]【今注】廣甯：縣名。治所在今河北張家口市橋西區。《漢書·地理志》作“廣寧”。

[5]【今注】居庸：縣名。治所在今北京市延慶區。

[6]【今注】雊瞀：縣名。治所在今河北蔚縣東北。

[7]【劉昭注】《帝王世記》曰：“黄帝所都，有蚩尤城、阪

泉地、黄帝祠。"《世本》云在鼓城南（惠棟《後漢書補注》以爲"鼓"當作"彭"），張晏曰在上谷。干瓚案《禮》五帝位云黄帝與赤帝戰于阪泉之野（干，紹興本、大德本、殿本作"于"），不在涿鹿，是伐蚩尤之地。【今注】涿鹿：縣名。治所在今河北涿鹿縣東南。

[8]【今注】下落：縣名。治所在今河北涿鹿縣。《水經注·㶟水》作"下洛"。

漁陽郡。秦置。雒陽東北二千里。[1]九城，户六萬八千四百五十六，口四十三萬五千七百四十。

[1]【今注】漁陽郡：治漁陽縣（今北京市懷柔區北房鎮梨園莊東）。　秦置：戰國時期燕國置郡。秦、漢因之。漢初屬燕國。西漢景帝三年（前154）轉爲漢郡。

漁陽。有鐵。[1]**狐奴**。[2]**潞**。[3]**雍奴**。[4]**泉州**。有鐵。[5]**平谷**。[6]**安樂**。[7]**傂奚**。[8]**獷平**。[9]

[1]【今注】漁陽：縣名。治所在今北京市懷柔區北房鎮梨園莊東（詳見周正義主編《北京地區漢代城址調查與考證》，第142—152頁）。　有鐵：北京大葆台漢墓曾出土"漁"字鐵斧，當即漁陽縣鐵官生産。

[2]【今注】狐奴：縣名。治所在今北京市順義區北府村。

[3]【今注】潞：縣名。治所在今北京市通州區潞城鎮古城村。《漢書·地理志》作"路"。李慈銘《後漢書札記》卷七云：《説文》"潞，冀州浸也。上黨有潞縣"，而不言漁陽亦有潞，可知此當作"路"矣。漁陽之路水爲沽水之下流，與冀州其浸汾潞之潞

迴不相蒙。《水經》"沽河從塞外來，南過漁陽狐奴縣北，西南與濕餘水合爲潞河"，字始作"潞"。《前志》漁陽郡下云"莽曰通路"。《水經》亦作路。案沽河今直隸之白河，源出宣化獨石口，南經順天通州城外，俗呼爲古潞水也。本作"路"，後人加水旁耳。

［4］【今注】雍奴：縣名。治所在今天津市武清區東北。東漢光武帝建武二年（26），封河内太守寇恂爲雍奴侯。傳國至其子寇損，建武三十年徙封扶柳侯。

［5］【今注】泉州：縣名。治所在今天津市武清區南。

［6］【今注】平谷：縣名。治所在今北京市平谷區大北關村、小北關村一帶。

［7］【今注】安樂：縣名。治所在今北京市順義區西部古城村遺址。

［8］【今注】傂奚：縣名。治所在今北京市密雲區提轄莊遺址（詳見周正義主編《北京地區漢代城址調查與考證》，第162—172頁）。《漢書·地理志》作"厗奚"，王念孫《讀書雜志四·漢書第七》以爲"厗"當作"虒"。

［9］【今注】獷平：縣名。治所在今北京市密雲區東北。

右北平郡。秦置。雒陽東北二千三百里。[1]四城，户九千一百七十，口五萬三千四百七十五。

［1］【今注】右北平郡：治土垠縣（今河北唐山市豐潤區東）。秦置：戰國時期燕國置右北平郡。秦因之。

土垠。[1]**徐無**。[2]**俊靡**。[3]**無終**。[4]

［1］【今注】土垠：縣名。治所在今河北唐山市豐潤區東。土，紹興本作"上"。

［2］【今注】徐無：縣名。治所在今河北遵化市東。

［3］【今注】俊靡：縣名。治所在今河北遵化市西北。本書卷一九《耿弇傳》作“浚靡”。

［4］【今注】無終：縣名。治所在今天津市薊州區。

遼西郡。秦置。雒陽東北三千三百里。[1]**五城，户萬四千一百五十，口八萬一千七百一十四。**

［1］【今注】遼西郡：治陽樂縣（今遼寧義縣西）。　秦置：戰國時期燕國置遼西郡。秦因之。

陽樂。[1]**海陽**。[2]**令支**。有孤竹城。[3]**肥如**。[4]**臨渝**。[5]

［1］【今注】陽樂：縣名。治所在今遼寧義縣西。

［2］【今注】海陽：縣名。治所在今河北唐山市灤州區西南。

［3］【劉昭注】伯夷、叔齊本國。【今注】令支：縣名。治所在今河北遷安市西。　孤竹城：城邑名。在今河北盧龍縣南（一説在今河北灤南縣）。孤竹爲商代封國，轄域約當今河北秦皇島市、唐山市一帶。

［4］【今注】肥如：縣名。治所在今河北遷安市東北。

［5］【劉昭注】《山海經》曰：“碣石之山，繩水出焉（繩，大德本、殿本作‘編’。惠棟《後漢書補注》曰：‘“編”一作“繩”’），其上有玉，其下多青碧（多，殿本作‘有’）。”《水經》曰在縣南。郭璞曰：“或曰在右北平驪城縣海邊山也。”【今注】臨渝：縣名。治所在今遼寧朝陽市東。

遼東郡。秦置。雒陽東北三千六百里。[1]十一城，户六萬四千一百五十八，口八萬一千七百一十四。[2]

［1］【劉昭注】案《本紀》，和帝永元十六年郡復置西部都尉官。【今注】遼東郡：治襄平縣（今遼寧遼陽市白塔區）。　秦置：戰國時期燕國置遼東郡。秦因之。

［2］【今注】案，遼東郡户數爲64158，人口數爲81714，户均僅1.27人，遠低於東漢户均人口數，故學者多疑此統計數字有誤。張森楷《十七史校勘記·後漢書》疑“口八萬一千七百一十四”中“八萬”前有脱漏。王海以爲，西漢平帝時遼東郡轄十八個縣，户數不過55592；東漢前期東北邊患不斷，人户減少屬常理，順帝時遼東郡僅轄十一縣，户數反超西漢平帝時8566户，令人費解。故統計中口數記載失實的可能性不能排除，但户數記載失實的可能性似乎更大。（詳見王海《〈後漢書·郡國志〉户口數謬誤辨析》，《湖南科技學院學報》2008年第7期）

襄平。[1]**新昌**。[2]**無慮**。[3]**望平**。[4]**候城**。[5]**安市**。[6]**平郭**。[7]有鐵。**西安平**。[8]**汶**。[9]**番汗**。[10]**沓氏**。[11]

［1］【今注】襄平：縣名。治所在今遼寧遼陽市白塔區。東漢獻帝建安十二年（207），封割據遼東的公孫康爲襄平侯。

［2］【今注】新昌：縣名。治所在今遼寧海城市東北。

［3］【今注】無慮：縣名。治所在今遼寧北鎮市東南。

［4］【今注】望平：縣名。治所在今遼寧新民市南。

［5］【今注】候城：縣名。治所在今遼寧瀋陽市東南。本志玄菟郡下有候城，且云“故屬遼東”。錢大昕《廿二史考異》卷一四《續漢書二》據此以爲“候城”爲衍文。

［6］【今注】安市：縣名。治所在今遼寧海城市東南。

［7］【今注】平郭：縣名。治所在今遼寧蓋州市西南。

［8］【劉昭注】《魏氏春秋》曰："縣北有小水，南流入海，句驪别種，因名之小水貊。"【今注】西安平：縣名。治所在今遼寧丹東市東北。

［9］【今注】汶：縣名。治所在今遼寧營口市東南。《漢書·地理志》作"文"。

［10］【今注】番汗：縣名。治所在今朝鮮平安北道博川郡壇山里古城遺址。

［11］【今注】沓（tà）氏：縣名。治所在今遼寧大連市金州區東南。

玄菟郡。武帝置。雒陽東北四千里。[1]六城，户一千五百九十四，口四萬三千一百六十三。[2]

［1］【今注】玄菟郡：治高句驪縣（今遼寧新賓滿族自治縣永陵鎮西南）。東漢初僅轄高句驪、西蓋馬、上殷台三縣，東漢安帝永初元年（107）吸納原屬於遼東郡的高顯、候城、遼陽三縣。

［2］【今注】案，口數43163，户數1594，户均27.1人，幾乎是東漢全國户均人口數的五到六倍，故學者多疑此處户口統計數字有誤。張森楷《十七史校勘記·後漢書》疑"户一千五百九十四"中之"千"字當爲"萬"字，若此，則户均2.71人。王海以爲，《續漢書·郡國志》中户口統計數字具有規律性，即户口數中，無論是百萬位、萬位還是千位，如果户數、口數的頭一位，衹要數字是"一"，例如"一百萬""一萬""一千"，那麽記録時都會將"一"字忽略，僅記爲"百萬""萬""千"。據此規律，玄菟郡户數如果確爲1594，那麽就應該記爲"户千五百九十四"而不是"户一千五百九十四"，"一千"之"一"可能是記録者或抄録者粗心工作的衍文，更有可能是漫漶殘文。"一"很可能是"七"的殘

文，“户一千五百九十四”當爲“户七千五百九十四”。據此，户均口數爲5.73，與東漢臨近邊郡的户均人口基本相當。（詳見王海《〈後漢書·郡國志〉户口數謬誤辨析》，《湖南科技學院學報》2008年第7期）

高句驪。遼山，遼水出。[1] **西蓋烏**。[2] **上殷台**。[3] **高顯**。[4] 故屬遼東。**候城**。[5] 故屬遼東。**遼陽**。故屬遼東。[6]

［1］【劉昭注】《山海經》曰：“遼水出白平東。”郭璞曰：“出塞外衛白平山（衛，大德本、殿本作‘御’。惠棟《後漢書補注》曰：‘今《山海經》云潦水出衛皋東。衛皋，山名，轉寫既久，因析“皋”爲“白豊”，復誤“衛”爲“衛”，遂令此字義所無附。桑欽《水經》亦作“白平”’）。遼山，小遼水所出。”【今注】高句驪：縣名。治所在今遼寧新賓滿族自治縣永陵鎮西南。東漢安帝永初元年（107）遼東郡的高顯、候城、遼陽三縣劃歸玄菟郡後，高句驪縣内徙至今遼寧撫順市勞動公園古城址。東漢末，公孫度割據遼東，又將玄菟郡移至遼東郡東北二百里的高句麗城（今遼寧瀋陽市東20千米渾河南岸上伯官屯古城址）（參見趙紅梅《玄菟郡建置沿革及其特點述論》，《黑龍江社會科學》2013年第6期）。　遼山：在今遼寧清原滿族自治縣東北，今稱三通背嶺。　遼水：一名小遼水。即今遼寧境内渾河。

［2］【今注】西蓋烏：案，當爲“西蓋馬”（詳惠棟《後漢書補注》）。縣治在今朝鮮慈江道古豐、三樂里一帶。

［3］【今注】上殷台：縣名。治所在今吉林通化市。

［4］【今注】高顯：縣名。治所在今遼寧鐵嶺市。

［5］【今注】候城：縣名。治所在今遼寧瀋陽市東南。

［6］【劉昭注】《東觀書》安帝即位之年（之，殿本作

"二"），分三縣來屬。【今注】遼陽：縣名。治所在今遼寧瀋陽市遼中區東。

樂浪郡。武帝置。雒陽東北五千里。[1]十八城，户六萬一千四百九十二，口二十五萬七千五十。

[1]【今注】樂浪郡：治朝鮮縣（今朝鮮平壤市土城里土城遺址）。20世紀30年代在平壤市土城里土城遺址發現"樂浪富貴""樂浪禮官"文字瓦當及"樂浪太守章""樂浪大尹五官掾高□□"封泥，以及所轄諸縣令、長、丞、尉等官印封泥，均可證該遺址爲樂浪郡治（參見王培新《樂浪文化——以墓葬爲中心的考古學研究》，科學出版社2007年版）。

朝鮮。[1]**誧邯**。[2]**浿水**。[3]**含資**。[4]**占蟬**。[5]**遂城**。[6]**增地**。[7]**帶方**。[8]**駟望**。[9]**海冥**。[10]**列口**。[11]**長岑**。[12]**屯有**。[13]**昭明**。[14]**鏤方**。[15]**提奚**。[16]**渾彌**。[17]**樂都**。[18]

[1]【今注】朝鮮：縣名。治所在今朝鮮平壤市樂浪區土城洞土城遺址。朝鮮平壤市樂浪土城遺址曾出土"朝鮮右尉"封泥。

[2]【今注】誧（nán）邯：縣名。治所在今朝鮮平壤市順安區域東部一帶。朝鮮平壤市樂浪土城遺址曾出土"誧邯長印"封泥。

[3]【今注】浿水：縣名。治所在今朝鮮慈江道熙川以東一帶。浿，大德本作"淇"。

[4]【今注】含資：縣名。治所在今朝鮮黄海北道瑞興郡。含，大德本作"貧"。

[5]【今注】占蟬：縣名。治所在今朝鮮平安南道温泉郡城峴

里古城遺址。《漢書·地理志》作“黏蟬”。1910 年，在朝鮮平安南道龍崗郡海雲面龍井里出土《黏蟬縣神祠碑》（或稱爲《漢平山君祠碑》），碑文内容是東漢光武帝建武八年（32）四月戊午日，時任黏蟬縣長率領官屬祭祀當地山神平山君，祈求護佑當地風調雨順、五穀豐登（詳見勞榦《中國古代的歷史與文化》，中華書局 2006 年版，第 561—563 頁）。可知東漢初縣名尤爲“黏蟬”。

［6］【今注】遂城：縣名。治所在今朝鮮平安南道南浦市江西郡東。《漢書·地理志》作“遂成”。

［7］【今注】增地：縣名。治所在今朝鮮平安南道安州市東。

［8］【今注】帶方：縣名。治所在今朝鮮黄海北道鳳山郡智塔里古城遺址。

［9］【今注】駟望：縣名。治所在今朝鮮平壤市江東郡。

［10］【今注】海冥：縣名。治所在今朝鮮黄海南道海州市東。

［11］【劉昭注】郭璞注《山海經》曰：“列，水名。列水在遼東。”【今注】列口：縣名。治所在今朝鮮黄海南道殷栗郡雲城里土城遺址。

［12］【今注】長岑：縣名。治所在今朝鮮黄海南道長淵郡北。

［13］【今注】屯有：縣名。治所在今朝鮮黄海北道黄州。朝鮮平壤市土城里土城遺址曾出土“屯有令印”封泥。

［14］【今注】昭明：縣名。治所在今朝鮮黄海南道信川郡青山里土城遺址。

［15］【今注】鏤方：縣名。治所在今朝鮮平安南道陽德郡西。

［16］【今注】提奚：縣名。治所在今朝鮮黄海北道平山郡西南。

［17］【今注】渾彌：縣名。治所在今朝鮮平安南道肅川北。

［18］【今注】樂都：縣名。治所在今朝鮮平安南道寧遠一帶。《漢書·地理志》不見此縣名，或以爲即西漢之吞列縣（詳見王先謙《後漢書集解》引謝鍾英説）。

遼東屬國。故邯鄉，西部都尉，安帝時以爲屬國都尉，別領六城。[1]雒陽東北三千二百六十里。

［1］【今注】遼東屬國：屬國名。治昌遼縣（今遼寧義縣）。屬郡級行政區劃，安置、管理内附的烏桓人，並統領以烏桓族爲主的騎兵力量，以應對邊疆危機（參張國慶《東漢“遼東屬國”考略》，《歷史教學》1990 年第 2 期；蘇衛國、張旗《有關東漢遼東屬國問題的一些看法》，《鞍山師院學報》2013 年第 5 期）。　西部都尉：此指遼東郡西部都尉。據本書卷四《和帝紀》記載，和帝永元十六年（104）十二月，復置遼東郡西部都尉官。東漢邊郡設置若干部都尉，負責本轄區内的軍事守備事務，長官稱都尉，秩比二千石。　安帝時以爲屬國都尉：遼東屬國設置時間，當在東漢安帝永初三年（109）至建光元年（121）之間〔詳見周振鶴、李曉傑、張莉《中國行政區劃通史·秦漢卷（下）》，第 835—836 頁〕。

昌遼。故天遼，屬遼西。[1]**賓徒**。故屬遼西。[2]**徒河**。[3]故屬遼西。**無慮**。有醫無慮山。[4]**險瀆**。[5]**房**。[6]

［1］【劉昭注】何法盛《晉書》有青城山。【今注】昌遼：縣名。治所在今遼寧義縣。《漢書·地理志》遼西郡有“交黎”，顔師古注引應劭曰“今昌黎”，則東漢時縣名應爲“昌黎”。錢大昕《廿二史考異》卷一四《續漢書二》以爲，“黎”“遼”聲相近，故“昌黎”亦作“昌遼”。　天遼：當爲“交黎”（詳見王先謙《後漢書集注》引惠棟説）。

［2］【今注】賓徒：縣名。治所在今遼寧錦州市北。《漢書·地理志》作“賓從”。王鳴盛《十七史商榷》卷三三《後漢書五》云：“‘徒’當作‘從’，因下有徒河，相涉而誤。”然漢封泥有“賓徒丞印”，故當以“賓徒”爲是。

［3］【今注】徒河：縣名。治所在今遼寧錦州市太和區。

［4］【今注】無慮：縣名。治所在今遼寧北鎮市東南。案，遼東郡下已有無慮縣，此當爲“扶黎”，後人傳寫致誤（詳見王先謙《後漢書集注》引惠棟説）。　醫無慮山：山名。一作“醫無閭山”。在今遼寧北鎮市與義縣之間。錢大昭《續漢書辨疑》卷九以爲此處司馬彪自注“有醫無慮山”，當移於遼東郡無慮縣條下。

［5］【劉昭注】《史記》曰，王險，衛満所都。【今注】險瀆：縣名。治所在今遼寧臺安縣東南。

［6］【今注】房：縣名。治所在今遼寧盤錦市大窪區東北。

右幽州刺史部，[1]郡、國十一，[2]縣、邑、侯國九十。

［1］【今注】幽州刺史部：治薊縣（今北京市西城區南）。

［2］【今注】案，十一，大德本作“十”。

南海郡。武帝置。雒陽南七千一百里。[1]七城，户七萬一千四百七十七，口二十五萬二百八十二。

［1］【今注】南海郡：治番禺縣（今廣東廣州市番禺區）。武帝置：此説不確。《史記》卷六《秦始皇本紀》記載：“三十三年，發諸嘗逋亡人贅婿賈人，略取陸梁地，爲桂林、象郡、南海。”據此，秦始皇三十三年（前214）即置南海郡。秦亡，中原混亂之際，南海郡龍川（今廣東龍川縣西）縣令趙佗代行南海郡尉之職，併桂林、象郡等地爲南越國，自稱南越王。漢興，漢高祖遣陸賈出使南越之後，南越王接受漢廷册命，爲漢之邊藩。吕后執政時期，雙方交惡，趙佗自號南越武帝。漢文帝時復遣陸賈出使，南越去帝

號而稱臣，重新接受漢廷册命。至武帝元鼎六年（前 111），漢軍平定南越，南海郡歸漢。

番禺。[1]**博羅**。[2]**中宿**。[3]**龍川**。[4]**四會**。[5]**揭陽**。[6]**增城**。[7]有勞領山。

［1］【劉昭注】《山海經》注“桂林八樹，在賁禺東”，郭璞云今番禺。【今注】番（pān）禺：縣名。治所在今廣東廣州市番禺區。1998 年廣東番禺鍾村鎮屏山二村出土東漢墓磚銘文有“番禺都亭長陳誦”（廣州市文物考古研究所、番禺博物館：《廣東番禺市屏山東漢墓發掘報告》，《考古學集刊》第 14 輯，文物出版社 2004 年版）。

［2］【劉昭注】有羅浮山，自會稽浮往博羅山，故置博羅縣。【今注】博羅：縣名。治所在今廣東博羅縣。

［3］【今注】中宿：縣名。治所在今廣東清遠市西北。

［4］【今注】龍川：縣名。治所在今廣東龍川縣西。

［5］【今注】四會：縣名。治所在今廣東四會市。

［6］【今注】揭陽：縣名。治所在今廣東揭陽市西北。

［7］【今注】增城：縣名。治所在今廣東廣州市增城區東北。《漢書·地理志》無此縣名，當爲東漢新置。

蒼梧郡。武帝置。雒陽南六千四百一十里。[1]十一城，户十一萬一千三百九十五，[2]口四十六萬六千九百七十五。

［1］【今注】蒼梧郡：治廣信縣（今廣西梧州市長洲區）。武帝置：此説不確。據湖南里耶秦簡“三十四歲，蒼梧爲郡九歲”，

秦王政二十五年（前222）即置蒼梧郡。秦亡，趙佗建南越國，封同姓趙光爲蒼梧王，治理故秦蒼梧郡地。西漢武帝元鼎六年（前111），漢軍平定南越，蒼梧郡歸漢。

［2］【今注】案，十一，大德本作“十”。

廣信。[1]**謝沐**。[2]**高要**。[3]**封陽**。[4]**臨賀**。[5]**端谿**。[6]**馮乘**。[7]**富川**。[8]**荔浦**。[9]**猛陵**。[10]**鄣平**。[11]

［1］【劉昭注】《漢官》曰：“刺史治，去雒陽九千里。”【今注】廣信：縣名。治所在今廣西梧州市長洲區。東漢獻帝建安末，孫權封征南中郎將步騭爲廣信侯。

［2］【今注】謝沐：縣名。治所在今湖南江永縣西南。

［3］【今注】高要：縣名。治所在今廣東高要市。

［4］【今注】封陽：縣名。治所在今廣西賀州市南。

［5］【今注】臨賀：縣名。治所在今廣西賀州市東南。

［6］【今注】端谿：縣名。治所在今廣東德慶市。

［7］【今注】馮乘：縣名。治所在今湖南江華瑶族自治縣西南。

［8］【今注】富川：縣名。治所在今廣西鍾山縣。

［9］【今注】荔蒲：縣名。治所在今廣西荔浦市西南。

［10］【劉昭注】《地道記》曰：“龍山，合水所出。”【今注】猛陵：縣名。治所在今廣西蒼梧縣西。

［11］【劉昭注】永平十四年置。【今注】鄣平：縣名。治所當在今廣西容縣。《漢書·地理志》不見此縣名，東漢明帝永平十四年（71）置。

鬱林郡。秦桂林郡，武帝更名。雒陽南六千五百里。[1]十一城。

[1]【今注】鬱林郡：治布山縣（今廣西桂平市西）。　秦桂林郡：置於秦始皇三十三年（前 214）。《史記》卷六《秦始皇本紀》："三十三年，發諸嘗逋亡人、贅婿、賈人，略取陸梁地，爲桂林、象郡、南海。"秦亡至西漢前期屬南越國。西漢武帝元鼎六年（前 111），漢軍平定南越，其地歸漢，改桂林爲鬱林。

布山。[1]**安廣**。[2]**阿林**。[3]**廣鬱**。[4]**中溜**。[5]**桂林**。[6]**潭中**。[7]**臨塵**。[8]**定周**。[9]**增食**。[10]**領方**。[11]

[1]【今注】布山：縣名。治所在今廣西桂平市西。

[2]【今注】安廣：縣名。治所在今廣西横縣西北。

[3]【今注】阿林：縣名。治所在今廣西桂平市東南。

[4]【今注】廣鬱：縣名。治所在今廣西桂平市西。

[5]【今注】中溜：縣名。治所在今廣西武宣縣南。《漢書·地理志》作"中留"。

[6]【今注】桂林：縣名。治所在今廣西象州縣南。

[7]【今注】潭中：縣名。治所在今廣西柳州市東南。

[8]【今注】臨塵：縣名。治所在今廣西崇左市江州區。

[9]【今注】定周：縣名。治所在今廣西宜州市。

[10]【今注】增食：縣名。治所在今廣西隆安縣。

[11]【今注】領方：縣名。治所在今廣西賓陽縣西南。

合浦郡。武帝置。雒陽南九千一百九十一里。[1]五城，户二萬三千一百二十一，口八萬六千六百一十七。

[1]【今注】合浦郡：治合浦縣（今廣西合浦縣東北）。　武帝置：武帝元鼎六年（前 111）置。

合浦。[1]**徐聞**。[2]**高涼**。[3]**臨元**。[4]**朱崖**。[5]

［1］【今注】合浦：縣名。治所在今廣西合浦縣東北。

［2］【劉昭注】《交州記》曰："出大吴公，皮以冠鼓。"【今注】徐聞：縣名。治所在今廣東徐聞縣西南。

［3］【劉昭注】建安二十五年，孫權立高梁郡。【今注】高涼：縣名。治所在今廣東陽江市北。東漢桓帝時曾置高興郡，靈帝時改郡爲高涼，郡治當在高涼縣。

［4］【今注】臨元：縣名。治所在今廣東新興縣南。《漢書·地理志》作"臨允"。

［5］【今注】朱崖：縣名。《漢書·地理志》作"朱盧"。治所今地無考。或説在今廣西博白縣或玉林市（譚其驤：《自漢至唐海南島歷史地理——附論梁隋間高涼冼夫人功業及隋唐高涼馮氏地方勢力》，《歷史研究》1988年第5期）。

交趾郡。武帝置，即安陽王國。雒陽南萬一千里。[1]十二城。[2]

［1］【今注】交趾郡：西漢及東漢前期治羸𨻻縣（今越南河内市西北）。東漢順帝永和年間，周敞爲交趾太守，徙郡治於龍編縣（今越南北寧省北寧市）。交趾，或作"交阯"。　武帝置：西漢武帝元鼎六年（前111）置。

［2］【今注】案，交趾、鬱林二郡户口數，本志失載。陳景雲《兩漢訂誤》卷四云："考建武中馬援既平交趾，請分西于縣爲封溪、望海二縣。時西于一縣，其户已有三萬二千，況合餘數縣計之，户口之數必甲嶺表諸郡矣。"

龍編。[1]**羸𨻻**。[2]**定安**。[3]**苟漏**。[4]**麊泠**。[5]**曲陽**。[6]

北帶。[7]**稽徐**。[8]**西于**。[9]**朱䳒**。[10]**封谿**。建武十九年置。[11]**望海**。[12]建武十九年置。

[1]【劉昭注】《交州記》曰："縣西帶江，有仙山數百里，有三湖，有注、沅二水（沅，紹興本、大德本作'沆'）。"【今注】龍編：縣名。治所在今越南北寧省北寧市。舊稱龍淵，立城之日，有龍盤旋於編津之上，故改名爲龍編。考古學家在越南北寧省北寧市順城縣清姜社隴溪村發現一座古城遺址，可能就是龍編古城。（參見韋偉燕《越南境内漢墓的考古學研究》，博士學位論文，吉林大學，2017 年）獻帝建安末，孫權控制交阯，封衛將軍、交阯太守士燮爲龍編侯。

[2]【劉昭注】《地道記》曰："南越侯織在此。"【今注】羸𨻻：縣名。治所在今越南河内市西北。羸，大德本作"嬴"。

[3]【劉昭注】《交州記》曰："越人鑄銅爲船，在江潮退時見。"【今注】定安：《漢書・地理志》作"安定"，殿本亦作"安定"，底本誤。安定，縣名。治所在今越南興安省興安市南。

[4]【劉昭注】《交州記》曰："有潛水牛上岸共鬬，角軟，還復出。"【今注】苟漏：縣名。治所在今越南河内市山西縣東南。《漢書・地理志》作"苟屚"。

[5]【今注】麊泠：縣名。治所在今越南河内市糜泠縣南。

[6]【今注】曲陽。縣名。治所在今越南海陽省海陽市。《漢書・地理志》作"曲昜"。昜，古"陽"字。

[7]【今注】北帶：縣名。治所在今越南北寧省北寧市南。

[8]【今注】稽徐：縣名。治所在今越南興安省興安市北。

[9]【今注】西于：縣名。治所在今越南永福省福安市南。

[10]【今注】朱䳒（yuán）：縣名。治所在今越南河西省河東縣南。

[11]【劉昭注】《交州記》曰（曰，底本無，今據殿本補）：

“有隄防龍門，水深百尋，大魚登此門化成龍，不得過，曝鰓點額，血流此水，恒如丹池。有秦潛江，出嘔山，分爲九十九，流三百餘里，共會於一口。”【今注】封谿：縣名。治所在今越南永富省安朗縣東。

[12]【今注】望海：縣名。治所在今越南北寧省西北求河北岸。

九真郡。武帝置。雒陽南萬一千五百八十里。[1]五城，户四萬六千五百一十三，口二十萬九千八百九十四。

[1]【今注】九真郡：治胥浦縣（今越南清化省清化市西北）。武帝置：西漢武帝元鼎六年（前111）置。

胥浦。[1]**居風**。[2]**咸懽**。[3]**無功**。[4]**無編**。[5]

[1]【今注】胥浦：縣名。治所在今越南清化省清化市西北。

[2]【劉昭注】《交州記》曰：“有山出金牛，往往夜見，光曜十里。山有風門，常有風。”【今注】居風：縣名。治所在今越南清化省清化市北。

[3]【今注】咸懽：縣名。治所在今越南義安省演州縣西。《漢書·地理志》作“咸驩”。

[4]【今注】無功：縣名。治所在今越南寧平省寧平縣西。《漢書·地理志》作“無切”。袁宏《後漢紀》卷七光武帝建武十九年作“無功”，王鳴盛《十七史商榷》卷三三《後漢書五》據此以爲當以“功”爲正。

[5]【今注】無編：縣名。治所在今越南清化省如春縣東。

日南郡。秦象郡，武帝更名。雒陽南萬三千四百里。[1]五城，户萬八千二百六十三，口十萬六百七十六。

[1]【今注】日南郡：治西卷縣（今越南廣治省東河市）。象郡：秦始皇三十三年（前214），秦軍攻取嶺南地，設置桂林郡、象郡、南海郡。象郡治臨丞縣（今廣西崇左縣一帶）。　雒陽南萬三千四百里：王充《論衡》卷一一《談天篇》云："日南之郡，去雒且萬里，徙民還者，問之，言日中之時，所居之地，未能在日南也。度之復南萬里，日在日之南。是則去雒陽二萬里，乃爲日南也。"

西卷。[1]**朱吾**。[2]**盧容**。[3]**象林**。[4]**比景**。[5]

[1]【今注】西卷：縣名。治所在今越南廣治省東河市。案，西卷，《漢書·地理志》作"西捲"。

[2]【劉昭注】《交州記》曰："其民依海際居，不食米，止資魚。"【今注】朱吾：縣名。治所在今越南廣平省同海市一帶。

[3]【劉昭注】《交州記》曰："有採金浦。"【今注】盧容：縣名。治所在今越南順化省順化市北。

[4]【劉昭注】今之林邑國。【今注】象林：縣名。治所在今越南廣南省維川縣。

[5]【劉昭注】《博物記》曰："日南出野女，群行不見夫，其狀皛且白（皛，殿本作'晶'），裸袒無衣襦。"【今注】比景：縣名。治所在今越南廣平省争江口。

右交州刺史部，郡七，縣五十六。[1]

［1］【劉昭注】王範《交廣春秋》曰："交州治羸𨻻縣，元封五年移治蒼梧廣信縣，建安十五年治番禺縣。詔書以州邊遠，使持節，并七郡皆授鼓吹（吹，底本作'次'，誤，據諸本改），以重威鎮。"【今注】交州刺史部：本書從光武帝至靈帝時期，通常稱"交阯"而不稱"交州"。或以爲是由於史家不慎，采用了"交阯"這一流俗行用的非正式稱謂，而没有使用"交州"這一官方正式稱謂（譚其驤：《新莽職方考》，見《長水集》上册）。然《晉書·地理志》記載，東漢順帝永和九年（今案，"九"當爲"元"之誤。永和元年，公元 89 年），交阯太守周敞上書朝廷，要求將交阯升格爲"交州"，以與其他十一州等同劃一。漢廷未予批准。至東漢獻帝建安八年（203），交阯刺史張津與交阯郡太守士燮共同上表立州，得到批准，交阯遂爲交州，張津被任命爲交州牧。據此，順帝時有交阯而無交州，本志"交州刺史部"當作"交阯刺史部"。據《宋書·州郡志》，東漢時交趾刺史治龍編縣。至建安八年改稱交州，改以蒼梧郡廣信縣爲州治。建安十六年，復徙治南海郡番禺縣。建安十八年，曹操把持下的漢廷實行州制改革，將十四州省併爲九州，其中交州併入荆州。然而當時已經形成曹操、孫權、劉備三方鼎立局面，交州由孫權控制，實際運行並不受制於曹操控制的漢廷。

《漢書·地理志》承秦三十六郡，[1]縣邑數百，後稍分析，至于孝平，[2]凡郡、國百三，縣、邑、道、侯國千五百八十七。世祖中興，惟官多役煩，乃命并合，省郡、國十，縣、邑、道、侯國四百餘所。[3]至明帝置郡一，[4]章帝置郡、國二，[5]和帝置三，[6]安帝又命屬國别領比郡者六，[7]又所省縣漸復分置，至于孝順，凡郡、國百五，[8]縣、邑、道、侯國千一百八十，[9]民户九百六十九萬八千六百三十，口四千九百一十五萬二百二十。[10]

[1]【今注】秦三十六郡：《史記》卷六《秦始皇本紀》記始皇二十六年（前221）“分天下以爲三十六郡”。三十六郡之名，歷來説法不一。裴駰《集解》曰：“三川、河東、南陽、南郡、九江、鄣郡、會稽、潁川、碭郡、泗水、薛郡、東郡、琅邪、齊郡、上谷、漁陽、右北平、遼西、遼東、代郡、鉅鹿、邯鄲、上黨、太原、雲中、九原、雁門、上郡、隴西、北地、漢中、巴郡、蜀郡、黔中、長沙，凡三十五，與内史凡三十六郡。”《集解》所列三十六郡，内史非郡，不預三十六之數。當去鄣、九原、黔中、長沙四郡，補河内、淮陽、衡山、洞庭、蒼梧五郡，泗水當改爲四川，齊郡當改爲臨淄郡。《史記·秦始皇本紀》所記三十六郡反映的是秦始皇二十六年至二十八年之間的政區面貌，其後秦郡又有兩次增量過程，經過了由三十六郡至四十二郡最終至四十八郡的過程。秦四十八郡爲：隴西、北地、上郡、漢中、巴郡、蜀郡、河東、河内、太原、上黨、雲中、雁門、代郡、上谷、廣陽、漁陽、右北平、遼東、遼西、恒山、河間、清河、邯鄲、南陽、南郡、三川、東郡、潁川、碭郡、淮陽、四川、九江、廬江、鄣郡、會稽、洞庭、蒼梧、衡山、臨淄、琅邪、濟北、即墨、薛郡、東海、閩中、南海、桂林、象郡，加上内史，共四十九個統縣政區〔詳見周振鶴、李曉傑、張莉《中國行政區域通史·秦漢卷（上）》，第45—47頁〕。

[2]孝平：西漢平帝劉衎，公元前1年至5年在位。紀見《漢書》卷一二。

[3]【劉昭注】應劭《漢官》曰：“世祖中興，海内人民可得而數，裁十二三。邊陲蕭條，靡有孑遺，鄣塞破壞，亭隊絶滅。建武二十一年，始遣中郎將馬援、謁者，分築烽候（烽，大德本作‘蜂’），堡壁稍興，立郡縣十餘萬户，或空置太守、令、長，

招還人民。上笑曰：‘今邊無人而設長吏治之，難如《春秋》素王矣。’乃建立三營，屯田殖穀，弛刑謫徒以充實之。”【今注】案，東漢初光武帝省併郡國之數，《晉書·地理志》謂“并省者八”，異於本志。

［4］【今注】明帝置郡一：東漢明帝永平二年（59），分益州郡之地置永昌郡。

［5］【今注】章帝置郡國二：當指西平郡與任城國。

［6］【今注】和帝置三：當指濟北國、河間國與廣陽郡。

［7］【今注】屬國別領比郡者六：東漢安帝時，爲加强對邊疆少數民族地區治理，將廣漢屬國、蜀郡屬國、犍爲屬國、張掖屬國、張掖居延屬國、遼東屬國等六個重要屬國升格爲郡級行政區，長官都尉治民比郡，秩比二千石。

［8］【劉昭注】《東觀書》曰：“永興元年，鄉三千六百八十二（二，大德本、殿本作‘一’），亭萬二千四百四十二（二，大德本、殿本作‘三’）。”【今注】郡國百五：《晉書·地理志》謂東漢順帝時“郡國百有八焉”，異於本志所載。

［9］【今注】縣邑道侯國千一百八十：今人統計本志所記十三州部縣、邑、道、公國、侯國數實爲1181（詳見陳昌文《〈後漢書·郡國志〉縣邑數質疑》，《中國史研究》1999年第1期）。

［10］【劉昭注】應劭《漢官儀》曰：“永和中，户至千七十八萬，口五千三百八十六萬九千五百八十八。”又《帝王世記》，永嘉二年户則多九十七萬八千七百七十一，口七百二十一萬六千六百三十六。應載極盛之時，而所殊甚衆，舍永嘉多，取永和少，良不可解。皇甫謐校覈精審，復非謬記，未詳孰是。豈此是順朝時書，後史即爲本乎？伏無忌所記，每帝崩，輒最户口及墾田大數，今列于後，以見滋減之差焉。　光武中元二年，户四百二十七萬九千六百三十四，口二千一百萬七千八百二十。　明帝永平十八年，户五百八十六萬五百七十三，口三千四百一十二萬五千

二十一。　章帝章和二年，户七百四十五萬六千七百八十四，口四千三百三十五萬六千三百六十七。　和帝永興元年，户九百二十三萬七千一百一十二，口五千三百二十五萬六千二百二十九，墾田七百三十二萬一百七十頃八十畝百四十步。　安帝延光四年，户九百六十四萬七千八百三十八，口四千八百六十九萬七百八十九，墾田六百九十四萬二千八百九十二頃一十三畝八十五步。順帝建康元年，户九百九十四萬六千九百一十九，口四千九百七十三萬五百五十，墾田六百八十九萬六千二百七十一頃五十六畝一百九十四步。　沖帝永嘉元年，户九百九十三萬七千六百八十，口四千九百五十二萬四千一百八十三，墾田六百九十五萬七千六百七十六頃二十畝百八步。　質帝本初元年，户九百三十四萬八千二百二十七，口四千七百五十六萬六千七百七十二，墾田六百九十三萬一百二十三頃三十八畝。【今注】案，劉昭注引應劭《漢官儀》與皇甫謐《帝王世記》兩組户口統計數字，惑於是非，困於取舍。王鳴盛《十七史商榷》卷三三《後漢書五》批評劉注此處多所抵牾，並云："愚謂志例應載極後，非極盛。永嘉既在後，且又較盛，因應載。或偶得永和籍，不得永嘉籍亦可，但皇甫謐慣造僞言，爲鬼爲蜮，比應劭更難憑依。劉乃云'校覈精審'，愚矣！此下文又引伏無忌所記'永嘉元年，户九百九十三萬七千六百八十，口四千九百五十二萬四千一百八十三'。按以應劭數皇甫加若干算，應户一千一百七十五萬八千七百七十一，口六千一百八萬六千二百二十四，又與伏無忌不合。劉昭總爲皇甫謐所誤耳。豈知謐專以夸誕欺人，高祖父太公尚爲製名字，詭妄如此，其言何足信！前所云汲古以元年爲二年，必又是南宋書坊妄改，因數不合，以此彌縫之。"

贊曰：衆安后載，政洽區分；[1]侯罷守列，民無常君。[2]稱號遷隔，封割糾紛；略存減益，多證前聞。

［1］【今注】衆安后載政洽區分：意謂百姓安定，君王施政，政治和睦，區劃井然。衆安，或出自《吴越春秋》“民富國强，衆安道泰”句。后，指繼體之君。《説文》：“后，繼體君也。象人之形。施令以告四方，故厂之。從一口。發號者，君后也。凡后之屬皆從后。”政洽，典或出《尚書·畢命》“道洽政治，澤潤生民”。孔《傳》：“道至普洽，政化治理，其德澤惠施。乃浸潤生民。”

［2］【今注】侯罷守列民無常君：列侯廢黜，太守上任，吏民没有固定的主君。意謂地方時爲侯國，時爲郡縣，變化不定。

後漢書　志第二十四

百官一

太傅　太尉　司徒　司空　將軍

漢之初興，承繼大亂，兵不及戢，[1]法度草創，[2]略依秦制，後嗣因循。至景帝，[3]感吴楚之難，[4]始抑損諸侯王。[5]及至武帝，[6]多所改作，[7]然而奢廣，[8]民用匱乏。[9]世祖中興，[10]務從節約，并官省職，[11]費減億計，所以補復殘缺，及身未改，[12]而四海從風，[13]中國安樂者也。

[1]【今注】戢：收藏。《詩·周頌·時邁》："載戢干戈。"

[2]【今注】草：創立。《漢書·藝文志》"蕭何草律"，顏師古注："草，創造之。"

[3]【今注】景帝：西漢景帝劉啓，公元前157年至前141年在位。紀見《史記》卷一一、《漢書》卷五。

[4]【今注】吴楚之難：又稱"七國之亂""七國之難"。西漢景帝時期，吴王劉濞、楚王劉戊、趙王劉遂、濟南王劉辟光、淄川王劉賢、膠西王劉昂、膠東王劉雄渠以"誅晁錯"、反對削藩政策

而發動的一場叛亂，因叛亂以吴、楚兩國爲主，故稱“吴楚之難”。事見《漢書》卷三五《荆燕吴傳》。

［5］【今注】抑損：限制，減省。《漢書·諸侯王表》“景遭七國之難，抑損諸侯，減黜其官”，顔師古注：“謂改丞相曰相，省御史大夫、廷尉、少府、宗正、博士，損大夫、謁者諸官長丞員等也。”

［6］【今注】武帝：西漢武帝劉徹，公元前141年至前87年在位。紀見《史記》卷一二、《漢書》卷六。

［7］【今注】改作：更改，變更。西漢武帝時期設立“左官律”“附益法”，規定王國官吏，地位低於中央官吏，不得進入中央任職，不得阿附、包庇諸侯王。《漢書·諸侯王表》：“武（帝）有衡山、淮南之謀，作左官之律，設附益之法，諸侯惟得衣食税租，不與政事。”

［8］【今注】奢廣：奢費浩大。西漢武帝時期增設官職，增置刺史、司隸校尉、期門、羽林、城門校尉及中壘、屯騎、步兵、越騎、長水、胡騎、射聲、虎賁八校尉等。

［9］【今注】案，乏，大德本誤作“之”。

［10］【今注】世祖：東漢光武帝劉秀，公元25年至57年在位。紀見本書卷一。　中興：劉秀建立東漢王朝，以“中興”漢室相標榜。

［11］【今注】并官省職：減省吏職，合併官署。本書卷一下《光武帝紀下》：“（建武六年）六月辛卯……條奏并省四百餘縣，吏職減損，十置其一。”又本書《郡國志五》：“世祖中興，惟官多役煩，乃命并合，省郡、國十，縣、邑、道、侯國四百餘所。”

［12］【今注】及身未改：意爲貫徹始終。及身，在世的時期。

［13］【今注】從風：追隨，響應。

昔周公作《周官》，[1]分職著明，[2]法度相持，[3]王室雖微，[4]猶能久存。今其遺書，所以觀周室牧民之德既至，[5]又其有益來事之範，[6]殆未有所窮也。[7]故新汲令王隆作《小學漢官篇》，[8]諸文倜説，[9]較略不究。[10]唯班固著《百官公卿表》，[11]記漢承秦置官本末，[12]訖于王莽，[13]差有條貫；[14]然皆孝武奢廣之事，[15]又職分未悉。[16]世祖節約之制，宜爲常憲，[17]故依其官簿，[18]粗注職分，以爲《百官志》。[19]凡置官之本，及中興所省，無因復見者，既在《漢書百官表》，不復悉載。

[1]【今注】周公：姓姬，名旦，周文王第四子。輔助武王滅商；武王死後，成王年幼，周公攝政。《尚書大傳》稱其“一年救亂，二年伐殷，三年踐奄，四年建侯衞，五年營成周，六年制禮作樂，七年致政成王”。　周官：即《周禮》，儒家經典“三禮”之一。成書時間歷來有爭議，近人多以爲係戰國作品。《周官》全書六篇，各篇分上下卷，共十二卷。内容涉及周代官制和戰國時期各國制度，是中國最早、最完整的官制記録，對後代官制、禮制的影響最爲深遠。

[2]【今注】分職：張官置吏，各授其職。

[3]【今注】法度：法令制度。　相持：相互依存。

[4]【今注】王室：周王室。案，西周懿王時王室已開始衰微，《史記》卷四《周本紀》載“懿王之時，王室遂衰，詩人作刺”，至“平王之時，周室衰微，諸侯强并弱，齊、楚、秦、晉始大，政由方伯”。

[5]【今注】牧民：治民。古時將管理民政的地方官稱“牧令”“牧守”“牧宰”“牧伯”等。

[6]【今注】來事：將來之事。　範：模範，榜樣。

［7］【今注】殆：大概，幾乎。　窮：盡，完。

［8］【今注】新汲：縣名。治所在今河南扶溝縣西南。　王隆：字文山，馮翊雲陽（今陝西淳化縣）人。王莽時擔任郎官，後避難河西，爲竇融左護軍。東漢建武年間，擔任潁川郡汲縣令。傳見本書卷八〇上。1984 年平朔考古隊在山西朔縣城北發現王隆夫婦墓（編號：GM51），棺内出土“王隆私印”“王隆之印”兩方銅印章。

［9］【今注】倜（tì）：卓異。

［10］【劉昭注】案：胡廣注隆此篇，其論之注曰：“前安帝時，越騎校尉劉千秋校書東觀（千，大德本誤作‘于’），好事者樊長孫與書曰：‘漢家禮儀，叔孫通等所草創，皆隨律令在理官，藏於几閣，無紀録者（紀，殿本作“記”），久令二代之業，闇而不彰。誠宜撰次，依擬周禮，定位分職，各有條序，令人無愚智，入朝不惑。君以公族元老，正丁其任（丁，大德本作“于”），焉可以已！’劉君甚然其言，與邑子通人郎中張平子參議未定，而劉君遷爲宗正、衛尉，平子爲尚書郎、太史令，各務其職，未暇恤也。至順帝時，平子爲侍中典校書，方作《周官解説》，乃欲以漢次述漢事（中華本校勘記云：‘《校補》引柳從辰説，謂孫星衍輯《漢官解詁》，以“以漢”作“以漸”，是’），會復遷河閒相，遂莫能立也。述作之功，獨不易矣。既感斯言，顧見故新汲令王文山《小學》爲《漢官篇》，略道公卿外内（外内，殿本作‘内外’）之職，旁及四夷，博物條暢，多所發明，足以知舊制儀品。蓋法有成易，而道有因革，是以聊集所宜，爲作詁解，各隨其下，綴續後事，令世施行，庶明厥旨，廣前後憤盈之念，增助來哲多聞之覽焉。”

［11］【今注】班固：字孟堅，扶風安陵（今陝西咸陽市東北）人。班彪之子，班超、班昭之兄。東漢著名史學家、文學家，著《漢書》。傳見本書卷四〇。　百官公卿表：《漢書》首創，分上下

兩卷，上卷記載秦漢官制的建立與沿革；下卷記載高祖至平帝時期西漢一朝的各級官吏職位變動情況。

[12]【今注】本末：始末，原委。

[13]【今注】訖：完結，終止。《説文》："訖，止也。" 王莽：字巨君，魏郡元城（今河北大名縣東）人。西漢元帝皇后王政君的侄子。公元8年，代漢自立，建立新朝。在位時期，推行新政，史稱"王莽改制"。公元23年，緑林軍攻破長安，王莽被殺。傳見《漢書》卷九九。

[14]【今注】差：稍有。 條貫：條理，體系。

[15]【今注】孝武：西漢武帝劉徹謚號。

[16]【今注】職分：職務上應盡的本分、職責，即職務禄位與奏任範圍。

[17]【今注】常憲：即常法。

[18]【今注】官簿：用以記録官吏功勞和歷職年月的簿籍。

[19]【劉昭注】臣昭曰："本志既久是注曰《百官簿》，今昭又採異同，俱爲細字，如或相冒，兼應注本注，尤須分顯，故凡是舊注，通爲大書，稱'本注曰'，以表其異。"

太傅，[1]上公一人。[2]本注曰：掌以善導，[3]無常職。世祖以卓茂爲太傅，[4]薨，[5]因省。其後每帝初即位，輒置太傅録尚書事，[6]薨，輒省。[7]

[1]【今注】太傅：古三公之一，周置，秦廢。西漢高后元年（前187）置太傅，後省。哀帝元壽二年（前1）復置。位次太師，爲輔弼國君之官。西漢輔導太子的師傅爲太子太傅，亦稱"太傅"。

[2]【劉昭注】《大戴記》曰："傅，傅之德義也。"應劭《漢官儀》曰："傅者，覆也。"賈生曰："天子不喻於先聖之德，不知君民之道，不見禮義之正，詩書無宗，學業不法，此太師之責也，

古者齊太公職之。天子不惠於庶民，不禮於大臣，不中於折獄，無經於百官，不哀於喪，不敬於祭，不戒於齊，不信於事，此太傅之責也，古者周公職之。天子處位不端，受業不敬，言語不叙，音聲不中，進退升降不以禮（降，殿本誤作‘隆’），俯仰周旋無節，此太保之責也，古者燕召公職之。天子燕業反其學，左右之習詭其師，荅諸侯，遇大臣，不知文雅之辭，已語之適（殿本作‘言語之道’），簡聞小誦（小，殿本作‘少’），不博不習，此少師之責也。天子居處出入不以禮，衣服冠帶不以制，御器列側不以度，采服從好不以章，忿悦不以義，與奪不以節，此少傅之責也。天子居處燕私，安而易，樂而耽，飲食不時，醉飽不節，寢起早晏無常，玩好器弄無制，此少保之責也。此古天子自輔弼之禮也，自爲天子而賢智維之，故能慮無失計，舉無過事，終身得中。”【今注】太師：古三公之一，周置，秦廢。西漢平帝元始元年（1）復置。位在太傅之上，原爲軍隊最高統帥，後多爲加銜，表示恩寵，金印紫綬，無常職。　齊太公：姜姓，吕氏，名尚，别名望，字子牙，尊稱太公望、師尚父、姜太公。先後輔佐文王、武王，滅商建周。周初分封，封姜尚於齊地營丘（今山東淄博市臨淄區），建立齊國。世家見《史記》卷三二。　太保：古三公之一，周置。西漢平帝元始元年復置，位次太傅，爲輔弼國君之官，後多爲加銜，以示恩寵，無實職。又，太子太保亦簡稱“太保”，負責教習太子。　燕召公：姬姓，名奭，又稱召公、召伯、召康公。西周宗室、大臣，輔佐武王滅商，受封於薊（今北京），建立燕國。世家見《史記》卷三四。　案，周官之少師、少傅、少保並稱三孤，爲三公之副。平帝元始元年，授四輔之職，以太師、太傅、太保、少傅爲四輔。

［3］【今注】善導：善誘、教導。

［4］【今注】卓茂：字子康，南陽宛（今河南南陽市卧龍區）人。東漢名臣。光武帝建武元年（25）九月甲申，封太傅。傳見本

書卷二五。

［5］【今注】薨：古代諸侯之死稱“薨”，後世有封爵的大官之死也稱“薨”。《禮記·曲禮下》：“天子曰崩，諸侯曰薨。”

［6］【今注】録尚書事：初稱“領尚書事”，即以他官兼職總領尚書事。見本書卷三《章帝紀》“并録尚書事”李賢注。又《晉書·職官志》：“案漢武時，左右曹、諸吏分平尚書奏事，知樞要者始領尚書事。張安世以車騎將軍，霍光以大將軍，王鳳以大司馬，師丹以左將軍並領尚書事。後漢章帝以太傅趙憙、太尉牟融並録尚書事。尚書有録名，蓋自憙、融始。亦西京領尚書之任……和帝時，太尉鄧彪爲太傅，録尚書事，位上公，在三公上。漢制遂以爲常，每少帝立，則置太傅録尚書事，猶古冢宰總己之義，薨，輒罷之。”

［7］【劉昭注】胡廣注曰：“猶古冢宰總己之義也。”案：靈帝之初，以陳蕃爲太傅，蕃誅，以胡廣代，始不止一人也。董卓在長安，又自尊爲太師，位在太傅上。應劭《漢官儀》曰：“太師，古官也。平帝元年，孔光以太傅見，授詔，太師無朝，十日一賜餐，賜靈壽杖，省中施坐置几。太師入省中用杖，自是而闕。”又《漢官》云：“太傅長史一人，秩千石，掾屬二十四人，令史、御屬二十二人。”荀綽《晉百官表》注曰：“漢太傅置掾屬十人，御屬一人，令史十二人，置長史，與漢異。”

太尉，[1]公一人。[2]本注曰：掌四方兵事功課，[3]歲盡即奏其殿最而行賞罰。[4]凡郊祀之事，[5]掌亞獻；[6]大喪則告謚南郊。[7]凡國有大造大疑，[8]則與司徒、司空通而論之。國有過事，則與二公通諫争之。世祖即位，爲大司馬。[9]建武二十七年，改爲太尉。[10]

［1］【今注】太尉：秦置，金印紫綬，西漢武帝元狩四年（前

119）改名大司馬，東漢光武帝建武二十七年（51）復稱太尉，與司徒、司空合稱三公。太尉主管軍事，爲武官之長，後多爲加銜。秦封泥見“太尉之印”，可知太尉確爲秦置。

［2］【劉昭注】應劭曰：“自上安下曰尉，武官悉以爲稱。”《前書》曰“秦官”，鄭玄注：《月令》亦曰“秦官”。《尚書·中候》云：舜爲太尉，束晳據非秦官，以此追難玄焉。臣昭曰：緯候衆書，宗貴神詭，出没隱顯，動挾誕怪。該覈陰陽，徼迎起伏（徼，大德本誤作“激”），或有先徵，時能後驗，故守寄構思，雜稱曉輔，通儒達好，時略文滯。公輸、益州，具於張衡之詰；無口漢輔，炳乎尹敏之諷。圖讖紛僞，其俗多矣。太尉官實司天，虞舜作宰，琁衡賦政，將是據後位以書前，非唐官之實號乎？太尉所職，即舜所掌，遂以同掌追稱太尉，乃中候之妄，蓋非官之爲謬。康成淵博，自注中候，裁及注禮而忘舜位，豈其實哉！此是不發譏於中候，而正之於月令也。廣微之誚，未探碩意。《説苑》曰（苑，殿本作“苑”）：“當堯之時，舜爲司徒。”《新論》曰：“昔堯試於大麓者，領録天子事，如今尚書官矣。”《古史考》曰：“舜居百揆，總領百事。”説者以百揆堯初別置，於周更名冢宰，斯其然矣。【今注】束晳：字廣微，陽平元城（今河北大名縣）人。西晉文學家。傳見《晉書》卷五一。　緯候：即緯書與《尚書中候》的合稱。　尹敏：字幼季，南陽堵陽（今河南方城縣）人。博通經記，與班固共同編録《世祖本紀》，官至諫議大夫。傳見本書卷七九上。　琁衡：天琁與玉衡的合稱，借指朝政大權。《尚書·舜典》：“旋璣玉衡，以齊七政。”

［3］【今注】功課：古代對官吏功勞成績的考核，漢代一功等於勞四歲。

［4］【今注】殿最：古代考課、評比等級，下等爲“殿”，上等爲“最”。

［5］【今注】郊祀：古代帝王於郊外祭祀天地。

［6］【今注】亞獻：古代祭祀，初次獻爵稱初獻，再次獻爵稱亞獻，末次獻爵稱終獻，是爲三獻。

［7］【今注】南郊：古代天子在京都南面的郊外築圜丘以祭天的地方。

［8］【今注】大造：大事。　大疑：重大疑難。

［9］【劉昭注】《漢官儀》曰："元狩六年罷太尉，法周制置司馬。時議者以爲漢軍有官候、千人、司馬，故加'大'爲大司馬，所以别異大小司馬之號。"【今注】大司馬：周置，掌建邦國之九法，以佐王平邦國；漢初大司馬爲統軍高級將領；武帝時期大司馬爲加官，以示榮寵；成帝時期大司馬位列三公；東漢初年大司馬亦爲三公之一，旋改太尉；東漢末年大司馬位列三公之上。

［10］【劉昭注】蔡質《漢儀》曰："府開闕，王莽初起大司馬，後篡盗神器，故遂貶去其闕。"《漢官儀》曰："張衡云：'明帝以司馬、司空府，欲復更太尉府（中華本據《太平御覽》卷二〇七《職官部五》引補删爲"明帝以爲司馬、司空府已榮，欲復更治太尉府"）。時公趙憙也。西曹掾安衆鄭均，素好名節，以爲朝廷新造北宫，整飭官寺，旱魃爲虐，民不堪命，曾無殷湯六事，周宣雲漢之辭。今府本館陶公主第舍，員職既少，自足相受（受，殿本作"容"）。憙表陳之，即聽許。其冬，臨辟雍，歷二府，光觀壯麗（光觀，殿本作"見皆"），而太尉獨卑陋云（殿本"太尉"後有"府"字，無"云"字）。顯宗東顧歎息曰："椎牛縱酒，勿令乞兒爲宰。"時憙子世爲侍中，驂乘，歸具白之，憙以爲恨，頻譴責均，均自劾去，道發病亡。'"《古今注》曰："永平十五年，更作太尉、司徒、司空府開陽城門内"，與此不同。臣昭案：劉虞爲大司馬，而與太尉並置焉。【今注】闕：皇宫門前兩邊供瞭望的樓。《説文》："闕，門觀也。"　時公趙憙也：《太平御覽》卷二〇七《職官部五》引此句有"南陽"二字，作"公南陽趙憙也"。趙憙，字伯陽，南陽宛（今河南南陽市卧龍區）人。

東漢光武帝建武二十七年任太尉，封關内侯。傳見本書卷二六。椎牛：擊殺牛。　劉虞：字伯安，東海郯（今山東郯城縣）人。東漢靈帝中平五年（188）出任幽州牧。及董卓秉政，累加大司馬，封襄賁侯。傳見本書卷七三。

長史一人，千石。[1]本注曰：署諸曹事。[2]

［1］【劉昭注】盧植《禮》注曰："如周小宰。"【今注】周小宰：《周禮·天官·小宰》："小宰之職，掌建邦之宫刑，以治王宫之政令。"

［2］【今注】諸曹：猶言列曹，指太尉府所部東西曹、户曹、奏曹、辭曹、法曹、尉曹、賊曹、決曹、兵曹、金曹、倉曹等。

掾史屬二十四人。[1]本注曰：《漢舊注》東西曹掾比四百石，[2]餘掾比三百石，屬比二百石，故曰公府掾，[3]比古元士三命者也。[4]或曰，漢初掾史辟，皆上言之，故有秩比命士。[5]其所不言，則爲百石屬。其後皆自辟除，[6]故通爲百石云。[7]西曹主府史署用。[8]東曹主二千石長吏遷除及軍吏。[9]户曹主民户、祠祀、農桑。奏曹主奏議事。辭曹主辭訟事。法曹主郵驛科程事。[10]尉曹主卒徒轉運事。[11]賊曹主盜賊事。決曹主罪法事。兵曹主兵事。金曹主貨幣、鹽、鐵事。倉曹主倉穀事。黄閤主簿録省衆事。[12]

［1］【今注】掾史：分曹治事的屬吏，多由長官自行辟舉。徐天麟《西漢會要》卷三一曰："掾史者，屬官之總稱也。"

［2］【今注】漢舊注：《漢舊儀注》的省稱，東漢衛宏作《漢

舊儀》，是書本有注文，《漢舊儀注》即《漢舊儀》的注文。

［3］【今注】公府：漢朝太尉、司徒、司空稱三公，其府稱公府。

［4］【今注】元士三命：周代元士分三等，對應不同的命服，曰三命、二命、一命。孫詒讓《周禮正義》卷四四《春官·大胥》云："周天子之元士三命，與漢除吏六百石、五大夫，尊卑亦約略相近。"本注以公府掾比附周代"元士三命"，因公府掾史爲公府自辟，與命士皆天子册命不合。

［5］【今注】有秩：張家山漢簡顯示漢初縣下有秩吏有二百五十石到百廿石的秩級。漢初以降，縣屬吏的秩等有過調整，有秩固著於百石。（參見鄒水傑《秦簡"有秩"新證》，《中國史研究》2017 年第 3 期）　命士：即天子册命之士，因天子直接任命，故名。周制，命士以上，以爵制禄；不命之士及庶人在官者，則以事制食。

［6］【今注】辟除：徵聘授官。

［7］【劉昭注】《漢書音義》曰："正曰掾，副曰屬。"【今注】案，郭嵩燾《湘陰縣圖志》卷九《職官表》案："《寶慶志》稱，漢制，諸曹掾史八等。曰掾、曰屬、曰史、曰百石卒史，凡四等皆有秩；曰書佐、曰循行、曰幹、曰小史，凡四等無秩。歷考漢碑，無以'屬'名官者，而'百石卒史'即'史秩百石'也。疑《漢書》所謂'屬'者即史，不得更分四等。"

［8］【今注】府史：古代負責治藏及文書的小吏。《周禮·天官·序官》："府六人，史十有二人。"鄭玄注："府，治藏；史，掌書者。凡府史，皆其官長所自辟除。"

［9］【今注】長吏：古代地位較高的官吏。漢初六百石以上，皆長吏，六百石對應五大夫。也指地位較高的縣級官吏。《漢書·百官公卿表上》："縣令、長，皆秦官，掌治其縣……皆有丞、尉，秩四百石至二百石，是爲長吏。"

［10］【今注】郵驛：傳舍，驛站。負責傳送文書及官吏中轉

接待。步行遞送曰郵，騎馬遞送曰置、驛。　科程：法規、章程。

［11］【今注】卒徒：更卒和徒隸。

［12］【劉昭注】應劭《漢官儀》曰："世祖詔：'方今選舉，賢佞朱紫錯用。丞相故事，四科取士。一曰德行高妙，志節清白；二曰學通行修，經中博士；三曰明達法令，足以決疑，能案章覆問，文中御史；四曰剛毅多略，遭事不惑，明足以決，才任三輔令：皆有孝悌廉公之行。自今以後，審四科辟召，及刺史、二千石察茂才尤異孝廉之吏，務盡實覈，選擇英俊、賢行、廉絜、平端於縣邑，務授試以職。有非其人，臨計過署，不便習官事，書疏不端正，不如詔書，有司奏罪名，并正舉者。'又舊河隄謁者，世祖改以三府掾屬爲謁者領之，遷超御史中丞、刺史，或爲小郡。監察黎陽謁者，世祖以幽、并州兵騎定天下，故於黎陽立營，以謁者監之，兵騎千人，復除甚重。謁者任輕，多放情態，順帝改用公解府掾有清名威重者，遷超牧守焉。"《漢官目録》曰："建武十二年八月乙未詔書，三公舉茂才各一人，廉吏各二人；光禄歲舉茂才四行各一人，察廉吏三人；中二千石歲察廉吏各一人，廷尉、大司農各二人；將兵將軍歲察廉吏各二人；監察御史、司隸、州牧歲舉茂才各一人。"【今注】河隄謁者：陳直《漢書新證》按："《溝洫志》有河隄使者王延世、河隄都尉許高，使者即謁者，西安漢城出土有'河隄謁者'印，此爲治河暫設之官，身份當與謁者僕射相類。"（中華書局 2008 年版，第 86 頁）清人梁章鉅《稱謂録》卷二一云："東漢之河堤謁者，即西漢之都水使者矣。"　黎陽：縣名。西漢置。治所在今河南浚縣東。

令史及御屬二十三人。[1]本注曰：《漢舊注》公令史百石，[2]自中興以後，注不説石數。御屬主爲公御。[3]閤下令史主閤下威儀事。[4]記室令史主上章表報書記。[5]門令史主府門。其餘令史，各典曹文書。[6]

［1］【今注】令史：此三公府屬吏，次於掾屬，秩百石或百石以下。　御屬：公府屬吏。掌省録公事。一説御屬掌爲太尉馭車。

［2］【今注】公令史：三公府所屬令史。

［3］【劉昭注】荀綽《晉百官表》注曰："御屬如録事也。"【今注】録事：掌省録公事。

［4］【今注】閤下：代指官署。閤，古代官署的門。又，古代對尊者敬稱"閤下"，段成式《酉陽雜俎》云："秦漢以來，二千石長史言閤下。"

［5］【今注】記室：官名。掌章表書記文檄。　案，上章表，殿本作"上表章"。

［6］【劉昭注】應劭《漢官儀》有官騎三十人。

司徒，[1]公一人。[2]本注曰：掌人民事。凡教民孝悌、遜順、謙儉，[3]養生送死之事，[4]則議其制，建其度。凡四方民事功課，歲盡則奏其殿最而行賞罰。凡郊祀之事，掌省牲視濯，[5]大喪則掌奉安梓宫。[6]凡國有大疑大事，與太尉同。世祖即位，爲大司徒，[7]建武二十七年，去"大"。[8]

［1］【今注】司徒：西周置，掌治理民事、户口、官司籍田、徵發徒役、收納財賦。秦罷司徒置丞相。西漢哀帝元壽二年（前1）改丞相爲大司徒。東漢去"大"。獻帝建安十三年（208）罷司徒，置丞相。

［2］【劉昭注】孔安國曰："主徒衆，教以禮義。"

［3］【今注】孝悌：又作"孝弟"。指尊敬父母兄長。　遜順：恭順，辭讓。

［4］【今注】養生送死：生前的贍養和死後的殯葬。

［5］【今注】省牲視濯：查看祭祀用的牲畜，以示虔誠；祭器須絜而視其洗濯。

［6］【今注】梓宫：皇帝、皇后的棺材。《漢書》卷六八《霍光傳》"梓宫"顏師古注引服虔曰："棺也。"又曰："以梓木爲之，親身之棺也。爲天子制，故亦稱梓宫。"宫，大德本作"言"。

［7］【劉昭注】《漢官儀》曰："王莽時，議以漢無司徒官，故定三公之號曰大司馬、大司徒、大司空。世祖即位，因而不改。"蔡質《漢儀》曰："司徒府與蒼龍闕對，厭於尊者，不敢號府。"應劭曰："此不然。丞相舊位在長安時，府有四出門，隨時聽事，明帝本欲依之，迫於太尉、司空，但爲東西門耳。國每有大議（議，大德本作'儀'），天子車駕親幸其殿。殿西王侯以下更衣併存（併，殿本作'并'）。每歲州郡聽採長吏臧否，民所疾苦，還條奏之，是爲之舉謡言者也。頃者舉謡言者，掾屬令史都會殿上，主者大言某州郡行狀云何，善者同聲稱之，不善者各爾銜枚。大較皆取無名勢，其中或有愛憎微裁黜陟之闇昧也（闇，殿本作'暗'）。苦乃中山祝恬（苦，大德本、殿本作'若'，是），踐周、召之列，當軸處中，忘謇諤之節，憚首尾之譏，縣囊捉撮（縣，大德本作'懸'），無能清澄，其與申屠須責鄧通，王嘉封還詔書，邈矣乎！"《周禮》有外朝，干寶注曰："禮，司徒府中有百官朝會殿，天子與丞相決大事，是外朝之存者。"【今注】蒼龍闕：東漢洛陽南宫東門闕名。　銜枚：意指緘口不言。　祝恬：字伯休，中山盧奴（今河北定州市）人。　謇諤：或作"謇愕"，正直敢言。　案，申屠須責鄧通，王嘉封還詔書，事見《漢書》卷四二《申屠嘉傳》、卷八六《王嘉傳》。

［8］【劉昭注】《漢舊儀》曰："哀帝元壽二年，以丞相爲大司徒。郡國守長史上計事竟，遣公出庭，上親問百姓所疾苦。記室掾史一人大音讀勑畢，遣勑曰：'詔書殿下禁吏無苛暴。丞史歸告二千石，順民所疾苦。急去殘賊，審擇良吏，無任苛刻。治獄

決訟，務得其中。明詔憂百姓困於衣食，二千石帥勸農桑，思稱厚恩，有以賑贍之，無煩撓奪民時。今日公卿以下，務飭儉恪，奢侈過制度以益甚，二千石身帥有以化之。民冗食者請謹以法（謹，大德本、殿本作“諭”），養視疾病，致醫藥務治之。詔書無飭厨養（飭，紹興本、大德本、殿本作“飾”），至今未變，又更過度，甚不稱。歸告二千石，務省約如法。且案不改者，長吏以（大德本、殿本“以”後有“聞”字，是）。官寺鄉亭漏敗，牆垣阤壞不治，無辨護者（辨，大德本、殿本作“辦”），不勝任，先自劾不應法。歸告二千石聽。’十年，更名相國。”案獻帝初，董卓自太尉進爲相國，而司徒不省。及建安末，曹公爲丞相，郗慮爲御史大夫，則罷三公官。荀綽《晉百官表》注曰：“漢丞相府門無蘭，不設鈴，不警鼓，言其深大闊遠，無節限也。”【今注】冗食者：指民爲宰、屠、樂人、衛士等職役者，由官府提供稟食。

長史一人，[1]千石。掾屬三十一人。[2]令史及御屬三十六人。本注曰：世祖即位，以武帝故事，[3]置司直，[4]居丞相府，助督録諸州，[5]建武十八年省也。[6]

［1］【今注】長史：秦置。丞相、太尉、三公及將軍府屬吏均有長史。邊陲郡守亦置長史，掌兵馬，如西域將兵長史。

［2］【劉昭注】《漢官目録》曰三十人。

［3］【今注】武帝故事：西漢武帝元狩五年（前118）初置司直，屬丞相府，比二千石，位在司隸校尉之上。《漢書》卷八四《翟方進傳》：“故事，司隸校尉位在司直下，初除，謁兩府，其有所會，居中二千石前，與司直並迎丞相、御史。”

［4］【今注】司直：漢代監察官。輔佐丞相檢舉不法官吏。

［5］【今注】督録：巡視記録。

[6]【劉昭注】《漢帝起居注》曰（漢，大德本、殿本作“獻”）：“建安八年十二月，復置司直，不屬司徒，掌督中都官，不領諸州。九年十一月（一，大德本、殿本作‘二’），詔司直比司隸校尉，坐同席在上，假傳置，從事三人，書佐四人。”

司空，[1]公一人。[2]本注曰：掌水土事。凡營城起邑、浚溝洫、修墳防之事，[3]則議其利，建其功。凡四方水土功課，歲盡則奏其殿最而行賞罰。凡郊祀之事，掌掃除樂器，[4]大喪則掌將校復土。[5]凡國有大造大疑，諫争，[6]與太尉同。[7]世祖即位，爲大司空，[8]建武二十七年，去“大”。[9]

[1]【今注】司空：三公之一，西周置，金文作“司工”。秦漢時期有各種稱作“司空”的官職，秩級不同，除“掌水土事”外，還包括刑徒等勞役人員的分配、管理。

[2]【劉昭注】馬融曰：“掌營城郭，主司空土以居民。”

[3]【今注】邑：指人之所居之處。如鄉邑、縣邑、城邑。　浚溝洫：疏通農田水利。　墳防：堤防。《香港中文大學文物館藏簡牘》有漢代“河堤”簡。

[4]【今注】掃除：祭掃。

[5]【今注】大喪：指帝王、皇后、世子之喪。　復土：掘穴下棺，以所出土覆於棺上爲墳。《周禮·地官·小司徒》“大喪”鄭玄注：“喪役，正棺引窆復土。”賈公彦疏：“復土者，掘坎之時，掘土向外，下棺之後，反復此土，以爲丘陵，故云復土。”

[6]【今注】諫争：直言規勸。

[7]【劉昭注】《韓詩外傳》曰：“三公之得者何？曰司馬、司空、司徒也。司馬主天，司空主土，司徒主人。故陰陽不和，

四時不節，星辰失度，災變非常，則責之司馬。山陵崩阤，川谷不通，五穀不植，草木不茂，則責之司空。君臣不正，人道不和，國多盜賊，民怨其上，則責之司徒。故三公典其職，憂其分，舉其辨，明其得，此之謂三公之事。"

［8］【劉昭注】應劭《漢官儀》曰："綏和元年，罷御史大夫官，法周制，初置司空。議者又以縣道官獄司空，故覆加'大'，爲大司空，亦所以别大小之文。"

［9］【劉昭注】《漢舊儀》曰："御史大夫勑上計丞長史曰：'詔書殿下布告郡國：臣下承宣無狀，多不究，百姓不蒙恩被化，守長史到郡，與二千石同力爲民興利除害，務有以安之，稱詔書。郡國有茂才不顯者言。殘民貪污煩擾之吏，百姓所苦，務勿任用。方察不稱者，刑罰務於得中，惡惡止其身。選舉民侈過度，務有以化之。問今歲善惡孰與往年，對上。問今年盜賊孰與往年，得無有群輩大賊，對上。'"臣昭案：獻帝建安十三年，又罷司空，置御史大夫。御史大夫郗慮，慮免，不得補。荀綽《晉百官表》注曰："獻帝置御史大夫，職如司空，不領侍御史。"

屬長史一人，[1]千石。掾屬二十九人。[2]令史及御屬四十二人。

［1］【今注】案，"屬"字疑衍。

［2］【劉昭注】《漢官目録》云二十四人。

將軍，[1]不常置。本注曰：掌征伐背叛。比公者四：[2]第一大將軍，[3]次驃騎將軍，[4]次車騎將軍，[5]次衛將軍。[6]又有前、後、左、右將軍。[7]

［1］【今注】將軍：周末置左、右、前、後將軍，秦、漢因之，位上卿。至西漢武帝置驍騎、車騎等將軍，後來名號浸多，不可勝紀，謂之雜號將軍。《資治通鑑》卷一七《漢紀》孝武皇帝元光元年胡三省注引洪适曰："西漢雜號將軍掌征伐背叛，事訖則罷，不常置也。"

［2］【今注】比公：謂位等三公之列。

［3］【今注】大將軍：西漢昭帝起領尚書事，爲中朝官領袖，地位因人而異，與三公相上下。

［4］【今注】驃（piào）騎將軍：西漢武帝元狩二年（前121）始置，秩比大將軍，位同三公。

［5］【今注】車騎將軍：位次上卿或比三公，秩萬石。東漢靈帝中平元年（184）分置左、右。

［6］【今注】衞將軍：漢初將軍名號之一。西漢文帝時以宋昌任之，領京師禁軍，預聞政務。

［7］【劉昭注】蔡質《漢儀》曰："漢興，置大將軍、驃騎，位次丞相，車騎、衞將軍、左、右、前、後，皆金紫，位次上卿。典京師兵衞，四夷屯警。"【今注】前後左右將軍：《漢書·百官公卿表上》："前後左右將軍，皆周末官，秦因之，位上卿，金印紫綬。漢不常置，或有前後，或有左右，皆掌兵及四夷。有長史，秩千石。"

初，武帝以衞青數征伐有功，[1]以爲大將軍，欲尊寵之。以古尊官唯有三公，[2]皆將軍始自秦、晉，以爲卿號，[3]故置大司馬官號以冠之。[4]其後霍光、王鳳等皆然。[5]成帝綏和元年，[6]賜大司馬印綬，[7]罷將軍官。世祖中興，吴漢以大將軍爲大司馬，[8]景丹爲驃騎大將軍，[9]位在公下，及前、後、左、右雜號將軍衆多，[10]皆主征伐，事訖皆罷。[11]明帝初即位，以弟東平王蒼有賢才，[12]以爲驃騎將軍；以王故，位在公上，數年後罷。章帝即位，西羌反，[13]故以舅馬防行車騎將軍征之，[14]還後罷。和帝即位，以舅竇憲爲車騎將軍，[15]征匈奴，位在公下；還復有功，遷大將軍，位在公上；復征西羌，還免官，罷。安帝即位，西羌寇亂，復以舅鄧騭爲車騎將軍征之，[16]還遷大將軍，位如憲，數年復罷。自安帝政治衰缺，[17]始以嫡舅耿寶爲大將軍，[18]常在京都。順帝即位，又以皇后父、兄、弟相繼爲大將軍，如三公焉。[19]

[1]【今注】衛青：字仲卿，河東平陽（今山西臨汾市）人。皇后衛子夫之弟，西漢名將。武帝時，官至大司馬、大將軍，封長平侯。傳見《史記》卷一一一、《漢書》卷五五。

[2]【今注】尊官：高官。

[3]【今注】卿號：古時爵位的稱號。秦漢時期的“二十等爵”中，卿級爵位包括左庶長、右庶長、左更、中更、右更、少上造、大上造、駟車庶長、大庶長九級爵位。見本書《百官志五》引劉劭《爵制》。

[4]【今注】官號：官職的名號。秦漢時期官秩和爵秩之間有一定的對應關係，詳見張家山漢簡《二年律令·賜律》。

[5]【今注】霍光：字子孟，河東平陽（今山西臨汾市）人。西漢宣帝皇后霍成君之父，輔政大臣，曾主持廢立昌邑王劉賀，官至大司馬、大將軍，封博陸侯。傳見《漢書》卷六八。　王鳳：字孝卿，魏郡元城（今河北大名縣東）人。西漢元帝皇后王政君之兄。西漢權臣，官至大司馬、大將軍，封陽平侯。

[6]【今注】綏和：西漢成帝劉驁年號（前8—前7）。

[7]【今注】大司馬印綬：西漢武帝元狩四年（前119）始置

大司馬，但無印綬，官兼加而已。成帝綏和元年（前 8）初賜大司馬金印紫綬。

［8］【今注】吴漢：字子顔，南陽宛（今河南南陽市卧龍區）人。東漢開國名將，雲臺二十八將第二位。官至大司馬，封廣平侯。傳見本書卷一八。

［9］【今注】景丹：字孫卿，馮翊櫟陽（今陝西西安市閻良區）人。東漢開國名將，雲臺二十八將之一。官至驃騎大將軍，封櫟陽侯。傳見本書卷二二。

［10］【今注】雜號將軍：漢代除大將軍、驃騎將軍、車騎將軍、衛將軍等重號將軍外，皆爲雜號將軍。

［11］【劉昭注】《魏略》曰："曹公置都護軍中尉，置護軍將軍，亦皆比二千石，旋軍並止罷。"

［12］【今注】東平王蒼：東漢光武帝劉秀之子，明帝同母之弟。建武十五年（39）封東平公，十七年進封東平王，定都無鹽（今山東東平縣東）。傳見本書卷四二。

［13］【今注】西羌：漢代少數民族之一，出自三苗。主要分布在河湟流域、塔里木盆地南緣至蔥嶺、隴南至川西北一帶，因處漢王朝西境，故稱"西羌"。

［14］【今注】馬防：字江平，扶風茂陵（今陝西興平市東北）人。伏波將軍馬援次子，明德馬皇后兄，官至車騎將軍，封潁陽侯。傳見本書卷二四。

［15］【今注】竇憲：字伯度，扶風平陵（今陝西咸陽市）人。東漢名將，大司空竇融曾孫，章德竇皇后兄。傳見本書卷二三。

［16］【今注】鄧騭（zhì）：字昭伯，南陽新野（今河南新野縣）人。太傅鄧禹之孫，和熹鄧皇后兄。傳見本書卷一六。

［17］【今注】案，治，大德本作"始"。

［18］【今注】嫡舅：嫡母的兄弟。　耿寶：字君達，扶風茂陵（今陝西興平市東北）人。牟平侯耿舒之孫。

[19]【劉昭注】《梁冀别傳》曰："元嘉二年，又加冀禮儀。大將軍朝，到端門若龍門，謁者將引。增掾屬、舍人、令史、官騎、鼓吹各十人。"【今注】案，《通典》卷二九《職官十一》引《風俗通》曰："桓帝初，京師謡曰：'游平賣印自有評，不避豪强及大姓。'按：竇武字游平，爲大將軍，印綬所加，咸得其人。"又，"漢末（大將軍）猶在三公上"，注："魏武爲大將軍，袁紹爲太尉，紹恥班在下，魏武乃固以大將軍讓紹。"

長史、司馬皆一人，千石。[1]本注曰：司馬主兵，如太尉。從事中郎二人，[2]六百石。本注曰：職參謀議。[3]掾屬二十九人。[4]令史及御屬三十一人。本注曰：此皆府員職也。又賜官騎三十人，[5]及鼓吹。[6]

[1]【劉昭注】《東觀書》曰："竇憲作大將軍，置長史、司馬員吏官屬，位次太傅。"【今注】司馬：執掌軍事的職官。漢代大將軍、將軍、校尉屬官皆有司馬，因職務不同，有各種稱作"司馬"的官職。

[2]【今注】從事中郎：漢置，幕府高級屬官，非朝中列職。中郎爲皇帝近侍官，以近侍官奉事幕府，故稱。

[3]【劉昭注】《東觀書》曰："大將軍出征，置中護軍一人。"【今注】中護軍：將軍幕府僚屬。本書卷四〇下《班固傳下》："永元初，大將軍竇憲出征匈奴，以固爲中護軍，與參議。"

[4]【劉昭注】案本傳，東平王作驃騎，掾史四十人。【今注】案，本書卷四二《光武十王傳》："及（顯宗）即位，拜（東平王蒼）爲驃騎將軍，置長史掾史員四十人，位在三公上。"東漢四府的掾屬均無四十人，此乃"顯宗甚愛重之"的緣故。

[5]【今注】官騎：王室的騎兵。本書《光武十王傳》李賢注引《漢官儀》曰："騶騎，王家名官騎。"

[6]【劉昭注】應劭《漢官儀》曰："鼓吹二十人，非常員。舍人十人。"【今注】鼓吹：古代樂器合奏，用於朝會、行路及軍中儀仗。四川成都東鄉青杠坡三號墓及揚子山一號墓出土有漢代"騎吹畫像磚"。

其領軍皆有部曲。[1]大將軍營五部，部校尉一人，[2]比二千石；軍司馬一人，[3]比千石。部下有曲，曲有軍候一人，[4]比六百石。曲下有純，純長一人，[5]比二百石。其不置校尉部，但軍司馬一人。又有軍假司馬、假候，[6]皆爲副貳。[7]其別營領屬爲別部司馬，[8]其兵多少各隨時宜。門有門候。[9]其餘將軍，置以征伐，無員職，亦有部曲、司馬、軍候以領兵。其職吏部集各一人，總知營事。兵曹掾史主兵事器械。稟假掾史主稟假禁司。[10]又置外刺、刺姦，[11]主罪法。

[1]【今注】部曲：漢代軍隊編制單位。魏晉以後，部曲漸有私兵的性質。《三國志》卷二八《魏書・鄧艾傳》："孫權已没，大臣未附，吴名宗大族，皆有部曲。"

[2]【今注】校尉：地位略次於將軍，隨其職務冠以"校尉"的各種名號。另，掌管少數民族事務的長官，亦有稱校尉者，如護羌校尉、護烏桓校尉等。

[3]【今注】軍司馬：漢制，領軍將軍所領各營部，設校尉一人，軍司馬一人。亦有不置校尉，但設軍司馬者。《宋書・禮志五》："諸軍司馬，銀章青綬。朝服，武冠。"

[4]【今注】軍候：行軍作戰時負責候望敵情。《淮南子・兵略訓》云："前後知險易，見敵知難易，發斥不忘遺，此候之官也。"

［5］【今注】純長：屯長。秦漢時期軍伍之長。《〈史記〉日本古注疏證》引《正義》："屯，猶營也。"（張玉春疏證：《〈史記〉日本古注疏證》，齊魯書社 2016 年版，第 166 頁）《漢書》卷三一《陳勝傳》顔師古注曰："人所聚曰屯，爲其長帥也。" 純，殿本作"屯"。

［6］【今注】假：指暫時代行職權而未授正式官銜的官職，地位低於正式的官職，或副職。

［7］【今注】副貳：副職，屬令。

［8］【今注】別部司馬：初爲大將軍佐官，漢末至三國時期隸屬關係發生變化，具有一定獨立性，成爲朝廷及各部收編流散武裝頭目的常用官職。《宋書·禮志五》："別部司馬、軍假司馬，銀印。朝服，武冠。"

［9］【今注】門候：守門之官，主城門或軍營門。

［10］【今注】稟假：謂俸給及借貸。見本書卷四四《張禹傳》"稟假"李賢注。

［11］【今注】外刺刺姦：《漢書》卷九九下《王莽傳下》："置執法左右刺姦。" 今見天津博物館藏新莽"中壘左執姦"印。

明帝初置度遼將軍，以衛南單于衆新降有二心者，後數有不安，遂爲常守。[1]

［1］【劉昭注】應劭《漢官儀》曰："度遼將軍，孝武皇帝初用范明友。明帝十八年（十八年，中華本據《校補》改爲'永平八年'，是），行度遼將軍事；安帝元初元年，置真。銀印青綬，秩二千石。長史、司馬六百石。"《東觀書》云司馬二人。【今注】度遼將軍：官名。因度遼水而得名。本書卷五《安帝紀》李賢注引《漢官儀》曰："度遼將軍屯五原曼柏縣。"　衛南：衛國楚丘（今河南滑縣東）。　單于：匈奴稱其君長爲單于。

後漢書　志第二十五

百官二

太常　光禄勳　衛尉　太僕　廷尉　大鴻臚

太常，[1]卿一人，中二千石。[2]本注曰：掌禮儀祭祀，每祭祀，先奏其禮儀；及行事，常贊天子。[3]每選試博士，[4]奏其能否。大射、養老、大喪，[5]皆奏其禮儀。每月前晦，[6]察行陵廟。[7]丞一人，比千石。[8]本注曰：掌凡行禮及祭祀小事，總署曹事。[9]其署曹掾史，隨事爲員，諸卿皆然。

[1]【今注】太常：秦置奉常。西漢景帝中元六年（前144）改名太常。王莽曾改名秩宗。東漢復名太常。《通典》卷二五《職官七》稱："漢舊常以列侯忠敬孝慎者居之；後漢不必侯也。"

[2]【劉昭注】盧植《禮注》曰："如大樂正。"

[3]【劉昭注】《漢舊儀》曰："贊饗一人，秩六百石，掌贊天子。"【今注】贊饗：祭神祝頌，皆有贊饗辭，以贊禮。

[4]【今注】博士：學官名。始見於戰國，秦因之。漢代以徵拜、薦舉或考試入選。掌圖書、通古今，以備顧問。

［5］【今注】大射：古代射禮之一，爲祭祀、擇士而舉行的射禮。本書卷五〇《孝明八王傳》"大射禮"李賢注："天子將祭，擇士而祭，謂之大射。"　養老：即養老禮，古代對年高德昭者按時饗以酒食而敬之的禮節。《禮記·王制》："凡養老：有虞氏以燕禮，夏后氏以饗禮，殷人以食禮，周人脩而兼用之。五十養於鄉，六十養於國，七十養於學。達於諸侯。"

［6］【今注】前晦：晦日之前。晦，農曆每月的最後一天，《説文》："晦，月盡也。"

［7］【劉昭注】《漢官》曰："員吏八十五人，其十二人四科，十五人佐，五人假佐，十三人百石，十五人騎吏，九人學事，十六人守學事。"臣昭曰：凡《漢官》所載列職人數，今悉以注，雖頗爲繁，蓋《周禮》列官，陳人役放前（放，大德本、殿本作"於"，是），以爲民極，寔觀國制，此則宏模不可闕者也。【今注】案，行廟，嶽麓書院藏秦簡有"五日壹行廟，令史旬壹行，令若丞……"的記載〔陳松長主編：《嶽麓書院藏秦簡（肆）》，上海古籍出版社2015年版，第201頁〕，湖南龍山里耶秦簡亦見"令史行廟"簡（陳偉主編：《里耶秦簡牘校釋》，武漢大學出版社2012年版，第78頁）。

［8］【劉昭注】盧植《禮注》曰："如小樂正。"【今注】小樂正：亦稱"樂師"，周代官名，樂官之屬，掌國學之政。

［9］【劉昭注】《漢舊儀》曰："丞舉廟中非法者。"【今注】案，《通典》卷二五《職官七》："（丞）皆銅印墨綬，進賢兩梁冠。"

太史令一人，[1]六百石。本注曰：掌天時、星歷。[2]凡歲將終，奏新年曆。[3]凡國祭祀、喪、娶之事，掌奏良日及時節禁忌。[4]凡國有瑞應、災異，[5]掌記之。[6]丞一人。明堂及靈臺丞一人，[7]二百石。本注曰：二丞，掌守明堂、靈臺。靈臺掌候日月星氣，皆屬大史。[8]

[1]【今注】太史令：秦置，漢因之。掌天時、星曆及時節禁忌，有修史之職。魏晉後修史之職歸著作郎，太史專掌曆法。

[2]【今注】天時：天道運行的規律。　星歷：古人通過觀察星象以定時序。歷，紹興本、大德本、殿本作“曆”。

[3]【今注】年曆：記載年月日的曆本。

[4]【今注】良日：吉日。　時節禁忌：季節、時令的禁忌。20世紀70年代以來，出土簡牘所見諸多《日書》及雜占等數術類簡牘，如尹灣漢墓出土“行道吉凶簡”“刑德行時簡”等。

[5]【今注】瑞應：祥瑞感應。　災異：自然災害和異常的自然現象。

[6]【劉昭注】《漢官儀》曰：“太史待詔三十七人，其六人治曆，三人龜卜，三人廬宅，四人日時，二人《易》筮（二，大德本、殿本作‘三’），二人典禳，九人籍氏、許氏、典昌氏，各三人，嘉法、請雨、解事各二人，醫一人（一，殿本作‘二’）。”

[7]【今注】明堂：禮制建築。在經典之中，明堂是王者發布德教政令的地方。東漢光武帝建明堂於洛陽南郊，以祀五帝。朱謙之《新輯本桓譚新論》卷一一《離事篇》：“王者造明堂辟雍，所以承天行化也。天稱明故命曰明堂，爲四面堂，各從其色，以倣四方。上圓法天，下方法地，八窗法八風，四達法四時，九室法九州，十二坐法十二月，三十六户法三十六雨，七十二牖法七十二風。”（中華書局2009年版，第46頁）　靈臺：古代帝王觀察天文氣象、妖祥災異的建築。本書《祭祀志中》李賢注引《文選》薛綜注：“司曆紀候節氣者曰靈臺。”

[8]【劉昭注】《漢官》曰：“靈臺待詔四十二人，其十四人

候星，二人候日，三人候風，十二人候氣，三人候晷景，七人候鍾律。一人舍人。"【今注】晷景：曆法術語。景，同"影"，即晷表之日影。《史記·天官書》："略以知日至，要決晷景。"　鍾律：鐘的定律法。"候鐘律"見本書《禮儀志中》。　案，大史，紹興本、大德本、殿本作"太史"。

博士祭酒一人，[1]六百石。本僕射，[2]中興轉爲祭酒。[3]博士十四人，比六百石。本注曰：《易》四，施、孟、梁丘、京氏。[4]《尚書》三，歐陽、大小夏侯氏。[5]《詩》三，魯、齊、韓氏。[6]《禮》二，大小戴氏。[7]《春秋》二，公羊嚴、顏氏。[8]掌教弟子。國有疑事，掌承問對。本四百石，宣帝增秩。[9]

[1]【今注】博士祭酒：學官名。位居博士之首。本書卷三三《朱浮傳》李賢注引《漢官儀》："博士，秦官也。武帝初置五經博士，後增至十四人。太常差選有聰明威重一人爲祭酒，總領綱紀。"另，《漢舊儀》："博士祭酒，選有道之人習學者祭酒。"

[2]【今注】僕射：秦置，自侍中、尚書、博士、郎官皆置。古人重武官，有主射以督課之，後來職權漸重。

[3]【劉昭注】胡廣曰："官名祭酒，皆一位之元長者也。古禮，賓客得主人饌，則老者一人舉酒以祭於地，舊説以爲示有先。"【今注】祭酒：古代饗宴時酹酒祭神的長者，後爲官名，以示尊長。趙翼《陔餘叢考·祭酒》："祭酒本非官名，古時凡同輩之長，皆曰祭酒。蓋飲食聚會，必推長者先祭。胡廣曰：'古禮，賓客得主人饌，則老者一人舉酒以祭，示有先也。'"

[4]【今注】施孟梁丘京氏：沛人施讎、東海孟喜、琅邪梁丘賀、東郡京房。新出《周易》資料見《上海博物館藏戰國楚竹

書》、王家臺秦墓《歸藏》殘本、《阜陽漢簡》、馬王堆漢墓帛書《周易》、江西南昌海昏侯墓出土漢簡《易經》等。

[5]【今注】歐陽大小夏侯氏：濟南歐陽生、寧陽侯國夏侯勝、夏侯建。新出《尚書》資料見《清華大學藏戰國竹簡》等。

[6]【今注】魯齊韓氏：魯人申培公、齊人轅固生、燕人韓嬰。新出《詩經》資料見《上海博物館藏戰國楚竹書》、《安徽大學藏戰國竹簡》、《阜陽漢簡》、江西南昌海昏侯墓出土漢簡《詩經》等。

[7]【今注】大小戴氏：戴德、戴聖。新出《禮記》《儀禮》資料見《郭店楚墓竹簡》、《上海博物館藏戰國楚竹書》、江西南昌海昏侯墓出土漢簡《禮記》、武威漢簡《儀禮》等。

[8]【今注】公羊嚴顏氏：嚴彭祖、顏安樂。新出《春秋》資料見江西南昌海昏侯墓出土漢代《春秋》殘簡200餘枚。

[9]【劉昭注】本紀桓帝延熹二年，置秘書監。【今注】祕書監：東漢桓帝延熹二年（159）始置，屬太常寺，典司圖籍。後省。《東觀漢記》卷三《孝桓皇帝紀》："（延熹二年）初置秘書監，掌典圖書，古今文字，考合異同。"另，本注稱博士"本四百石，宣帝增秩"，與《漢書·百官公卿表》不同。

太祝令一人，[1]六百石。本注曰：凡國祭祀，掌讀祝，[2]及迎送神。[3]丞一人。本注曰：掌祝小神事。[4]

[1]【今注】太祝令：秦置，漢因之。西漢景帝中元六年（前144）更名爲祠祀，武帝太初元年（前104）更曰廟祀。東漢復舊稱。另，"秘祝"不載於表，《史記·封禪書》云："祝官有秘祝，即有菑祥，輒祝祠移過於下。"

[2]【今注】讀祝：祭祀時宣讀告文。

[3]【劉昭注】《漢舊儀》曰："廟祭，太祝令主席酒。"《漢

官》曰：“員吏四十一人，其二人百石（二，大德本作‘一’），二人斗食，二十二人佐，二人學事，四人守學事，九人有秩。百五十人祝人，宰二百四十二人，屠者六十人。”【今注】學事：《漢書》卷四八《賈誼傳》顏師古注：“事之而從其學也。”

[4]【今注】小神：小神居人之間，司察小過。《史記·封禪書》列四方大祀。《集解》引晉灼曰：“自此以下星至天淵玉女，凡二十六，小神不説。”《索隱》曰：“九臣，十四臣，並不見其名數所出，故昔賢不論之也。”

太宰令一人，[1]六百石。本注曰：掌宰工鼎俎饌具之物。[2]凡國祭祀，掌陳饌具。[3]丞一人。

[1]【今注】太宰令：秦置，漢因之。銅印黑綬，掌祭祀用牲及饌具器皿等事。

[2]【今注】鼎俎：古代祭祀時陳置牲體或其他食物的禮器。饌具：陳設食物之具。

[3]【劉昭注】《漢官》曰：“明堂丞一人，二百石。員吏四十二人，其二人百石，二人斗食，二十三人佐，九人有秩，二人學事，四人守學事。宰二四百四十二人，屠者七十三人，衞士一十五人。”【今注】案，《漢書》卷八《宣帝紀》顏師古注引《漢儀注》：“太宰令屠者七十二人，宰二百人”。宰、屠者、衞士，此府史胥徒，其在服役方式上有“更”（番上）和“冗”（長上）的差異。

大予樂令一人，[1]六百石。本注曰：掌伎樂。[2]凡國祭祀，掌請奏樂，及大饗用樂，[3]掌其陳序。[4]丞一人。[5]

［1］【今注】大予樂令：秦置大樂令，漢因之。東漢明帝永平三年（60）更爲大予樂令。案，大，大德本、殿本作“太”。

［2］【今注】伎樂：音樂和舞蹈。

［3］【今注】大饗：大規模的宴會。古代帝王祫祭先王、遍祭五帝、宴飲諸侯來朝者皆謂之“大饗”。

［4］【劉昭注】《漢官》曰：“員吏二十五人，其二人百石，二人斗食（二，大德本作‘一’），七人佐，十人學事，四人守學事。樂人八佾舞三百八十人。”盧植《禮注》曰（禮注，大德本作“注禮”）：“大予令如古大胥（大予，大德本、殿本作‘太予’）。漢大樂律，卑者之子不得舞宗廟之酎。除吏二千石到六百石，及關内侯到五大夫子，取適子高五尺已上，年十二到三十，顏色和，身體修治者，以爲舞人。”【今注】八佾舞：古代用於禮儀的樂舞。《説文》：“佾，舞行列也。”《左傳》隱公五年“天子用八、諸侯用六、大夫四、士二”，八佾舞，即八行八列六十四人。

［5］【劉昭注】盧植《禮注》曰：“大樂丞如古小胥。”【今注】案，《禮記·王制》：“將出學，小胥、大胥、小樂正簡不帥教者，以告于大樂正，大樂正以告于王，王命三公、九卿、大夫、元士皆入學。”鄭玄注：“大胥、小胥，皆樂官屬也。”

高廟令一人，[1]六百石。本注曰：守廟，掌案行掃除。[2]無丞。[3]

［1］【今注】高廟令：看守漢高祖劉邦廟的官吏。出土漢代封泥中有“孝文廟令”。

［2］【今注】案行：巡行、巡視。

［3］【劉昭注】《漢官》曰：“員吏四人，衛士一十五人。”【今注】案，《漢書》卷七《昭帝紀》載：“五月丁丑，孝文廟正殿火，上及群臣皆素服。發中二千石將五校作治，六月成。太常及廟

令、丞、郎吏皆劾大不敬。”可見西漢廟有令、丞、郎吏，東漢無丞。

世祖廟令一人，[1]六百石。本注曰：如高廟。[2]

［1］【今注】世祖廟令：看守光武帝劉秀廟的官吏。

［2］【劉昭注】《漢官》曰：“員吏六人，衛士二十人。”

先帝陵，每陵園令各一人，[1]六百石。本注曰：掌守陵園，[2]案行掃除。丞及校長各一人。[3]本注曰：校長，主兵戎盜賊事。[4]

［1］【今注】陵園令：漢代先帝陵設陵令、園令及丞、尉、園郎、校長等官員。出土漢代封泥有“安陵令印”“康陵園令”“霸陵園丞”“茂陵尉印”等印。其中，尉、園郎爲西漢制度，東漢省。説明兩漢陵園職官設置由繁至簡。

［2］【今注】陵園：帝王或諸侯的墓地。

［3］【今注】校長：太常官署及縣道均置校長，職責是禁盜賊。秦至漢初，校長爲亭長的上司，一個校長管理相鄰的若干個亭。西漢中期以後，縣道所置校長逐漸被游徼取代，一個游徼管理相鄰的若干個亭。先帝陵園仍保留校長這一職官。（參見于振波《秦漢校長考辨》，《中國史研究》2018 年第 1 期）

［4］【劉昭注】應劭曰《漢官名秩》曰：“丞皆選孝廉郎年少薄伐者，遷補府長史、都官令、候、司馬。”【今注】薄伐：先世的功績和官籍。

先帝陵，每陵食官令各一人，[1]六百石。本注曰：

掌望晦時節祭祀。[2]

[1]【今注】食官令：即食監。本書《祭祀志下》載："建武以來，關西諸陵以轉久遠，但四時特牲祠；帝每幸長安謁諸陵，乃太牢祠。自雒陽諸陵至靈帝，皆以晦望二十四氣伏臘及四時祠。廟日上飯，太官送用物，園令、食監典省，其親陵所宮人隨鼓漏理被枕，具盥水，陳嚴具。"

[2]【劉昭注】《漢官》曰："每陵食監一人，秩六百石。監丞一人，三百石。中黄門八人，從官二人。"案：食監即是食官令號。【今注】案，漢代封泥有"渭陵食官令""原陵監丞"。

右屬太常。本注曰：有祠祀令一人，[1]後轉屬少府。[2]有太卜令，[3]六百石，後省并太史。[4]中興以來，省前凡十官。[5]

[1]【今注】祠祀令：掌祠祀諸事。見本書《百官志三》"少府屬官"。另，西漢太常屬官有太祝令，景帝中元六年（前144）更名爲祠祀，故太祝令亦更爲祠祀令。武帝太初元年（前104）更爲廟祠令。東漢復稱太祝令。

[2]【今注】少府：戰國三晉和秦均有設置，漢因之。掌山澤陂池市肆租税，以供宫廷開支。兼管宫廷日常事務及手工製作。秩中二千石。西漢武帝時期將少府部分山澤陂池之税移交大司農。東漢少府職屬進一步精簡，掌宫中服御諸物、寶貨珍膳的供給和服務。

[3]【今注】太卜令：掌占卜之事。《周禮》春官之屬有"卜正"；楚稱"卜尹"；秦漢置太卜令。

[4]【今注】太史：即太史令。先秦時期，太史主要負責起草文書，修編史書檔案，保管國家典籍等事務，亦兼管天文曆法，是

非常重要的官職。秦漢以來，太史令的地位逐漸降低。至東漢，太史令變成專司天文占候、編訂曆法的官員，已與史職無涉。秩六百石。

［5］【劉昭注】案《前書》，十官者，太宰、均官、都水、雍太祝（太，殿本作“大”）、五時各一尉也。《東觀書》曰：“章帝又置祝令（祝，紹興本、大德本、殿本作‘祀’）、丞，延平（平，殿本作‘光’）元年省。”【今注】案，太宰、均官、都水、雍太祝、五時皆見於《漢書·百官公卿表》。

光禄勳，[1]卿一人，中二千石。本注曰：掌宿衛宫殿門户，典謁署郎更直執戟，[2]宿衛門户，考其德行而進退之。[3]郊祀之事，掌三獻。[4]丞一人，比千石。

［1］【今注】光禄勳：秦置郎中令，漢因之。西漢武帝太初元年（前104）更名光禄勳，王莽改爲司中，東漢仍稱光禄勳。《漢書·百官公卿表上》應劭曰：“光者，明也。禄者，爵也。勳，功也。”如淳曰：“胡公曰：勳之言閽也。閽者，古主門官也。光禄主宫門。”師古曰：“應説是也。”

［2］【今注】典謁：主賓客請謁之事者。　更直：輪流值班。

［3］【劉昭注】胡廣曰：“勳猶閽也，《易》曰：‘爲閽寺’。官寺，主殿宫門户之職。”【今注】考其德行：《漢書》卷九《元帝紀》：“詔丞相、御史舉質樸敦厚遜讓有行者，光禄歲以此科第郎、從官。”顔師古注：“始令丞相、御史舉此四科人以擢用之。而見在郎及從官，又令光禄每歲依此科考校，定其第高下，用知其人賢否也。”

［4］【劉昭注】《漢官》曰：“員吏四十四人，其十人四科，三人百石，一人斗食（一，殿本作‘二’），二人佐，六人騎吏，八人學事，十三人守學事，一人官醫。衛士八十一人。”【今注】

三獻：古代祭祀，初次獻爵稱初獻，再次獻爵稱亞獻，末次獻爵稱終獻，是爲三獻。　四科：漢代選官的四條標準。本書卷四《和帝紀》李賢注引《漢官儀》曰："建初八年十二月己未，詔書辟士四科：一曰德行高妙，志節清白；二曰經明行脩，能任博士；三曰明曉法律，足以決疑，能案章覆問，文任御史；四曰剛毅多略，遭事不惑，明足照姦，勇足決斷，才任三輔令。皆存孝悌清公之行。自今已後，審四科辟召，及刺史、二千石察舉茂才尤異孝廉吏，務實校試以職。有非其人，不習曹事，正舉者故不以實法。"

五官中郎將一人，[1]比二千石。本注曰：主五官郎。[2]五官中郎，比六百石。本注曰：無員。[3]五官侍郎，比四百石。本注曰：無員。五官郎中，比三百石。本注曰：無員。[4]凡郎官皆主更直執戟，宿衛諸殿門，出充車騎。唯議郎不在直中。[5]

[1]【今注】五官中郎將：秦置，漢屬光禄勳，主五官署郎，掌宮禁宿衛。東漢時，或參與征戰，或共典選舉，或將副監喪，或承制問難，或持節奉策。章帝建初元年（76），復以五官中郎將行長樂衛尉事。但事實上，東漢中後期，虎賁、羽林郎更多承擔宮禁宿衛職能，五官中郎將的宿衛作用較弱。

[2]【劉昭注】蔡質《漢儀》曰："中郎解，其府對大學（大，大德本作'太'）。"【今注】案，《急就篇》顔師古注云："古言五官者，總舉衆職以配五行，無所不苞，若今言百官也。"解：指官舍。

[3]【劉昭注】郎年五十以屬五官，故曰六百石。【今注】案，曹金華《後漢書稽疑》云："六百石"前似脱"比"字（中華書局2014年版，第1612頁）。本書卷四《和帝紀》李賢注引《漢官儀》："郡國舉孝廉以補三署郎，年五十以上屬五官，其次分在

左、右署。”

［4］【今注】案，漢代郎官的選任包括“蔭任”“貲選”“察舉”“博士弟子射策甲科”“計吏留拜”等途徑。其中“察舉”又以孝廉、賢良、方正、明經、質樸、敦厚、遜讓、有行、能直言等爲條件。

［5］【劉昭注】蔡質《漢儀》曰：“三署郎見光禄勳，執板拜；見五官左右將，執板不拜。於三公諸卿無敬。”【今注】三署郎：即五官署郎、左署郎、右署郎。

左中郎將，[1]比二千石。本注曰：主左署郎。[2]中郎，比六百石。侍郎，比四百石。郎中，比三百石。[3]本注曰：皆無員。

［1］【今注】左中郎將：秦置，漢因之，隸屬光禄勳，職掌宫殿宿衛侍從。秩比二千石。《漢官儀》：“五官左右中郎將秦官也，凡郎官皆以主更直，執戟宿衛。”《漢舊儀》：“左、右中郎將，秩比二千石，主謁者、常侍侍郎，以貲進。”又云：“謁者有缺，選郎中美鬚眉大音者補。”

［2］【劉昭注】蔡質《漢儀》曰：“郎中解（郎中，大德本作‘中郎’），其府府次五官。”

［3］【劉昭注】三郎。【今注】三郎：這裏指中郎、侍郎、郎中。另，沈家本《讀史瑣言》卷一《史記》引蘇林注：“然則三郎者，中郎、郎中、外郎。”

右中郎將，比二千石。[1]本注曰：主右署郎。中郎，比六百石。侍郎，比四百石。郎中，比三百石。本注曰：皆無員。[2]

［1］【今注】右中郎將：漢代右署郎官之長。東漢掌其署中郎、侍郎、郎中等後備官員。

［2］【劉昭注】三郎，並無員。

虎賁中郎將，[1] 比二千石。本注曰：主虎賁宿衛。[2] 左右僕射、左右陛長各一人，[3] 比六百石。本注曰：僕射，主虎賁郎習射。陛長，主直虎賁，朝會在殿中。[4] 虎賁中郎，比六百石。虎賁侍郎，比四百石。虎賁郎中，比三百石。[5] 節從虎賁，比二百石。[6] 本注曰：皆無員。掌宿衛侍從。自節從虎賁久者轉遷，才能差高至中郎。

［1］【今注】虎賁中郎將：西漢武帝太初元年（前104）置期門，平帝元始元年（1）更名虎賁郎，置中郎將，秩比二千石，掌執兵送從。東漢初，常以侍中兼領之，或奉策吊祭，或帥軍出征。

［2］【劉昭注】《前書》武帝置期門，平帝更名虎賁。蔡質《漢儀》曰："主虎賁千五百人，無常員，多至千人。戴鶡冠，次右將府。"又"虎賁"舊作"虎奔"，言如虎之奔也，王莽以古有勇士孟賁，故名焉。孔安國曰："若虎賁獸"，言其甚猛。【今注】鶡冠：用鶡羽作裝飾的冠，武士之冠。本書《輿服志下》："武冠，俗謂之大冠，環纓無蕤，以青系爲緄，加雙鶡尾，豎左右，爲鶡冠云。五官、左右、虎賁、羽林五中郎將，羽林左右監皆冠鶡冠，紗縠單衣。"應劭《漢官儀》曰："鶡，鷙鳥中之果勁者也，每所攫撮，應爪摧碎，鬬不死不止。鶡尾，上黨所貢也。虎賁中郎將衣紗縠襌衣、虎文錦袴，餘郎亦然。"　孟賁：古代著名勇士。《史記》卷七九《范雎蔡澤列傳》："成荆、孟賁、王慶忌、夏育之勇焉而死。"《集解》引許慎曰："成荆，古勇士。孟賁，衛人。"

［3］【今注】僕射：《漢書·百官公卿表上》："僕射，秦官，自侍中、尚書、博士、郎皆有。古者重武官，有主射以督課之，軍屯吏、騶、宰、永巷宫人皆有，取其領事之號。"　陛長：侍衛武職。蔡邕《獨斷》卷上："陛，階也，所由升堂也。天子必有近臣立於陛側，以戒不虞。"

［4］【劉昭注】《漢官》曰："陛長，墨綬銅印。"【今注】案，《宋書·禮志五》："陛長，假銅印，墨綬。旄頭。"本書《禮儀志中》："夜漏上水，朝臣會，侍中、尚書、御史、謁者、虎賁、羽林郎將執事，皆赤幘陛衛。"

［5］【劉昭注】荀綽《晉百官表》注曰："虎賁諸郎，皆父死子代，漢制也。"

［6］【劉昭注】四郎。【今注】案，四郎，指虎賁中郎、虎賁侍郎、虎賁郎中、節從虎賁。

羽林中郎將，[1]比二千石。本注曰：主羽林郎。[2]羽林郎，比三百石。[3]本注曰：無員。掌宿衛侍從。常選漢陽、隴西、安定、北地、上郡、西河凡六郡良家補。[4]本武帝以便馬從獵，[5]還宿殿陛巖下室中，故號巖郎。[6]

［1］【今注】羽林中郎將：漢置，西漢宣帝令中郎將、騎都尉監羽林，謂之羽林中郎將。東漢因之，又置羽林左監、羽林右監，至魏世不改。《漢書·百官公卿表上》："羽林掌送從，次期門，武帝太初元年初置，名曰建章營騎，後更名羽林騎。又取從軍死事之子孫養羽林，官教以五兵，號曰羽林孤兒。羽林有令丞。宣帝令中郎將、騎都尉監羽林，秩比二千石。"

［2］【劉昭注】案：漢末又有四中郎將，皆帥師征伐，不知何時置。董卓爲東中郎將，盧植爲北中郎將，獻帝以曹操爲南中

郎將。【今注】案，《通典》卷二九《職官十一》："東中郎將，後漢靈帝以董卓爲之。南中郎將，後漢獻帝以臨淄侯曹植爲之。西中郎將，晉以謝曼、桓沖爲之。北中郎將，後漢以盧植爲之。建安中以鄢陵侯曹彰爲之。並後漢置。江左彌重，或領刺史，或持節爲之。銀印青綬，服同將軍。"

［3］【今注】案，本書卷四《和帝紀》："永元元年春三月甲辰，初令郎官詔除者得占丞、尉，以比秩爲真。"李賢注引《漢官儀》曰："羽林郎出補三百石丞、尉自占。丞、尉小縣（丞尉）三百石，其次四百石，比秩爲真，皆所以優之。"

［4］【今注】良家：身家清白之意。《史記》卷一〇九《李將軍列傳》司馬貞《索隱》引如淳曰："非醫、巫、商賈、百工也。"郭嵩燾《史記札記》卷五下引明代徐孚遠曰："良家子從軍，蓋自以才能力從大軍取功名，非卒伍也，如説不分明。"《漢書·地理志》："漢興，六郡良家子選給羽林、期門，以材力爲官，名將多出焉。"

［5］【今注】便馬：嫻於騎術。

［6］【劉昭注】《前書》曰初置名建章營騎（名，大德本作"爲"），後更名。出補三百石丞、尉。荀綽《晉百官表注》曰："言其嚴厲整鋭也。"案此則爲巖郎，與志不同。蔡質《漢儀》曰："羽林郎百一十八人（一，大德本作'二'），無常員，府次虎賁府。"【今注】案，《漢舊儀》："羽林郎，選良家子弟便弓馬者爲之。一名巖郎，言其禦侮巖除之下，或謂嚴厲素慤。"

羽林左監一人，[1]六百石。本注曰：主羽林左騎。[2]丞一人。

［1］【今注】羽林左監：主羽林左騎八百人。《漢官儀》曰："羽林左監主羽林八百人，右監主九百人。"東漢任隗、耿顯、馬

廖、許永、樊調等曾任此職。

[2]【劉昭注】《漢官》曰："孝廉郎作，主羽林九百人。二監官屬史吏，皆自出羽林中，有材者作。"

羽林右監一人，[1]六百石。本注曰：主羽林右騎。丞一人。

[1]【今注】羽林右監：主羽林右騎九百人。東漢孔顯、虢射鏘、馮勁等曾任此職。

奉車都尉，[1]比二千石。本注曰：無員。[2]掌御乘輿車。[3]

[1]【今注】奉車都尉：西漢武帝元鼎二年（前115）置，掌御乘輿車，東漢屬光禄勳。韋昭《辨釋名》云："奉車都尉主乘輿，乘車尊，不敢言主，故言奉。"《漢書·百官公卿表上》："奉車都尉掌御乘輿車，駙馬都尉掌駙馬，皆武帝初置，秩比二千石。"《漢書》卷四《文帝紀》"奉天子法駕"如淳注："法駕者，侍中驂乘，奉車郎御，屬車三十六乘。"

[2]【劉昭注】《漢官》曰："三人。"

[3]【今注】乘輿：代指天子。《史記》卷九《吕太后本紀》"乘輿"《集解》引蔡邕曰："律曰'敢盜乘輿服御物'。天子至尊，不敢渫瀆言之，故託於乘輿也。乘猶載也，輿猶車也。天子以天下爲家，不以京師宫室爲常處，則當乘車輿以行天下，故群臣託乘輿以言之也，故或謂之'車駕'。"

駙馬都尉，[1]比二千石。本注曰：無員。[2]掌駙馬。[3]

[1]【今注】駙馬都尉：西漢武帝元鼎二年（前115）置，掌副車之馬。《漢書·百官公卿表上》"駙馬都尉掌駙馬"師古注："駙，副馬也。非正駕車，皆爲副馬。一曰駙，近也，疾也。"

[2]【劉昭注】《漢官》曰："五人。"

[3]【今注】駙馬：《稱謂録》卷一九云："漢初，以奉車、駙馬二都尉供奉乘輿，最稱親近，故霍光任此者幾二十年。至三國時多以戚畹勳舊爲之。迨東晉而後，惟尚主者始授此職，他人皆不得與，遂爲主婿之定名。"

騎都尉，[1]比二千石。本注曰：無員。[2]本監羽林騎。[3]

[1]【今注】騎都尉：秦至漢初爲統兵武職，不統兵時爲侍衛武官。里耶秦簡"更名方""（改）騎邦尉爲騎□尉"（參見陳偉主編《里耶秦簡牘校釋》，第155—157頁），疑指騎都尉。西漢宣帝令中郎將、騎都尉監羽林。另，有西域騎都尉領西域事者。後又有領三輔胡越騎、監河堤事者。因親近皇帝，多以侍中兼任。東漢騎都尉屬光禄勳，除監軍外，也領軍出征。

[2]【劉昭注】《漢官》曰："一十人。"

[3]【今注】羽林騎：漢代禁衛軍，西漢武帝置。《漢書·百官公卿表上》："羽林掌送從，次期門，武帝太初元年初置，名曰建章營騎，後更名羽林騎。"

光禄大夫，[1]比二千石。本注曰：無員。[2]凡大夫、議郎皆掌顧問應對，[3]無常事，唯詔命所使。[4]凡諸國嗣之喪，則光禄大夫掌弔。[5]

[1]【今注】光禄大夫：戰國時置中大夫，秦因之。西漢武帝太初元年（前104）改中大夫爲光禄大夫，掌顧問應對。東漢多用以案行州郡，拜假賵贈之使，及監護諸國嗣喪事。魏晉以後，皆爲加官及褒贈之官。

[2]【劉昭注】《漢官》曰："三人。"

[3]【今注】顧問：咨詢，詢問。　應對：對答。

[4]【今注】案，命，紹興本作"令"。

[5]【今注】案，《通典》卷三四《職官》："秦時，光禄勳屬官有中大夫。漢武帝太初元年，更名光禄大夫。銀章青綬。掌議論，屬光禄勳。門外特施行馬，以旌别之。無常事，唯顧問應對，詔命所使，無員。後漢光禄大夫三人。凡諸國嗣王之喪，則掌弔，多以爲拜假賵贈之使及監護喪事。魏氏以來無員，轉優重，不復以爲使命之官。其諸公告老，皆家拜此位；及在朝顯職，復用加之。及晉受命，置左右光禄大夫，假金章紫綬，而光禄大夫如故，加金章紫綬，並與卿同。進賢兩梁冠，黑介幘，五時朝服，佩水蒼玉。"

太中大夫，[1]千石。本注曰：無員。[2]

[1]【今注】太中大夫：又稱"大中大夫"。秦官，漢因之，掌議論。或奉詔出使，或循行郡國。列侯薨，遣太中大夫吊祠。東漢秩千石，後期權任漸輕。韋昭《辨釋名》曰："太中大夫，大夫之中最高大也。"

[2]【劉昭注】《漢官》曰："二十人，秩比二千石。"【今注】案，《漢書·百官公卿表上》云："無員，多至數十人。"

中散大夫，[1]六百石。本注曰：無員。[2]

［1］【今注】中散大夫：西漢置，東漢因之，掌議論。《通典》卷三四《職官》云："中散大夫，王莽所置。後漢因之，後置三十人。魏晉無員。"而《漢書》卷七八《蕭望之傳》云："（蕭由）復爲中散大夫，終官。"可知西漢平帝時，已置此官。東漢牟長、魯丕、譙玄曾任此官。

［2］【劉昭注】《漢官》曰："三十人，秩比二千石。"

諫議大夫，[1]六百石。本注曰：無員。[2]

［1］【今注】諫議大夫：掌議論。惠棟《後漢書補注》引《齊職儀》曰："秦置諫大夫，屬郎中令，無常員，多至數十人，掌論議，漢初不置，至武帝始因秦置之，無常員，皆名儒宿德爲之。光武增'議'字爲諫議大夫，置三十人。"西漢時期，秩比八百石。

［2］【劉昭注】胡廣曰："光禄大夫，本爲中大夫，武帝元狩五年置諫大夫爲光禄大夫，世祖中興，以爲諫議大夫。又有太中、中散大夫。此四等於古皆爲天子之下大夫，視列國之上卿。"《漢官》曰："三十人（三，大德本作'二'）。"

議郎，[1]六百石。本注曰：無員。[2]

［1］【今注】議郎：秦置，兩漢沿置，秩比六百石，侍從皇帝左右，掌顧問應對，無常事，唯詔令所使。《漢官儀》："議郎秩比六百石，特徵賢良方正敦樸有道。"

［2］【劉昭注】《漢官》曰："五十人，無常員。"【今注】案，《漢書·百官公卿表上》："郎掌守門户，出充車騎、有議郎、中郎、侍郎、郎中，皆無員，多至千人。"

謁者僕射一人，[1]比千石。本注曰：爲謁者臺率，[2]主謁者，天子出，奉引。古重習武，有主射以督録之，[3]故曰僕射。[4]常侍謁者五人，比六百石。本注曰：主殿上時節威儀。[5]謁者三十人。其給事謁者，四百石。其灌謁者郎中，[6]比三百石。本注曰：掌賓贊受事，[7]及上章報問。將、大夫以下之喪，掌使弔。本員七十人，中興但三十人。[8]初爲灌謁者，滿歲爲給事謁者。[9]

［1］【今注】謁者僕射：秦官，自漢至魏因之，又稱“大謁者”。掌朝會司儀，皇帝出行時在前導引車。東漢爲謁者臺長官，侍從皇帝左右，關通内外。秩比千石。銅印青綬，著高山冠。《漢書·百官公卿表上》“僕射”應劭注：“謁，請也，白也。僕，主也。”

［2］【今注】率：首領。

［3］【今注】督録：訊視記録。

［4］【劉昭注】蔡質《漢儀》曰：“見尚書令，對楫無敬（楫，紹興本、大德本作‘揖’，是）。謁者見，執板拜之。”

［5］【劉昭注】《漢官》曰：“謁者三十人，其二人公府掾，六百石特使也。”【今注】時節威儀：殿上不同時間節點的禮儀。《史記》卷九九《劉敬叔孫通列傳》載“朝歲之禮”：“先平明，謁者治禮，引以次入殿門……至禮畢，復置法酒……謁者言‘罷酒’。”另，張家山336號漢墓出土有《朝律》簡，有待公布。

［6］【今注】灌謁者郎中：《通典》卷二一《職官三》引胡廣云：“‘灌者，明、章二帝服勤園陵，謁者灌柏，後遂假兹名焉。’馬融曰：‘灌者，習所職也。’應奉曰：‘高帝承秦，禮儀多闕。灌嬰服事七年，號大謁者。後人掌之，以姓灌章，列於《漢書》

也。'雷義爲灌謁者，使持節督郡國，行風俗，太守令長留者凡七十人。"王先謙《後漢書集解》引沈欽韓曰："《釋木》：'木叢生曰灌'，謂木未有名，猶言散木也。灌謁者，隨輩聚處，未有職事，故以灌爲名。"今人王繼如認爲，"灌"當讀爲"權"。二字同聲同旁，古音同在見系元部，可通假。權即權守，指實習。唐朝施敬本《駁奏舊封禪禮八條》引《漢官儀》字正作"權"，文云："滿歲稱給事，未滿歲稱權謁者。"（參見王繼如《釋"灌謁者"》，《學術研究》1990年第5期）

［7］【今注】賓贊：舉行典禮時導引儀式。

［8］【劉昭注】荀綽《晉百官表注》曰："漢皆用孝廉年五十，威容嚴恪能賓者爲之。明帝詔曰：'謁者乃堯之尊官，所以試舜賓于四門，四門穆穆者也。'昔燕太子使荆軻劫始皇，變起兩楹之間，其後謁者持匕首刺腋，高祖偃武行文，故易之以板。"

［9］【劉昭注】蔡質《漢儀》曰："出府丞、長史、陵令，皆選儀容端正，任奉使者。"【今注】案，本書卷四七《何熙傳》："何熙字孟孫，陳國人。少有大志。永元中，爲謁者。身長八尺五寸，善爲威容，贊拜殿中，音動左右。和帝偉之，擢爲御史中丞，歷司隸校尉、大司農。"

右屬光禄勳。本注曰：職屬光禄者，自五官將至羽林右監，凡七署。自奉車都尉至謁者，以文屬焉。[1]舊有左右曹，[2]秩比二千石，上殿中，主受尚書奏事，平省之。世祖省，使小黄門郎受事，[3]車駕出，給黄門郎兼。[4]有請室令，[5]車駕出，在前請所幸，[6]徼車迎白，[7]示重慎。中興但以郎兼，事訖罷，又省車、户、騎凡三將，[8]及羽林令。[9]

［1］【今注】文屬：名義上隸屬。

［2］【今注】左右曹：加官。《漢書·百官公卿表上》："侍中、左右曹諸吏、散騎、中常侍，皆加官，所加或列侯、將軍、卿大夫、將、都尉、尚書、太醫、太官令至郎中，亡員，多至數十人。侍中、中常侍得入禁中，諸曹受尚書事，諸吏得舉法，散騎騎並乘輿車。"晉灼曰："《漢儀注》諸吏、給事中日上朝謁，平尚書奏事，分爲左右曹。魏文帝合散騎、中常侍爲散騎常侍也。"

［3］【今注】小黄門郎：東漢始置，皆由宦官充任。明帝時期員額十人，和帝後增至二十人。和熹太后稱制後，不接公卿，乃以閹人爲常侍，小黄門通命兩宫。桓帝時期，初以小黄門爲守宫令。靈帝時期小黄門蹇碩任上軍校尉，典禁軍，用事於中，權任漸重。

［4］【今注】給黄門郎：全稱"給事黄門侍郎"，東漢合併"黄門侍郎"與"給事黄門"而置。掌侍從左右、關通内外，與侍中平省尚書奏事，因出入禁中，故職任顯要。初無員數，獻帝定爲六人，秩六百石。一度改名侍中侍郎，旋復故。

［5］【今注】請室令：秦置静室令。《漢書》卷四《文帝紀》："使太僕嬰、東牟侯興居先清宫"顔師古注："應劭曰：舊典，天子行幸所至，必遣静室令先案行，清浄殿中，以虞非常。"《漢書》卷四八《賈誼傳》："造請室而請罪"顔師古注："應劭曰：請室，請罪之室。蘇林曰：音絜清；胡公《漢官》：車駕出，有請室令在前先驅，此官有别獄也。"王先謙《補注》："沈欽韓曰：據蘇説，蓋請室令先驅清道，字本當爲清。盧文弨云：如蘇言，則《漢書》請室亦有作清室者；建本《新書》此文正作清室，知蘇言非謬矣。"《秦會要訂補》案：静室令、静宫令、請室令、清室令四名雖異，職責實同，當是一官。

［6］【今注】所幸：皇帝所要親臨、巡幸之處。

［7］【今注】徼車：負責皇帝車駕前後巡視、巡邏的車輛。

［8］【劉昭注】如淳曰："主車曰車郎，主户衛曰户郎。"【今注】案，《漢書·百官公卿表上》："郎中有車、户、騎三將。"如淳

曰："主車曰車郎，主户衛曰户郎。《漢儀注》：郎中令主郎中，左右車將主左右車郎，左右户將主左右户郎也。"

［9］【今注】羽林令：掌羽林，有丞。西漢宣帝令中郎將、騎都尉監羽林。東漢光武帝建武初年省羽林令，而以羽林中郎將及羽林左、右監主之。

衛尉，[1]卿一人，中二千石。本注曰：掌宫門衛士，[2]宫中徼循事。[3]丞一人，比千石。

［1］【今注】衛尉：始於戰國，秦漢因之。掌宫門衛士及近衛禁兵（南軍），有長樂衛尉、甘泉衛尉、未央衛尉等。西漢景帝初改名爲中大夫令，後元年（前143）復舊稱。王莽改爲大衛。東漢總領南、北宫衛士令丞，又轄左右都候、諸宫掖門司馬。

［2］【今注】衛士：負責警衛的兵士。

［3］【劉昭注】《漢官》曰："員吏四十一人，其九人四科，二人二百石，文學三人百石，十二人斗食，二人佐，十二人學事（二，大德本、殿本作'三'），一人官醫。衛士六十人。"【今注】徼循：巡查。

公車司馬令一人，[1]六百石。本注曰：掌宫南闕門，[2]凡吏民上章，[3]四方貢獻，[4]及徵詣公車者。[5]丞、尉各一人。本注曰：丞選曉諱，[6]掌知非法。尉主闕門兵禁，戒非常。[7]

［1］【今注】公車司馬令：又稱"公車令"，西漢時掌公車司馬門，受天下奏章，主宫中巡邏。東漢時掌南闕門，受吏民奏章四方貢獻等。《漢書·百官公卿表上》顔師古注引《漢官儀》曰："公

車司馬掌殿司馬門，夜徼宫中，天下上事及闕下凡所徵召皆總領之。”《宋書·百官志下》：“秦有公車司馬令，屬衞尉，漢因之，掌宫南闕門。凡吏民上章，四方貢獻，及徵詣公車者，皆掌之。晉江左以來，直云公車令。”張家山漢簡《二年律令·秩律》：公車司馬，秩八百石，有丞、尉者半之〔張家山二四七號漢墓竹簡整理小組：《張家山漢墓竹簡〔二四七號墓〕》（釋文修訂本），文物出版社 2006 年版〕。

［2］【今注】南闕門：指東漢北宫南闕門，又稱“朱雀（爵）闕門”，爲北宫正門。東漢光武帝居南宫，南宫衹有蒼龍門和玄武門有闕，其中，玄武門即北闕可能是公車門。明帝移居北宫，公車機構隨即移至北宫南闕門。西漢的公車機構設於未央宫北司馬門即北闕。（參見陳蘇鎮《東漢的南宫和北宫》，《文史》2018 年第 1 輯）

［3］【今注】上章：向皇帝上書。宋人戴埴《鼠璞·封章》：“俗謂章奏爲囊封，本於漢。凡章奏皆啓封，至言密事，不敢宣泄，則用皂囊重封以進。”

［4］【今注】貢獻：進獻貢品。

［5］【劉昭注】《獻帝起居注》曰：“建安八年，議郎衞林爲公車司馬令，位隨將、大夫。舊公車令與都官、長史位從將、大夫，自林始。”

［6］【今注】丞選曉諱：丞屬文職，選用知曉忌諱者擔任。《唐律疏議》卷一〇《職制》：“諸上書若奏事，誤犯宗廟諱者，杖八十；口誤及餘文書誤犯者，笞五十。”可作參考。

［7］【劉昭注】胡廣曰：“諸門部各陳屯夾道，其旁當兵，以示威武，交戟，以遮妄出入者。”　【今注】案，常，紹興本作“掌”。

南宫衞士令一人，[1]六百石。本注曰：掌南宫衞士。[2]丞一人。

［1］【今注】南宫衛士令：西漢衛尉的屬官有衛士令，統衛士。東漢衛士令各冠以宫名。東漢朱暉、賈逵曾任衛士令，未知南、北。

［2］【劉昭注】《漢官》曰："員吏九十五人，衛士五百三十七人。"

北宫衛士令一人，[1]六百石。本注曰：掌北宫衛士。[2]丞一人。

［1］【今注】北宫衛士令：東漢楊仁、譙瑛曾任北宫衛士令。

［2］【劉昭注】《漢官》曰："員吏七十二人，衛士四百七十一人（一，殿本作'二'）。"

左右都候各一人，[1]六百石。[2]本注曰：主劍戟士，徼循宫，及天子有所收考。[3]丞各一人。

［1］【今注】左右都候：古代主行夜巡邏的衛士官。《説文》："候，伺望也。"漢代有邊候、門候、軍候、北軍中候等，皆掌徼循。

［2］【劉昭注】《周禮》司寤氏有夜士，干寶注曰："今都候之屬。"【今注】案，清人黄以周《禮書通故》卷三四云："漢之左右都候徼巡王宫，當爲宫正之徒。《宫正職》云：'夕擊柝而比之'，比其徼巡王宫者。屬天官，與秋官修閭氏之夜士不同。"

［3］【劉昭注】《漢官》曰："右都候員吏二十二人，衛士四百一十六人。左都候員吏二十八人，衛士三百八十三人。"蔡質《漢儀》曰："宫中諸有劾奏罪，左都候執戟戲車縛送付詔獄，在官大小各付所屬（官，大德本作'侯'）。以馬被覆（被，紹興

本作‘皮’）。見尚書令、尚書僕射、尚書皆執板拜，見丞、郎皆揖。”【今注】戲車：案秦漢“戲”“麾”相通，此即“麾車縛送”。《漢書》卷五二《灌嬰傳》云“蚡乃戲騎縛夫置傳舍”，而《史記》卷一〇七《魏其武安侯列傳》云“武安乃麾騎縛夫置傳舍”。上述“戲車縛送”與這裏的“戲騎縛夫”相似，但與“縮以戲車爲郎”之“戲車”猶爲不同，學界多有將兩者誤引。

宫掖門，[1]每門司馬一人，[2]比千石。本注曰：南宫南屯司馬，主平城門；[3]北宫門蒼龍司馬，主東門；[4]玄武司馬，主玄武門；[5]北屯司馬，主北門；[6]北宫朱爵司馬，主南掖門；[7]東明司馬，主東門；[8]朔平司馬，主北門：[9]凡七門。[10]凡居宫中者，皆有口籍於門之所屬。[11]宫名兩字，爲鐵印文符，案省符乃内之。[12]若外人以事當入，本宫長史爲封棨傳；[13]其有官位，出入令御者言其官。

[1]【今注】宫掖門：宫殿正門兩旁的邊門，供值宿宫中者出入之門。《漢書》卷三《高后紀》“未央宫掖門”顔師古注：“非正門而在兩旁，若人之臂掖也。”卷一〇《成帝紀》“尚方掖門”應劭曰：“無符籍妄入宫曰闌。掖門者，正門之傍小門也。”

[2]【今注】門司馬：主兵，掌守衛宫掖門，秩比千石。

[3]【劉昭注】《漢官》曰：“員吏九人，衛士百二人。”《古今注》曰：建武十三年九月，初開此門。【今注】平城門：又稱“平門”，南宫正南所開之門。李尤《平城門銘》：“平門督司，午位處中。”本書《五行志一》載蔡邕對曰：“平城門，正陽之門，與宫連，郊祀法駕所由從出，門之最尊者也。”西漢長安有同類設施。見《三輔黄圖》卷一《都城十二門》及《漢書》卷六《武帝紀》

"初作便門橋"顔師古注。

［4］【劉昭注】案：雒陽宫門名爲蒼龍闕門。《漢官》曰："員吏六人，衛士四十人。"【今注】案，陳蘇鎮通過論證"南宫南門和洛陽平城門不是一座門，而是兩座門，但二者相距不遠，都由南宫南屯司馬守衛"，認爲《續漢志》衛尉條之文似可點作"南宫南屯司馬，主平城門、北宫門；蒼龍司馬，主東門"。其中，"平城門、北宫門"指洛陽平城門和其北面的南宫南門。全句應作："雒陽城十二門，其正南一門曰平城門。平城門、北宫門屬衛尉。其餘上西門……凡十二門。"可資參考。（詳見陳蘇鎮《東漢的南宫和北宫》，《文史》2018 年第 1 輯）

［5］【劉昭注】《漢官》曰："員吏二人，衛士三十八人。"【今注】案，關於洛陽城宫門方位，可參看王仲殊《中國古代都城概説》所附《東漢洛陽城平面圖》（《考古》1982 年第 5 期）。

［6］【劉昭注】《漢官》曰："員吏二人，衛士三十八人。"

［7］【劉昭注】《漢官》曰："員吏四人，衛士百二十四人。"《古今注》曰："永平二年十一月，初作北宫朱爵南司馬門。"

［8］【劉昭注】《漢官》曰："員吏十三人，衛士百八十人。"

［9］【劉昭注】《漢官》曰："員吏五人，衛士百一十七人。"

［10］【劉昭注】《漢官》曰："凡員吏皆隊長佐。"

［11］【今注】口籍：名籍的一種。《漢書》卷九《元帝紀》"令從官給事宫司馬中者，得爲大父母父母兄弟通籍。"應劭曰："籍者，爲二尺竹牒，記其年紀名字物色，縣之宫門，案省相應，乃得入也。"

［12］【劉昭注】胡廣曰："符用木，長可二寸（可，殿本作'尺'），鐵印以符之。"

［13］【今注】案，宫，殿本作"官"。 棨傳：古代作通行憑證用的一種木製符信。

右屬衛尉。本注曰：中興省旅賁令，[1]衛士一人丞。[2]

[1]【今注】旅賁令：掌旅賁衛士，戒備非常。《漢書·百官公卿表上》衛尉"屬官有公車司馬、衛士、旅賁三令丞"，顔師古注："旅，衆也。賁與奔同，言爲奔走之任也。"另，《周禮》旅賁氏，賈公彦疏云："言旅見其衆，言賁見其勇。"

[2]【劉昭注】《漢官》目録曰："右三卿，太尉所部。"

太僕，[1]卿一人，中二千石。本注曰：掌車馬。天子每出，奏駕上鹵簿用；[2]大駕則執馭。[3]丞一人，比千石。

[1]【今注】太僕：《周禮》有太僕，周初建國即設，非穆王始置。掌傳達王命及王之服位，侍從出入。又有僕夫掌王之馬政。秦漢合二爲一，仍稱太僕。（見孫詒讓《周禮正義》）西漢武帝改太僕曰僕，俸千石，掌馭及車馬。王莽時改太僕曰太御。東漢復舊稱。

[2]【今注】鹵簿：古代天子車駕出行時扈從的儀仗隊。本書卷一〇下《皇后紀下》李賢注引《漢官儀》："天子車駕次第謂之鹵簿。有大駕、法駕、小駕。大駕公卿奉引，大將軍參乘，太僕御，屬車八十一乘，備千乘萬騎，侍御史在左駕馬，詢問不法者。"

[3]【劉昭注】《漢官》曰："員吏七十人，其七人四科，一人二百石，文學八人百石，六人斗食，七人佐，六人騎吏，三人假佐，三十一人學事，一人官醫。"【今注】大駕：皇帝出行，儀仗規模最大者爲大駕。

考工令一人，[1]六百石。本注曰：主作兵器弓弩刀鎧之屬，[2]成則傳執金吾入武庫，[3]及主織綬諸雜工。[4]左右丞各一人。

[1]【今注】考工令：西漢少府屬官有考工室，武帝太初元年(前104)更名考工室爲考工。王莽更名共工。東漢復舊稱，改屬太僕。《周禮》云："冬官爲考工，主作器械。"

[2]【今注】鎧：鎧甲。古時多用金屬片或皮革製成。

[3]【今注】執金吾：武官名。秦置中尉，掌徼巡京師。西漢武帝太初元年改中尉爲執金吾，王莽時改名奮武，東漢復稱執金吾。《史記》卷五七《絳侯周勃世家》《正義》："應劭云：'吾者，御也。掌執金革以禦非常。'顏師古云：'金吾，鳥名，主辟不祥。天子出行，職主先導，以備非常，故執此鳥之象，因以名官也。'"又《古今注》云："漢朝執金吾，金吾，亦棒也。以銅爲之，黃金塗兩足，以謂之'金吾'。"

[4]【劉昭注】《漢官》曰："員吏百九人。"

車府令一人，[1]六百石。本注曰：主乘輿諸車。[2]丞一人。

[1]【今注】車府令：又稱"中車府令"。秦以趙高爲中車府令，《漢書·藝文志》稱"《爰歷》六章者，車府令趙高所作也"。秦封泥有"車府""車府丞印""中車府丞"。張家山漢簡《二年律令·秩律》："車府，内官，圜陰，東園主章，上林騎，秩各六百石，有丞、尉者半之。"〔張家山二四七號漢墓竹簡整理小組：《張家山漢墓竹簡〔二四七號墓〕》(釋文修訂本)，第74頁〕

[2]【劉昭注】《漢官》曰："員吏二十四人。"【今注】乘輿：

皇帝的代稱或皇帝所用車馬。《史記》卷九《吕太后本紀》“乘輿”《集解》引蔡邕曰：“律曰‘敢盜乘輿服御物’。天子至尊，不敢渫瀆言之，故託於乘輿也。乘猶載也，輿猶車也。天子以天下爲家，不以京師宫室爲常處，則當乘車輿以行天下，故群臣託乘輿以言之也，故或謂之‘車駕’。”

未央厩令一人，[1]六百石。本注曰：主乘輿及厩中諸馬。[2]長樂厩丞一人。[3]

[1]【今注】未央厩令：西漢有未央厩，設令一人，有五丞一尉。清人吴大澂所輯《十六金符齋印存》中收有“未央厩監”印，説明丞下設監。張家山漢簡《二年律令·秩律》稱：“大倉中厩、未央厩……秩各八百石。”〔張家山二四七號漢墓竹簡整理小組：《張家山漢墓竹簡〔二四七號墓〕》（釋文修訂本），第71頁〕則知成帝以後改爲六百石。《漢書》卷一〇《成帝紀》：“夏五月，除吏八百石、五百石秩。”李奇曰：“除八百就六百，除五百就四百。”

[2]【劉昭注】《漢官》曰：“員吏七十人，卒騶二十人。”【今注】卒騶：管理車馬的仆役。

[3]【劉昭注】《漢官》曰：“員吏十五人，卒騶二十人。苜蓿苑官田所一人守之（苜蓿，大德本作‘苴有’；苑，殿本作‘菀’）。”【今注】苜蓿：一種優質牧草，用作牛馬飼料。

右屬太僕。本注曰：舊有六厩，[1]皆六百石令，[2]中興省約，但置一厩。[3]後置左駿令、厩，[4]别主乘輿御馬，後或并省。[5]又有牧師菀，[6]皆令官，主養馬，分在河西六郡界中，[7]中興皆省，唯漢陽有流馬菀，[8]但以羽林郎監領。[9]

[1]【今注】六厩：天子六厩，未央厩、承華厩、騊駼厩、路軨厩、騎馬厩、大厩，馬皆萬匹。

[2]【劉昭注】《前書》曰，有大厩、未央、家馬三令，各五丞一尉（一，大德本作“二”）。又車府、路軨、騎馬、駿馬四令丞。晉灼曰：“六厩名也，主馬萬匹。”

[3]【今注】案，這裏指未央厩。

[4]【今注】左駿令：掌乘輿御馬。

[5]【今注】案，東漢《孫成買地券》載：“建寧四年九月戊午朔廿八日乙酉，左駿厩官大奴孫成從洛陽男子張伯始買所名有廣德亭部塚百田一町，賈錢萬五千，錢即日畢。田東比張長卿，南比許仲異，西盡大道，北比張伯始。根生土著毛物，皆屬孫成。田中若有屍死，男即當爲奴，女即當爲婢，皆當爲孫成趨走給使。田東西南北以大石爲界。時旁人樊永、張義、孫龍、異姓、樊元祖皆知券約，沽酒各十千。”今此券在建寧中，尚有此名，知靈帝時尚未省也。（參見羅振玉撰、蕭文立編校《雪堂類稿丙》，遼寧教育出版社 2003 年版，第 61 頁）

[6]【今注】牧師菀：漢代養馬場所。以郎爲苑監，使官奴婢分養。苑馬主要以戰馬爲主。《漢書・百官公卿表上》：“邊郡六牧師苑令，各三丞。”顔師古曰：“《漢官儀》云：‘牧師諸苑三十六所，分置北邊、西邊，分養馬三十六萬頭。’”今西北漢簡有馬匹管理的相關資料。菀，殿本作“苑”。

[7]【今注】河西六郡：隴西、天水、安定、北地、上郡、西河六郡。

[8]【今注】漢陽：郡名。治冀縣（今甘肅天水市西北）。

[9]【劉昭注】《古今注》曰：“漢安元年七月，置承華厩令，秩六百石。”

廷尉，[1] 卿一人，中二千石。[2] 本注曰：掌平獄，[3]奏當所應。凡郡國讞疑罪，[4]皆處當以報。[5]正、左監各一人。[6]左平一人，六百石。本注曰：掌平決詔獄。[7]

[1]【今注】廷尉：秦官，掌刑辟，有正、左、右監，秩皆千石。西漢景帝中元六年（前 144）更名大理，武帝建元四年（前 137）復爲廷尉。宣帝地節三年（前 67）初置左、右平，秩皆六百石。哀帝元壽二年（前 1）復爲大理。王莽改曰作士。東漢以後，或稱廷尉，或稱大理，或稱廷尉卿。省右平、右監。重大案件由御史中丞、司隸校尉、廷尉會審。

[2]【劉昭注】應劭曰："兵獄同制，故稱廷尉。"

[3]【今注】平獄：公平斷案。

[4]【今注】讞疑罪：《説文》："讞，議罪也。"刑獄之事有疑上報曰"讞"。秦有此制度，漢因之。《漢書·刑法志》：高皇帝七年（前 200），制詔御史："獄之疑者，吏或不敢決，有罪者久而不論，無罪者久繫不決。自今以來，縣道官獄疑者，各讞所屬二千石官，二千石官以其罪名當報之。所不能決者，皆移廷尉，廷尉亦當報之。廷尉所不能決，謹具爲奏，傅所當比律令以聞。"出土簡牘資料所見嶽麓書院藏秦簡整理者命名"爲獄等狀四種"（實即"奏讞書"）及張家山漢簡"奏讞書"保留了秦漢讞疑罪的諸多案例。高祖七年詔，乃重申此制。

[5]【劉昭注】胡廣曰："讞，質也。"《漢官》曰："員吏百四十人，其十一人四科，十六人二百石廷史（史，殿本作'吏'），文學十六人百石，十三人獄史，二十七人佐，二十六人騎吏，三十人假佐，一人官醫。"

[6]【劉昭注】前漢有左右監平，世祖省右而猶曰左。

[7]【今注】詔獄：囚禁奉詔收捕案犯的監獄稱爲詔獄。東漢京師各政府機構設置的監獄統稱爲"中都官獄"，即屬於詔獄。廷

尉獄亦稱“廷尉詔獄”。東漢桓帝設黄門北寺獄，亦稱“北寺詔獄”，此外，還有掖庭獄、暴室獄、都内獄、洛陽獄都屬於詔獄。周壽昌《漢書注校補》卷三七云：“朝廷遣官出治獄謂之詔獄，謂奉詔治獄也。”

右屬廷尉。本注曰：孝武帝以下，置中都官獄二十六所，[1]各令長名，世祖中興皆省，唯廷尉及雒陽有詔獄。[2]

[1]【今注】中都官獄：“中都官獄”的含義在各個歷史階段和不同場合之下有所區别，這一概念或是泛指中央機構囚禁犯人的各種監獄，或是代表西漢武帝以降設立的二十六所兼有司法審判職能的詔獄。如果是前者，“中都官獄”可以包括廷尉獄在内；若是後者，即與“廷尉詔獄”有别，即分别屬於兩個相對獨立的司法審判系統。(參見宋傑《漢代監獄制度研究》，中華書局2013年版)

[2]【劉昭注】蔡質《漢儀》曰（質，紹興本、大德本作“賀”）：“正月旦，百官朝賀，光禄勳劉嘉、廷尉趙世各辭不能朝，高賜舉奏：‘皆以被病篤困（困，大德本誤作“因”），空文武之位，闕上卿之贊，既無忠信斷金之用，而有敗禮傷化之尤，不謹不敬！請廷尉治嘉罪，河南尹治世罪。’議以世掌廷尉，故轉屬他官。”

大鴻臚，[1]卿一人，中二千石。[2]本注曰：掌諸侯及四方歸義蠻夷。[3]其郊廟行禮，[4]贊導，[5]請行事，既可，以命群司。諸王入朝，當郊迎，[6]典其禮儀。及郡國上計，[7]匡四方來，亦屬焉。[8]皇子拜王，贊授印綬。[9]及拜諸侯、諸侯嗣子及四方夷狄封者，[10]臺下鴻臚召拜之。[11]王薨則使弔之，及拜王嗣。丞一人，比千石。

[1]【今注】大鴻臚：秦置典客，掌諸歸義蠻夷，有丞。西漢景帝中元六年（前144）更名大行令，武帝太初元年（前104）更名大鴻臚。成帝河平元年（前28）罷典屬國併大鴻臚。王莽時改稱典樂。東漢復稱大鴻臚。

[2]【劉昭注】《周禮》"象胥"，干寶注曰：今鴻臚。

[3]【今注】案，《漢書·百官公卿表上》："典屬國，秦官，掌蠻夷降者。武帝元狩三年昆邪王降，復增屬國，置都尉、丞、候、千人。屬官，九譯令。成帝河平元年省併大鴻臚。"

[4]【今注】郊廟：古代天子祭祀天地、祖先。

[5]【今注】贊導：古人舉行典禮時依據儀式贊唱引導。

[6]【今注】郊迎：出郊外迎賓，以示隆重、尊敬。

[7]【今注】上計：地方官吏歲盡將境内户口、賦税、治安、墾田等編造計簿逐級上報，借資考績。

[8]【劉昭注】《漢官》曰："員吏五十五人，其六人四科，二人二百石，文學六人百石，一人斗食，十四人佐，六人騎吏，十五人學事（事，殿本作'士'），五人官醫。"永元十年，大匠應順上言："百郡計吏，觀國之光，而舍逆旅，崎嶇私館，直裝衣物，敝朽暴露，朝會邈遠，事不肅給。昔，霸國盟主耳，舍諸侯於隸人，子産以爲大譏。況今四海之大，而百無乎？"和帝嘉納其言，即創業焉。

[9]【今注】印綬：印信和繫印的絲帶。借指官爵。

[10]【今注】嗣子：繼承人。多是嫡長子。

[11]【今注】臺下鴻臚：這裏的"臺"指尚書臺，尚書依據皇帝指示草擬詔書後下達大鴻臚，大鴻臚承詔令執行册封禮儀。

大行令一人，[1]六百石。本注曰：主諸郎。[2]丞一人。治禮郡四十七人。[3]

［1］【今注】大行令：西漢武帝太初元年（前104）更名行人爲大行令，爲大鴻臚屬官。東漢因之。

［2］【劉昭注】《漢官》曰："員吏四十人。"【今注】諸郎：即大行郎。

［3］【劉昭注】《漢官》曰："其四人四科，五人二百石，文學五人百石，九人斗食，六人佐，六人學事，十二人守學事。"《東觀書》曰："主齋祠儐贊九賓。又有公室，主調中都官斗食以下（調，殿本作'稠'），功次相補。"案：盧植《禮注》曰："大行郎亦如謁者，兼舉形貌。"【今注】案，郡，紹興本、殿本作"郎"，是。

右屬大鴻臚。本注曰：承秦有典屬國，[1]別主四方夷狄朝貢侍子，[2]成帝時省并大鴻臚。中興省驛宮、別火二令、丞，[3]及郡邸長、丞，但令郎治郡邸。[4]

［1］【今注】典屬國：秦官，掌蠻夷降者。西漢成帝河平元年（前28）省併大鴻臚。

［2］【今注】侍子：古代諸侯及屬國遣子入朝奉獻，陪侍天子，所遣之子稱侍子。

［3］【劉昭注】如淳曰："《漢儀》注：'別火，獄令官，主治改火事。'"【今注】驛宮：當爲"驛官"。典屬國有屬官九譯令，如大鴻臚之譯官令。《漢書·地理志》粵地，有譯長，屬黄門；卷九六《西域傳》西域各國均有譯長；走馬樓西漢簡所見長沙國有譯人；居延漢簡有見"女譯二人"。宫，紹興本、殿本作"官"，是。

［4］【劉昭注】《漢官目録》曰："右三官，司徒所部。"【今注】郡邸：各郡設在京師的辦事處。

後漢書　志第二十六

百官三

宗正　大司農　少府

宗正，[1]卿一人，中二千石。本注曰：掌序録王國嫡庶之次，及諸宗室親屬遠近，郡國歲因計上宗室名籍。[2]若有犯法當髡以上，[3]先上諸宗正，宗正以聞，乃報決。[4]丞一人，比千石。

［1］【今注】宗正：周官，秦漢沿置。掌皇室親屬，有丞。西漢平帝元始四年（4）更名宗伯。屬官有都司空令丞，内官長丞。又諸公主家令、門尉皆屬焉。王莽併其官於秩宗。《初學記》卷一二《職官部·宗正卿》引《宋百官春秋》云："周受命封建宗盟，始選其宗室之長而董正之，謂之宗正。成王時彤伯入爲宗正是也。"《玉海》卷一三〇《官制》："秦始以宗正列九卿，掌親屬；而宗廟之事屬之奉常。"

［2］【今注】宗室名籍：又作"宗室屬籍"，皇室專門的户籍譜牒。本書卷二六《伏隆傳》："梁王劉永，幸以宗室屬籍，爵爲侯王，不知厭足，自求禍棄，遂封爵牧守，造爲詐逆。"

［3］【今注】髡：古代刑罰之一種，去髮爲髡。《説文》："髡，剃髮也。"

［4］【劉昭注】胡廣曰："又歲一治諸王世譜差序秩第。"《漢官》曰："員吏四十一人，其六人四科，一人二百石，四人百石，三人佐，六人騎吏，二人法家，十八人學事，一人官醫。"【今注】報決：古代審判程序有"訊鞫論報"，見《漢書》卷五九《張湯傳》。這裏的"報決"，指奏請得報而後判決之。

諸公主，每主家令一人，[1]六百石。丞一人，三百石。本注曰：其餘屬吏增減無常。[2]

［1］【今注】家令：掌管家政。秦代卿級爵位者有家嗇夫，管理家政。漢代皇家及諸侯國有家令、丞，列侯一般衹設家丞。張家山漢簡《二年律令·秩律》記載漢初"李公主、申徒公主、榮公主、傅公〔主〕家丞，秩各三百石。"〔張家山二四七號漢墓竹簡整理小組：《張家山漢墓竹簡〔二四七號墓〕》（釋文修訂本），文物出版社 2006 年版，第 80 頁〕

［2］【劉昭注】《漢書》（書，殿本作"官"，是）曰："主簿一人，秩六百石。僕一人，秩六百石。私府長一人，秩六百石。家丞一人，三百石。直吏三人，從官三人（三，紹興本、殿本作'二'）。"《東觀書》曰："其主薨無子，置傅一人守其家。"【今注】案，漢代出土官印見"公主田令"，乃公主湯沐邑田官所用之印，可知漢代公主湯沐邑中設有田官。

右屬宗正。本注曰：中興省都司空令、丞。[1]

［1］【劉昭注】如淳曰："主罪人。"【今注】都司空令丞：宗正屬官。《史記》卷一〇七《武安侯列傳》："劾繫都司空。"《索

隱》案《百官表》云："宗正屬官，主詔獄也。"《正義》引如淳云："律，司空主水及罪人。"表明都司空有主"司空詔獄"。《漢舊儀》："司空詔獄治列侯二千石，屬宗正。"另，清人王昶《金石萃編》有見"宗正官當""都司空瓦"，顯示都司空令、丞還負責皇室部分建築瓦當的製作。

大司農，[1]卿一人，中二千石。本注曰：掌諸錢穀金帛諸貨幣。郡國四時上月旦見錢穀簿，[2]其逋未畢，[3]各具别之。邊郡諸官請調度者，[4]皆爲報給，損多益寡，取相給足。[5]丞一人，比千石。部丞一人，六百石。本注曰：部丞主帑藏。[6]

［1］【今注】大司農：秦置治粟内史，掌穀貨。西漢景帝後元元年（前143）更名大農令，武帝太初元年（前104）更名大司農。屬官有太倉、均輸、平準、都内、籍田五令丞，斡官、鐵市兩長丞。又郡國諸倉農監、都水六十五官長丞皆屬焉。騪粟都尉，武帝軍官，不常置。王莽改大司農曰羲和，後更爲納言。初，斡官屬少府，中屬主爵，後屬大司農。

［2］【今注】月旦：每月初一。　見錢：即"現錢"。《漢書》卷八六《王嘉傳》"見錢"師古注："見在之錢也。"

［3］【今注】逋：拖欠。《漢書》卷六《武帝紀》"逋貸"師古注："逋，亡也。久負官物亡匿不還者，皆謂之逋。逋音布胡反。"

［4］【今注】案，本書卷七《桓帝紀》載，延熹九年（166）春正月己酉，詔曰："比歲不登，民多飢窮，又有水旱疾疫之困。盜賊徵發，南州尤甚。灾異日食，譴告累至。政亂在予，仍獲咎徵。其令大司農絶今歲調度徵求，及前年所調未畢者，勿復收責。其灾旱盜賊之郡，勿收租，餘郡悉半入。"另，《漢書·溝洫志》：

"遣大司農非調調均錢穀河決所灌之郡。"

[5]【劉昭注】《漢書》曰（中華本校勘記曰："《校補》引柳從辰説，謂'書'當作'官'，諸本皆未正。今據改。"）："員吏百六十四人，其十八人四科，九人斗食，十六人二百石，文學二十人百石（十，紹興本、大德本作'千'），二十五人佐，七十五人學事，一人官醫。"

[6]【劉昭注】《古今注》曰："建初七年七月，爲大司農置丞一人，秩千石，别主帑藏"，則部丞應是而秩不同。應劭《漢官》秩亦云二千石。【今注】部丞：西漢已置，隸屬大司農。《史記·平準書》："弘羊以諸官各自市，相與爭，物故騰躍，而天下賦輸或不償其僦費，乃請置大農部丞數十人，分部主郡國。"另，居延漢簡 214. 33A 見元帝永光年間"守部丞武"。

太倉令一人，[1]六百石。本注曰：主受郡國傳漕穀。[2]丞一人。

[1]【今注】太倉令：秦官有太倉令、丞。漢因之，屬大司農。王國稱"太倉長"。東漢令主受郡國傳漕穀，其滎陽敖倉官，屬河南尹。歷代並有之。《齊職儀》："太倉令，周司徒屬官有廪人、倉人，則其職也。"

[2]【劉昭注】《漢官》曰："員吏九十九人。"【今注】漕穀：漕運糧穀。

平準令一人，六百石。[1]本注曰：掌知物賈，主練染，作采色。[2]丞一人。

[1]【今注】平準令：西漢武帝元封元年（前 110）始置，屬

大司農。掌平抑物價。《史記·平準書》《索隱》:“大司農屬官有平準令丞者,以均天下郡國轉販,貴則賣之,賤則買之,貴賤相權輸,歸于京都,故命曰‘平準’。”東漢沿置,秩六百石,職掌有所變動,掌知物價,主練染,作采色。靈帝熹平四年(175),改平準爲中準,使宦者爲令,列於内署。

[2]【劉昭注】《漢官》曰:“員吏百九十人。”【今注】采色:韋昭《辨釋名》卷二三《織造》:“平準令主染色。色有常平之法,準的之也。”

導官令一人,[1]六百石。本注曰:主舂御米,[2]及作乾糒。[3]導,擇也。[4]丞一人。

[1]【今注】導官令:主擇米、酒以供祭祀及御饌。《通典》卷二六《職制八》:“周有舂人。秦漢有令、丞,屬少府。”《漢書·百官公卿表上》:少府屬官有導官。師古注:“太官主膳食,湯官主餅餌,導官主擇米。”另,《史記》卷一二二《酷吏列傳》“導官”《集解》引如淳曰:“太官之别也,主酒。”

[2]【今注】舂:搗粟,使之去殼。《説文》:“擣粟也。” 御米:供宫廷食用的米。

[3]【今注】乾糒:即“乾糧”。《東觀漢記》卷一六《玄賀傳》:“(玄賀)遷九江太守,行縣持乾糒,但就温湯而已。”

[4]【劉昭注】《漢官》曰:“員吏百一十二人。”

右屬大司農。本注曰:郡國鹽官、鐵官本屬司農,[1]中興皆屬郡縣。[2]又有廪犧令,[3]六百石,掌祭祀犧牲鴈鶩之屬。[4]及雒陽市長、[5]滎陽敖倉官,[6]中興皆屬河南尹。[7]餘均輸等皆省。[8]

［1］【今注】鹽官鐵官：見本書《百官志五》："凡郡縣出鹽多者置鹽官，主鹽稅。出鐵多者置鐵官，主鼓鑄。"張家山漢簡《二年律令·金布律》："諸私爲鹵（鹵）鹽，煮濟漢，及有私鹽井煮者，稅之，縣官取一，主取五。""采鐵者五稅一。"〔張家山二四七號漢墓竹簡整理小組：《張家山漢墓竹簡〔二四七號墓〕》（釋文修訂本），文物出版社2006年版，第68頁〕西漢武帝以後，鹽鐵皆官營。

［2］【劉昭注】《魏志》曰："曹公置典農中郎將，秩二千石。典農都尉，秩六百石，或四百石。典農校尉，秩比二千石。所主如中郎。部分别而少，爲校尉丞。"【今注】典農中郎將：東漢獻帝建安元年（196）置，分置於實行屯田的郡國。魏文帝黄初以後有以郡守兼領。元帝咸熙元年（264）罷屯田官，以典農中郎將、校尉爲郡守，都尉爲縣令、長。

［3］【今注】廩犧令：《周禮》牧人之職也，掌薦犧牲及粢盛之事，丞爲之貳。凡三祀之牲牢，各有名數。《太平御覽》卷二二九《職官部》引韋昭《辨釋名》曰："《釋》云：'廩犧。犧，戲也；廩，養之也。'《辨》云：'六牲，取其純毛者，别養之以奉祭祀。純色者少，故名犧。犧，希也。'"廩，秦簡牘資料皆作"稟"。

［4］【劉昭注】《漢官》曰："丞一人，三百石。員吏四十人，其十一人斗食，十七人佐，七人學事，五人守學事，皆河南屬縣給吏者。"【今注】案，牲，殿本作"性"。

［5］【劉昭注】《漢官》曰："市長一人，秩四百石。丞一人，二百石，明法補。員吏三十六人，十三人百石嗇夫，十一人斗食，十二人佐。又有㰏櫂丞，三百石，别治中水官，主水渠，在馬市東，有員吏六人。"【今注】明法：辟士"四科"之一。本書卷四《明帝紀》引《漢官儀》所謂："明曉法律，足以決疑，能案章覆問，文任御史。"　㰏櫂：又作"楫棹"。主用楫及棹行船也，短

曰楫，長曰棹。《漢書·百官公卿表》水衡都尉有楫棹令、丞。

［6］【今注】滎陽敖倉：古代重要糧倉，秦置。《括地志》卷三云："敖倉在鄭州滎陽縣西十五里，縣門之東北臨汴水，南帶三皇山，秦時置倉於敖山，名敖倉云。"即今河南滎陽市廣武鎮北廣武山漢霸二王城北敖山上，現已塌於黄河。

［7］【今注】河南尹：此處指行政區名。《漢官儀》："河南尹所治，周地也。洛陽本周城，周之衰微，分爲東西周。秦兼天下，置三川守，河、雒、伊也。漢更名河南。孝武皇帝增曰太守。世祖中興，徙都雒陽，改號爲尹。尹，正也。"

［8］【劉昭注】均輸者，《前書》孟康注曰："謂諸當所有輸於官者，皆令輸其土地所饒，平其所在時賈，官更於他處貨之。輸者既便，而官有利。"《鹽鐵論》："大夫曰：'往者郡國諸侯，各以其物貢輸，往來煩雜，物多苦惡，或不償其費，故郡置輸官以相給運，而便遠方之貢，故曰均輸。開委府于京師，以籠貨物，賤則買，貴則賣，是以縣官不失實，商賈無所利，故曰平準。準平則民不失職（準平，殿本作"平準"），均輸則民不劬勞，故平準、均輸，所以平萬物而便百姓也。'文學曰：'古之賦税於民也，因其所工，不求所拙。農人納其穫，工女效其織。今釋其所有，責其所無，百姓賤買貨物以便上求。閒者郡國或令民作布絮，吏留難與之爲市。吏之所入非獨齊、陶之縑，蜀、漢之布也，亦民閒之所爲耳。行姦賣平，農民重苦，必苦女工藺税，未見輸之均也。縣官猥發，闔門擅市，即萬民並收。並收則物騰躍，騰躍則商賈利。自市則吏容姦，豪吏富商，積貨儲物，以待其急，輕賈姦吏，收以取貴，未見準之平也。蓋古之均輸，所以齊勞逸而便貢輸，非以爲利而賈萬物也。'"王隆《小學漢官篇》曰："調均報度，輸漕委輸。"胡廣注曰："邊郡諸官請調者，皆爲調均報給之也。以水通輸曰漕。委，積也。郡國所積聚金帛貨賄，隨時輸送諸司農，曰委輸，以供國用。"《前書》又有都内籍田令、

丞，斡官（斡，大德本、殿本作“幹”）、鐵市兩長、丞，郡國諸倉農監六十五官長、丞，皆屬之。

少府，[1]卿一人，中二千石。本注曰：掌中服御諸物，[2]衣服寶貨珍膳之屬。[3]丞一人，比千石。

［1］【今注】少府：戰國三晉和秦均有設置，漢因之。掌山林池澤收入及宫中御物，西漢武帝時期將少府部分山澤陂池之税移交大司農，打破了少府收入爲皇室專用的常規。東漢少府職屬進一步精簡，掌宫中服御諸物、寶貨珍膳的供給和服務。《漢書·百官公卿表上》：“少府，秦官，掌山海池澤之税，以給共養。”應劭曰：“名曰禁錢，以給私養，自别爲藏。少者小也，故稱少府。”顔師古注：“大司農供軍國之用，少府以養天子也。”

［2］【今注】服御：服飾車馬器用之物。

［3］【劉昭注】《漢官》曰：“員吏三十四人，其一人四科，一人二百石，五人百石，四人斗石（石，大德本、殿本作‘食’，是），三人佐，六人騎吏，十三人學事，一人官醫。少者小也，小故稱少府。王者以租税爲公用，山澤陂池之税以供王之私用。古皆作小府。”《漢官儀》曰：“田租、芻稾以給經用，凶年，山澤魚鹽市税少府以給私用也。”

太醫令一人，[1]六百石。本注曰：掌諸醫。[2]藥丞、方丞各一人。本注曰：藥丞主藥。方丞主藥方。

［1］【今注】太醫令：醫官名。周有醫師，秦爲太醫令。西漢太常與少府屬官均有太醫令、丞。王應麟《玉海》卷一二三《官制》云：“少府有太醫令，太常復有令、丞；蓋禮官之太醫，司存

之所，少府之太醫，通乎王內。”東漢時僅少府置太醫令。本書《禮儀志下》：“（皇帝）不豫，太醫令丞將醫人，就進所宜藥。嘗藥監、近臣中常侍、小黄門皆先嘗藥，過量十二。”張家山漢簡《二年律令·秩律》：“太醫，秩三百石。”〔彭浩、陳偉、［日］工藤元男主編：《二年律令與奏讞書——張家山二四七號漢墓出土法律文獻釋讀》，上海古籍出版社2007年版，第27—28頁〕

［2］【劉昭注】《漢官》曰：“員醫二百九十三人，員吏十九人。”【今注】案，居延漢簡18.5號簡：“永光四年閏月丙子朔乙酉，大醫令逐、丞褒下少府中常方，承書從事下當用者如詔書。閏月戊子，少府餘獄丞延請□□□□□□丞相府承書從事下當用者如詔。掾未央屬順書。佐臨。府騎將軍御史中二千石郡大守諸侯相承書從事下當用者，書到言。［掾］□□，令史相。”〔謝桂華、李均明、朱國炤：《居延漢簡釋文合校》（上册），文物出版社1987年版，第27—28頁〕可以參看。

太官令一人，[1]六百石。本注曰：掌御飲食。[2]左丞、甘丞、湯官丞、果丞各一人。本注曰：左丞主飲食。甘丞主膳具。湯官丞主酒。果丞主果。[3]

［1］【今注】太官令：秦置，掌宫廷膳食、酒水、果蔬等。本書《輿服志下》劉昭注引荀綽《晉百官表注》：“臣（陳忠）伏惟太官令職在典掌王饔，統六清之飲，列八珍之饌，正百品之羞，納四方之貢，所奉尤重，用思又勤。明詔慎口實之御，防有敗之姦，增崇其選。”漢代封泥見“大官長丞印”“大官丞印”及“大官監丞”，蓋王國所置。

［2］【劉昭注】《漢官》曰：“員吏六十九人，衛士三十八人。”荀綽《晉百官表注》曰：“漢制，太官令秩千石。丞四人，秩四百石”，不與志同。

［3］【劉昭注】荀綽云："甘丞掌諸甘肥。果丞别在外諸果菜茹。"【今注】甘肥：指各種美味。

守宫令一人，[1]六百石。本注曰：主御紙筆墨，及尚書財用諸物及封泥。[2]丞一人。[3]

［1］【今注】守宫令：漢有守宫令、丞，掌御紙筆墨及諸財用並封泥之事，屬少府。東漢靈帝時，曾派遣守宫令之鹽監，穿渠爲民興利。

［2］【劉昭注】《漢官》曰："員吏六十九人。"【今注】封泥：又稱"泥封"或"芝泥"。古代用以封緘簡牘並加蓋印章的泥塊，作爲封緘的憑證，用於諸多公文的存檔或郵送。張家山漢簡《二年律令·行書律》："諸行書而毀封者，皆罰金一兩。書以縣次傳，及以郵行，而封毀，過縣輒劾印，更封而署其送徼（檄）曰：封毀，更以某縣令若丞印封。"〔彭浩、陳偉、［日］工藤元男主編：《二年律令與奏讞書——張家山二四七號漢墓出土法律文獻釋讀》，第46、47頁〕目前考古已出土大量秦漢官私印封泥實物。

［3］【劉昭注】《漢官》曰："外官丞二百石，公府吏府也。"

上林菀令一人，[1]六百石。本注曰：主菀中禽獸。頗有民居，[2]皆主之。捕得其獸送太官。[3]丞、尉各一人。

［1］【今注】上林菀令：西漢置上林令，初隸少府，武帝元鼎二年（前115）改屬水衡都尉。東漢改置上林苑令，亦省稱上林令。東漢上林苑在今河南洛陽市東，漢魏洛陽故城西。菀，大德本、殿本作"苑"。本段下同。

［2］【今注】民居：百姓居住之所。

［3］【劉昭注】《漢官》曰："員吏五十八人（吏，大德本作'史'）。"案桓帝又置鴻德苑令（苑，大德本、殿本作"菀"）。【今注】案，睡虎地秦簡《田律》規定："百姓犬入禁苑中而不追獸及捕獸者，勿敢殺；其追獸及捕獸者，殺之。河禁所殺犬，皆完入公；其它禁苑殺者，食其肉而入皮。"〔陳偉主編：《秦簡牘合集》釋文注釋修訂本（壹），武漢大學出版社 2016 年版，第 42 頁〕鴻德苑令：東漢桓帝延熹元年（158）"初置鴻德苑令"，鴻德苑在今河南洛陽市東北，漢魏洛陽故城南津城門外。

侍中，[1]比二千石。[2]本注曰：無員。掌侍左右，贊導衆事，顧問應對。法駕出，[3]則多識者一人參乘，[4]餘皆騎在乘輿車後。本有僕射一人，[5]中興轉爲祭酒，[6]或置或否。[7]

［1］【今注】侍中：秦置，原爲丞相史，後爲列侯以下至郎中的加官。《通典》卷二一《職官三》："侍中者，周公戒成王《立政》之篇所云'常伯''常任'以爲左右，即其任也。秦爲侍中，本丞相史也，使五人往來殿內東廂奏事，故謂之侍中。漢侍中爲加官。凡侍中、左右曹、諸吏、散騎、中常侍，皆爲加官。所加或列侯、將軍、卿大夫、將、都尉、尚書、太醫、太官令至郎中，多至數十人。侍中、中常侍得入禁中，諸曹受尚書事，諸吏得舉法。漢侍中冠武弁大冠，亦曰'惠文冠'，加金璫，附蟬爲文，貂尾爲飾。便繁左右，與帝升降。"

［2］【劉昭注】《漢官秩》云千石。《周禮》"太僕"，干寶注曰："若漢侍中。"

［3］【今注】法駕：《史記》卷九《吕太后本紀》"法駕"注，《集解》引蔡邕曰："天子有大駕、小駕、法駕。法駕上所乘，曰金

根車，駕六馬，有五時副車，皆駕四馬，侍中参乘，屬車三十六乘。”

［4］【今注】案，這裏指侍中之中尤爲博聞廣記之人。

［5］【今注】僕射：秦置，自侍中、尚書、博士、郎官皆置。古人重武官，有主射以督課之，後來職權漸重。

［6］【今注】祭酒：古代饗宴時酹酒祭神的長者。趙翼《陔餘叢考·祭酒》：“祭酒本非官名，古時凡同輩之長，皆曰祭酒。蓋飲食聚會，必推長者先祭。”後以此稱年長者或位尊者。

［7］【劉昭注】蔡質《漢儀》曰：“侍中、常伯，選舊儒高德，博學淵懿。仰占俯視，切問近對，喻旨公卿，上殿稱制，参乘佩璽秉劍。員本八人，陪見舊在尚書令、僕射下，尚書上；今官出入禁中，更在尚書下。司隸校尉見侍中，執板揖，河南尹亦如之。又侍中舊與中官俱止禁中，武帝時，侍中莽何羅挾刃謀逆，由是侍中出禁外，有事乃入，畢即出。王莽秉政，侍中復入，與中官共止。章帝元和中，侍中郭舉與後宫通，拔佩刀驚上，舉伏誅（伏，大德本作‘復’），侍中由是復出外。”

中常侍，[1]千石。本注曰：宦者，無員。後增秩比二千石。[2]掌侍左右，從入内宫，贊導内衆事，顧問應對給事。

［1］【今注】中常侍：秦置中常侍官，参用士人，皆銀璫左貂，給事殿省。西漢沿置，出入宫廷，侍從皇帝，爲列侯至郎中的加官。東漢時，中常侍成爲有具體職掌的官職，本無員數，明帝永平中定爲四人，明帝以後，員數稍增，改以金璫右貂，兼領卿署之職。自和熹太后以女主稱制，不接公卿，乃以閹人爲常侍、小黄門，通命兩宫，自此以來，悉用閹人，不調他士。東漢後期，中常侍把持朝政，權勢極盛。

［2］【今注】案，東漢明帝時始定四人，殤帝延平年間增至十人，靈帝置十二人。

黄門侍郎，[1]六百石。本注曰：無員。掌侍從左右，給事中，[2]關通中外。及諸王朝見於殿上，[3]引王就坐。[4]

［1］【今注】黄門侍郎：又稱“黄門郎”。秦漢時期郎官給事在黄闥之内者，稱黄門侍郎。西漢爲加官，多以重臣、外戚子弟、公主婿爲之。東漢時成爲有具體職掌的官職，侍從皇帝左右，傳宣詔令等。魏晉以後，因掌管機要，備皇帝顧問，職位甚重。

［2］【今注】給事中：加官。《漢書·百官公卿表上》：“所加或大夫、博士、議郎，掌顧問應對，位次中常侍。中黄門有給事黄門，位從將大夫。皆秦制。”顔師古注引《漢官解詁》云：“掌侍從左右，無員，常侍中。”

［3］【今注】案，殿上，大德本、殿本作“殿中”。

［4］【劉昭注】《漢舊儀》曰：“黄門郎屬黄門令，日暮入對青瑣門拜，名曰夕郎。”《宫閣簿》青瑣門在南宫。衞瓘注《吴都賦》曰：“青瑣，户邊青鏤也。一曰天子門内有眉，格再重，裹青畫曰瑣（畫，大德本作‘晝’）。”《獻帝起居注》曰：“帝初即位，初置侍中、給事黄門侍郎，員各六人，出入禁中，近侍帷幄，省尚書事。改給事黄門侍郎爲侍中侍郎，去給事黄門之號，旋復復故。舊侍中、黄門侍郎以有中宫者（有，殿本作‘在’，是），不與近密交政。誅黄門後，侍中、侍郎出入禁闈，機事頗露，由是王允乃奏比尚書，不得出入，不通賓客，自此始也。”又曰：“諸奄人官，悉以議郎、郎中稱，秩如故。諸署令兩梁冠，陛殿上，得召都官從事已下（已，大德本、殿本作‘以’）。”

小黄門，[1]六百石。[2]宦者，無員。掌侍左右，受尚書事。上在内宫，[3]關通中外，及中宫已下衆事。[4]諸公主及王太妃等有疾苦，則使問之。

[1]【今注】小黄門：東漢始置，皆由宦官充任。明帝時期員額十人，和帝後增至二十人。和熹太后稱制後，不接公卿，乃以閹人爲常侍，小黄門通命兩宫。桓帝時期，初以小黄門爲守宫令。靈帝時期小黄門蹇碩任上軍校尉，典禁軍，用事於中，權任漸重。

[2]【今注】案，殿本此處有"本注曰"。

[3]【今注】内宫：泛指天子的六宫。

[4]【今注】中宫：專指后宫。

黄門令一人，[1]六百石。[2]本注曰：宦者。主省中諸宦者。[3]丞、從丞各一人。本注曰：宦者。從丞主出入從。

[1]【今注】黄門令：西漢掌宫中乘輿、狗馬、倡優、鼓吹等事的宦官。西漢平帝元始元年（1），黄門令爲太師於省中施坐置几。東漢黄門令主省中諸宦者，本書《輿服志上》："東都唯大行乃大駕。大駕，太僕校駕；法駕，黄門令校駕。"

[2]【劉昭注】董巴曰："禁門曰黄闥，以中人主之，故號曰黄門令。"

[3]【劉昭注】《漢官》曰："員吏十八人。"【今注】省中：皇帝居處的專門區域。又稱禁中。《漢書》卷七《昭帝紀》"共養省中"，伏儼注曰："蔡邕云：'本爲禁中，門閤有禁，非侍御之臣不得妄入。行道豹尾中亦爲禁中。'孝元皇后父名禁，避之，故曰省中。"顔師古注："省，察也，言入此中皆當察視，不可妄也。共

讀曰供，音居用反。”

黄門署長、畫室署長、玉堂署長各一人。[1]丙署長七人。[2]皆四百石，黄綬。[3]本注曰：宦者。各主中宫别處。

[1]【今注】黄門署長：黄門之署長官，宦者，職任親近。《漢書》卷六八《霍光傳》“上乃使黄門畫者畫周公負成王朝諸侯以賜光”，顔師古注：“黄門之署，職任親近，以供天子，百物在焉，故亦有畫工。”可知黄門署集中掌握各種技藝的人。　畫室署長：專掌宫廷畫工。東漢有畫工三十九種。　玉堂署長：漢侍中有玉堂署，爲待詔之處，在未央宫玉堂殿。又《漢書·霍光傳》“明旦，光聞之，止畫室中不入。”如淳曰：“近臣所止計畫之室也，或曰彫畫之室。”顔師古注：“彫畫是也。”

[2]【今注】丙署長：丙之言别也，丙署猶言别署也。

[3]【今注】黄綬：繫印之絲帶，黄綬即黄色之綬帶。漢代二百石至四百石之秩級的官員，一般爲銅印黄綬。《漢書》卷八三《朱博傳》“刺史不察黄綬”，顔師古注：“丞尉職卑皆黄綬。”

中黄門冗從僕射一人，[1]六百石。本注曰：宦者。主中黄門冗從。居則宿衛，直守門户；出則騎從，夾乘輿車。[2]

[1]【今注】中黄門冗從僕射：又稱“冗從吏僕射”。《漢舊儀》：“冗從吏僕射，出則騎從夾乘輿車，居則宿衛，直守省中門户。”三國魏因其名而改置冗從僕射，任用士人，負責宫禁侍衛，職屬光禄勳。《漢書》卷五一《枚皋傳》“冗從”顔師古注：“散職

之從王者也。冗音人勇反。”秦漢時期“更”與“冗”相對，“更”的職事固定，通過番上任職；“冗”的職事不定，但長期在職。

［2］【今注】夾乘：乘馬侍衛左右。

中黄門，[1]比百石。本注曰：宦者，無員。後增比三百石。[2]掌給事禁中。

［1］【今注】中黄門：東漢低級宦官，位次小黄門，掌給事禁中，伺應雜務。

［2］【今注】案，《東觀漢記》卷四《表》云：“小黄門、黄門侍郎、中黄門秩皆比四百石。”與此有異。

掖庭令一人，[1]六百石。本注曰：宦者。掌後宮貴人采女事。[2]左右丞、暴室丞各一人。[3]本注曰：宦者。暴室丞主中婦人疾病者，就此室治；其皇后、貴人有罪，[4]亦就此室。

［1］【今注】掖庭令：秦置永巷，西漢武帝太初元年（前104）改爲掖庭，置掖庭令，掌宮人名籍、女工及掖庭詔獄等事，由宦者充任。屬官有掖庭户衛、掖庭獄丞、少内嗇夫、暴室丞、暴室嗇夫等。東漢沿置，掌後宮貴人、采女等事。魏晉以後改隸光禄勳，任用士人。

［2］【劉昭注】《漢官》曰：“吏從官百六十七人，待詔五人，員吏十人。”【今注】采女：六宮稱號之一，見本書卷一〇《皇后紀》。另，應劭《風俗通義》：“六宮采女凡數千人。案采者，擇也，天子以歲八月，遣中大夫與掖庭丞相工，率於洛陽鄉中閲視童女，年十三以上，二十以下，長壯皎潔有法相者，因載入後宮，故謂之

采女也。”

[3]【今注】暴室：掌織作染練，取暴曬爲名。《漢書》卷八《宣帝紀》“暴室嗇夫”應劭曰：“暴室，宫人獄也，今曰薄室。許廣漢坐法腐爲宦者，作嗇夫也。”顔師古注：“暴室者，掖庭主織作染練之署，故謂之暴室，取暴曬爲名耳。或云薄室者，薄亦暴也。今俗語亦云薄曬。蓋暴室職務既多，因爲置獄主治其罪人，故往往云暴室獄耳。然本非獄名，應説失之矣。嗇夫者，暴室屬官，亦猶縣鄉之嗇夫也。曬音所懈反，又音所智反。”

[4]【今注】貴人：女爵名。東漢光武帝置，位次皇后。金印紫綬，奉不過粟數十斛。

永巷令一人，[1]六百石。本注曰：宦者。典官婢侍使。[2]丞一人。本注曰：宦者。[3]

[1]【今注】永巷令：秦置，漢因之。掌后妃宫女及宫中獄事。西漢武帝太初元年（前104）更名掖庭令。東漢於掖庭令外復置永巷令，掌宫中官婢。

[2]【劉昭注】《漢官》曰：“員吏六人，吏從官三十四人。”【今注】侍使：又作“侍史”。古代官婢中以年少有才智的女子爲侍史。《周禮·天官·序官》“奚三百人”鄭玄注：“古者從坐男女没入縣官爲奴，其少才知以爲奚，今之侍史官婢，或曰奚官女。”

[3]【劉昭注】《漢官》曰：“右丞一人，暴室一人。”

御府令一人，[1]六百石。本注曰：宦者。典官婢作中衣服及補浣之屬。[2]丞、織室丞各一人。[3]本注曰：宦者。[4]

［1］【今注】御府令：御府之長官。西漢爲掌管宫廷金錢、衣服、刀劍、玉器等珍玩的庫藏及出納。《漢書》卷六八《霍光傳》："發御府金錢刀劍玉器采繒，賞賜所與遊戲者。"皇后之府藏，曰中御府。東漢於御府令外置中藏府令，掌宫中幣帛金銀諸貨物。御府令則掌官婢縫製衣服及洗補等事。

［2］【劉昭注】《漢官》曰："員吏七人，吏從官三十人。"【今注】補浣：縫補浣洗。

［3］【今注】織室丞：西漢有東、西織室，設令、丞，掌織文繡及郊廟之服，屬少府。成帝河平元年（前28）省東織，更名西織爲織室。東漢省令，衹設丞。《漢舊儀》："凡蠶絲絮，織室以作祭服。祭服者，冕服也。天地宗廟群神五時之服。皇帝得以作縷縫衣，皇后得以作巾絮而已。置蠶官令、丞，諸天下官下法皆詣蠶室，與婦人從事，故舊有東、西織室作治。"

［4］【劉昭注】《漢官》曰："右丞一人。"

祠祀令一人，[1]六百石。本注曰：典中諸小祠祀。[2]丞一人。本注曰：宦者。

［1］【今注】祠祀令：此即少府祠祀令。西漢太常屬官有祠祀令，後轉屬少府。掌宫中小祠祀。

［2］【劉昭注】《漢官》曰："從官吏八人，騶僕射一人，家巫八人。"【今注】騶僕射：騶，騶騎也，居前導或後隨的騎士。《漢書》卷二《惠帝紀》："騶比外郎。"　家巫：《顏氏家訓·治家》"家巫覡"盧文弨曰："《楚語下》：'明神降之，在男曰覡，在女曰巫。'韋注：'巫、覡，見鬼者，《周禮》男亦曰巫。'"

鉤盾令一人，[1]六百石。本注曰：宦者。典諸近池苑囿遊觀之處。[2]丞、永安丞各一人，三百石。本注曰：宦者。永安，北宮東北別小宮名，有園觀。葾中丞、果丞、鴻池丞、南園丞各一人，二百石。本注曰：葾中丞主葾中離宮。果丞主果園。鴻池，[3]池名，在雒陽東二十里。南園在雒水南。[4]濯龍監、[5]直里監各一人，[6]四百石。本注曰：濯龍亦園名，近北宮。直里亦園名也，在雒陽城西南角。

[1]【今注】鉤盾令：漢置，屬少府。掌管京城附近皇室苑囿，官署設在未央宮。但甘泉、上林等大苑囿則不屬鉤盾，另有專人掌管。東漢沿置，掌管諸近池苑囿游觀之處，靈帝時“使鉤盾令宋典繕修南宮玉堂”。東漢鄭衆、蔡倫、宋典等皆以中常侍兼任鉤盾令。

[2]【劉昭注】《漢官》曰：“吏從官四十人，員吏四十八人。”【今注】案，葾，紹興本、大德本、殿本作“苑”。本段下同。

[3]【今注】鴻池：在今河南偃師市西。《水經注》：“穀水又東，注鴻池陂。”

[4]【劉昭注】《漢官》曰：“又有署一人，胡熟監一人。”案本紀，桓帝又置顯陽葾丞（葾，紹興本、大德本、殿本作“苑”）。【今注】顯陽葾：東漢桓帝延熹二年（159）初置。在今洛陽市東北，漢魏故城西。

[5]【劉昭注】應劭《漢官秩》曰：“秩六百石。”【今注】濯龍：濯龍苑。在今河南洛陽市東漢魏洛陽故城西北。

[6]【今注】直里：直里園。在今河南洛陽市漢魏洛陽故城西南隅。

中藏府令一人，[1]六百石。本注曰：掌中幣帛金銀諸貨物。[2]丞一人。

[1]【今注】中藏府令：掌宫中幣帛金銀等貨物。中藏錢，漢所謂禁錢也。本書卷五八《蓋勳傳》："（漢靈）帝又謂勳曰：'吾已陳師於平樂觀，多出中藏財物以餌士，何如？'"李賢注："中藏謂内藏也。"

[2]【劉昭注】《漢官》曰："員吏十三人，吏從官六人。"

内者令一人，[1]六百石。本注曰：掌中布張諸衣物。[2]左右丞各一人。

[1]【今注】内者令：漢置，屬少府。掌宫内卧具帷帳及貼身褻物。

[2]【劉昭注】《漢官》曰："從官録事一人（録事，大德本、殿本作'禄士'），員吏十九人。"

尚方令一人，[1]六百石。本注曰：掌上手工作御刀劍諸好器物。[2]丞一人。

[1]【今注】尚方令：秦置，漢因之，主作禁器物，即皇室所用刀劍兵器及玩好之物，爲尚方署長官。西漢武帝時分置中、左、右三令。漢代銅器銘文資料見武帝太初二年（前103）中尚方造"駘蕩宫銅壺"及太初四年中尚方造"駘蕩宫銅登"。東漢置一尚方。

[2]【劉昭注】《漢官》曰："員吏十三人（三，大德本作'二'），吏從官六人。"

尚書令一人，[1]千石。本注曰：承秦所置，[2]武帝用宦者，更爲中書謁者令，成帝用士人，復故。[3]掌凡選署及奏下尚書曹文書衆事。[4]

［1］【今注】尚書令：秦置，爲尚書之長。《通典》卷二二《職官四》："秦置尚書令。尚，主也。漢因之，銅印青綬。武帝用宦者，更爲中書謁者令。成帝去中書謁者令官，更以士人爲尚書令。後漢衆務，悉歸尚書，三公但受成事而已。尚書令主贊奏事，總領紀綱，無所不統。與司隸校尉、御史中丞朝會皆專席而坐，京師號曰'三獨坐'。故公爲令、僕射者，朝會不陛奏事。天子封禪，則尚書令奉玉牒檢兼藏封之禮。"

［2］【劉昭注】荀綽《晉百官表注》曰："唐、虞官也。《詩》云'仲山甫王之喉舌'，蓋謂此人。"

［3］【今注】案，西漢成帝建始四年（前29），改中書謁者令曰中謁者令，更以士人爲之。

［4］【劉昭注】蔡質《漢儀》曰："故公爲之者，朝會不陛奏事，增秩二千石，故自佩銅印墨綬。"

尚書僕射一人，[1]六百石。本注曰：署尚書事，令不在則奏下衆事。[2]

［1］【今注】尚書僕射：秦置，漢因之。爲尚書令之貳，掌拆閲封緘章奏文書，令不在，則代理其職。東漢獻帝建安四年（199）分置尚書左、右僕射，若尚書令缺，則以左僕射爲尚書長官。魏晉以後與尚書令同居宰相之任，被稱爲"朝端""朝右"。

［2］【劉昭注】蔡質《漢儀》曰："僕射主封門，掌授廩假錢穀。凡三公、列卿、將、大夫、五營校尉行復道中，遇尚書僕射、

左右丞郎、御史中丞、侍御史，皆避車豫相迴避。衞士傳不得迕臺官，臺官過後乃得去。”臣昭案：獻帝分置左、右僕射，建安四年以榮邵爲尚書左僕射是也。《獻帝起居注》曰：“邵卒官，贈執金吾。”

尚書六人，六百石。本注曰：成帝初置尚書四人，[1]分爲四曹：[2]常侍曹尚書主公卿事；[3]二千石曹尚書主郡國二千石事；[4]民曹尚書主凡吏上書事；[5]客曹尚書主外國夷狄事。[6]世祖承遵，後分二千石曹，又分客曹爲南主客曹、北主客曹，[7]凡六曹。[8]左右丞各一人，四百石。本注曰：掌録文書期會。左丞主吏民章報及騶伯史。[9]右丞假署印綬，及紙筆墨諸財用庫藏。[10]侍郎三十六人，四百石。本注曰：一曹有六人，主作文書起草。[11]令史十八人，二百石。本注曰：曹有三，主書。後增劇曹三人，合二十一人。[12]

[1]【劉昭注】韋昭曰：“尚，奉也。”【今注】案，《通典》卷二二《職制四》：“成帝建始元年，初置尚書五人，以一人爲僕射，主封門，掌授廩假錢穀。”

[2]【劉昭注】《漢舊儀》曰：“初置五曹，有三公曹，主斷獄。”蔡質《漢儀》曰：“典天下歲盡集課事（典，紹興本作‘興’）。三公尚書二人，典三公文書。吏曹尚書典選舉齋祀，屬三公曹。靈帝末，梁鵠爲選部尚書。”

[3]【劉昭注】蔡質《漢儀》曰：“主常侍黄門御史事，世祖改曰吏曹。”

[4]【劉昭注】《漢舊儀》曰：“亦云主刺史。”蔡質《漢儀》曰：“掌中郎官水火、盜賊、辭訟、罪眚。”　【今注】罪眚

(shěng)：即罪過。

［5］【劉昭注】蔡質《漢舊儀》曰："典繕治功作，監池、菀（菀，大德本、殿本作'苑'）、囿、盜賊事。"

［6］【劉昭注】《尚書》："龍作納言，出入帝命。"應劭曰："今尚書官，王之喉舌。"

［7］【劉昭注】蔡質《漢儀》曰："天子出獵，駕，御府曹郎屬之。"

［8］【劉昭注】《周禮·天官》有司會，鄭玄曰："若今尚書"。

［9］【劉昭注】蔡質《漢儀》曰："總典臺中綱紀，無所不統。"

［10］【劉昭注】蔡質《漢儀》曰："右丞與僕射對掌授廩假錢穀，與左丞無所不統。凡中官漏夜盡（官，殿本作'宮'），鼓鳴則起，鍾鳴則息。衛士甲乙徼相傳，甲夜畢，傳乙夜，相傳盡五更。衛士傳言五更，未明三刻後，雞鳴，衛士踵丞郎趨嚴上臺，不畜宮中雞，汝南出雞鳴，衛士候朱爵門外（爵，大德本、殿本作'雀'），專傳雞鳴於宮中。"應劭曰："楚歌，今雞鳴歌也。"《晉太康地道記》曰："後漢固始、鮦陽、公安、細陽四縣衛士，習此曲於闕下歌之，今雞鳴是也。"

［11］【劉昭注】蔡質《漢儀》曰："尚書郎初從三署詣臺試，初上臺稱守尚書郎，中歲滿稱尚書郎，三年稱侍郎。客曹郎主治羌胡事，劇遷二千石或刺史，其公遷爲縣令，秩滿自占縣去，詔書賜錢三萬與三臺祖餞，餘官則否。治嚴一月，準謁公卿陵廟乃發。御史中丞遇尚書丞、郎，避車執板住揖，丞、郎坐車舉手禮之，車過遠乃去。尚書言左右丞，敢告知如詔書律令。郎見左右丞，對揖無敬，稱曰左右君。丞、郎見尚書，執板對揖，稱曰明時。見令、僕射，執板拜，朝賀對揖。"

［12］【劉昭注】《古今注》曰："永元三年七月，增尚書令史

員。功滿未嘗犯禁者，以補小縣，墨綬。”蔡質曰：“皆選蘭臺、符節上稱簡精練有吏能爲之。”《決録注》曰：“故事尚書郎以令史久缺補之，世祖始改用孝廉爲郎，以孝廉丁邯補焉。邯稱病不就（病，大德本、殿本作‘疾’）。詔問：‘實病？羞爲郎乎？’對曰：‘臣實不病，恥以孝廉爲令史職耳！’世祖怒曰：‘虎賁滅頭杖之數十。’詔問：‘欲爲郎不？’邯曰：‘能殺臣者陛下，不能爲郎者臣。’中詔遣出，竟不爲郎。邯字叔春，京兆陽陵人也。有高節，正直不撓，後拜汾陰令，治有名迹，遷漢中太守。妻弟爲公孫述將，收妻送南鄭獄，免冠徒跣自陳。詔曰：‘漢中太守妻乃繫南鄭獄，誰當搔其背垢者？懸牛頭，賣馬脯，盜跖行，孔子語。以邯服罪，且邯一妻，冠履勿謝。’治有異，卒於官。”

符節令一人，[1]六百石。本注曰：爲符節臺率，主符節事。凡遣使掌授節。[2]尚符璽郎中四人。本注曰：舊二人在中，主璽及虎符、竹符之半者。[3]符節令史，二百石。本注曰：掌書。[4]

［1］【今注】符節令：秦有符璽令。掌藏皇帝印璽符節。西漢改置符節令，兼管銅虎符、竹使符，遣使掌授節。

［2］【今注】案，出土文獻實物見戰國及秦“韓將庶虎符”“辟大夫虎符”“鄂君啓節”“陽陵虎符”等。

［3］【劉昭注】《漢官》曰：“當得明法律郎（得，殿本作‘時’）。”《周禮·掌節》有虎節、龍節，皆金也。干寶注曰：“漢之銅虎符，則其制也。”《周禮》又曰：“以英蕩輔之。”干寶曰：“英，刻書也。蕩，竹箭也。刻而書其所使之事，以助三節之信，則漢之竹使符者，亦取則於故事也。”【今注】案，《史記》卷一〇《孝文本紀》：“九月，初與郡國守相爲銅虎符、竹使符。”《集解》引應劭曰：“銅虎符第一至第五，國家當發兵，遣使者至郡

合符，符合乃聽受之。竹使符皆以竹箭五枚，長五寸，鐫刻篆書，第一至第五。”又引張晏曰：“符以代古之珪璋，從簡易也。”《索隱》：“《漢舊儀》：銅虎符發兵，長六寸。竹使符出入徵發。《説文》云分符而合之。小顏云‘右留京師，左與之’。《古今注》云‘銅虎符銀錯書之’。張晏云‘銅取其同心也’。”

［4］【劉昭注】《魏氏春秋》曰：“中平六年，始復節上赤葆。”【今注】案，徐天麟《東漢會要》卷九：“按漢初節旄純赤，武帝以衛太子持赤節，乃更節加黄旄。東都因之。中平六年，董卓議廢立，袁紹掛節於上東門而去。卓以紹棄節，乃改第一葆爲赤旄也。”

御史中丞一人，［1］千石。本注曰：御史大夫之丞也。舊别監御史在殿中，［2］密舉非法。［3］及御史大夫轉爲司空，［4］因别留中，爲御史臺率，［5］後又屬少府。治書侍御史二人，［6］六百石。本注曰：掌選明法律者爲之。凡天下諸讞疑事，［7］掌以法律當其是非。［8］侍御史十五人，［9］六百石。本注曰：掌察舉非法，受公卿群吏奏事，［10］有違失舉劾之。［11］凡郊廟之祠及大朝會、大封拜，［12］則一人監威儀，［13］有違失則劾奏。［14］

［1］【今注】御史中丞：原爲御史大夫佐官。《初學記》卷一二《職官部》：“御史中丞，秦官也。掌貳大夫。漢因之。御史大夫本有兩丞，其一曰御史丞，一曰御史中丞。謂之中者，以其别在殿中。掌蘭臺祕書。外督部刺史，内領侍御史，受公卿章奏，糾察百僚，休有光烈。至成哀間，改大夫爲大司空，而中丞更名御史長史，出外爲臺主。光武復曰中丞與尚書令、司隸校尉專席而坐，京師號曰三獨坐。獻帝權置大夫，而中丞不省。魏初罷大夫，改中丞

名官正，復爲臺主，尋又改曰中丞。”

［2］【今注】監御史：秦官，掌監郡。漢省，丞相遣史分刺州，不常置。西漢武帝元封五年（前106）初置部刺史，掌奉詔條察州，秩六百石，員十三人。成帝綏和元年（前8）更名牧，秩二千石。哀帝建平二年（前5）復爲刺史，元壽二年（前1）復爲牧。見《漢書·百官公卿表》。

［3］【劉昭注】《周禮》：“掌建邦之宫刑，以主治王宫之政令。”干寶注曰：“若御史中丞。”

［4］【今注】司空：三公之一。西周置，金文作“司工”。掌水土事。凡營城起邑、浚溝洫、修墳防之事，則議其利，建其功。凡四方水土功課，歲盡則奏其殿最而行賞罰。凡郊祀之事，掌掃除樂器，大喪則掌將校復土。凡國有大造大疑，諫争，與太尉同。東漢光武帝即位，爲大司空，建武二十七年（51），去“大”。又秦漢時期有各種稱作“司空”的官職，秩級不同，除“掌水土事”外，還包括刑徒等勞役人員的分配、管理。

［5］【劉昭注】《風俗通》曰：“尚書、御史臺，皆以官蒼頭爲史（蒼，大德本，殿本作‘倉’；史，大德本、殿本作‘吏’），主賦舍（賦，大德本作‘賊’），凡守其門户。”蔡質《漢儀》曰：“丞，故二千石爲之，或選侍御史高第（選，大德本、殿本作‘遷’），執憲中司，朝會獨坐，内掌蘭臺，督諸州刺史，糾察百寮，出爲二千石。”《魏志》曰：“建安置御史大夫，不領中丞，置長史一人。”

［6］【今注】治書侍御史：或作“持書侍御史”，本書卷一五《來歷傳》有“持書侍御史龔調”。《通典·職官部》避唐高宗李治諱，“治”皆作“持”。治書侍御史地位高於一般侍御史。（參見安作璋、熊鐵基《秦漢官制史稿》，齊魯書社2007年版）

［7］【今注】讞疑：奏讞疑事，即論議疑難案件。秦漢時期有“奏讞書”，是當時議罪案例的彙集。

［8］【劉昭注】蔡質《漢儀》曰："選御史高第補之。"胡廣曰："孝宣感路温舒言，秋季後請讞。時帝幸宣室，齋居而決事，令侍御史二人治書，御史起此。後因别置，冠法冠，秩百石，有印綬，與符節郎共平廷尉奏事，罪當輕重。"荀綽《晉百官表注》曰："惠帝以後，無所平治，備位而已。"

［9］【今注】侍御史：秦置，漢因之。皇帝的近侍秘書，負責擬制、璽封制書，有審核公卿奏疏之權。《漢舊儀》："御史，員四十五人，皆六百石。其十五人衣絳，給事殿中，爲侍御史，宿廬在石渠門外。二人尚璽，四人持書給事，三二人侍前，中丞一人領。餘三十人留寺，理百官也。"又本書《輿服志上》："侍御史，蘭臺令史副。"

［10］【今注】案，群，殿本作"郡"，誤。

［11］【今注】舉劾：檢舉彈劾。一般多針對官吏。

［12］【今注】郊廟：古代天子祭祀天地、祖先。　朝會：諸侯、臣屬、外國使者等朝見天子。　封拜：賜官受爵。

［13］【今注】案，一，大德本、殿本作"二"。

［14］【劉昭注】蔡質《漢儀》曰："其二人者更直。執法省中者，皆糾察百官，督州郡。公法府掾屬高第補之。初稱守，滿歲拜真，出治劇爲刺史、二千石，平遷補令。見中丞，執板揖。"（本注底本漫漶不清，據紹興本、大德本、殿本補）【今注】案，"則一人"至段末，底本漫漶不清，據紹興本、大德本、殿本補。

蘭臺令史，[1]六百石。本注曰：掌奏及印工文書。[2]

［1］【今注】蘭臺令史：漢代御史中丞居殿中蘭臺，下設令史，是爲蘭臺令史，職掌書奏及印工文書，兼職從事"典校秘書"。《論衡》卷一三《别通篇》曰："（蘭臺）令史雖微，典國道藏，通

人所由進，猶博士之官，儒生所由興也。”今山東青州市出土有“蘭臺令史殘碑”。

［2］【今注】案，《漢官儀》曰：“蘭臺令史六人，秩百石，掌書劾奏。”另，本書卷四七《班超傳》李賢注引《續漢志》曰：“蘭臺令史六人，秩百石，掌書劾奏及印主文書。”

右屬少府。本注曰：職屬少府者，自太醫、上林凡四官。[1]自侍中至御史，皆以文屬焉。承秦，凡山澤陂池之税，名曰禁錢，[2]屬少府。世祖改屬司農，考工轉屬太僕，都水屬郡國。[3]孝武帝初置水衡都尉，[4]秩比二千石，别主上林苑有離宫燕休之處，[5]世祖省之，并其職於少府。每立秋貙劉之日，[6]輒暫置水衡都尉，事訖乃罷之。少府本六丞，省五。又省湯官、織室令，[7]置丞。又省上林十池監，[8]胞人長丞，[9]宦者、昆臺、[10]佽飛[11]三令，二十一丞。又省水衡屬官令、長、丞、尉二十餘人。章和以下，[12]中官稍廣，加嘗藥、太官、御者、鉤盾、尚方、考工、别作監，[13]皆六百石，宦者爲之，轉爲兼副，或省，故録本官。[14]

［1］【今注】太醫：古代宫廷中掌管醫藥的官員。

［2］【今注】案，《漢書》卷六四下《賈捐之傳》顔師古注曰：“少府錢主供天子，故曰禁錢。”

［3］【今注】都水：秩六百石。《漢書·百官公卿表上》顔師古注引如淳曰：“律，都水治渠堤水門。”

［4］【今注】水衡都尉：西漢武帝元鼎二年（前115）置。見《漢書·百官公卿表》。《史記·平準書》：“初，大農筦鹽鐵官布多，置水衡，欲以主鹽鐵；及楊可告緡錢，上林財物衆，乃令水衡主

上林。”

［5］【今注】離宫：正宫以外供皇帝游樂居住的宫室。菀，大德本、殿本作“苑”。

［6］【今注】貙（chū）劉：古代天子於立秋日射牲以祭宗廟之禮。見本書《禮儀志中》。

［7］【今注】湯官：主餅餌及水酒。　織室令：少府屬官。西漢成帝河平元年（前 28）省東織，更名西織爲織室，置令、丞，掌管祭服等的製作。《漢舊儀》：“凡蠶絲絮，織室以作祭服，祭服者冕服也，天地宗廟群神五時之服，皇帝得以作縷縫衣，皇后得以作巾絮而已。置蠶官令丞，諸天下官下法皆詣蠶室，與婦人從事，故舊有東西織室作治。”今上海博物館藏有漢代“織室令印”。

［8］【今注】案，《三輔黄圖》卷四：“十池，上林苑有初池、麋池、牛首池、蒯池、積草池、東陂池、西陂池、當路池、犬臺池、郎池。牛首池在上林苑中西頭。蒯池生蒯草以織席。西陂池、郎池，皆在古城南上林苑中。陂、郎，二水名，因爲池。積草池中有珊瑚樹，高一丈二尺，一本三柯，上有四百六十二條，南越王趙佗所獻，號爲烽火樹，至夜光景常焕然。”

［9］【今注】胞人：主掌宰割者。

［10］【劉昭注】昆臺本名甘泉居室，武帝改。【今注】案，西漢武帝太初元年（前 104）更名。

［11］【劉昭注】佽飛本名左弋，武帝改。【今注】佽飛：掌弋射。

［12］【今注】章和：東漢章帝劉炟年號（87—88）。

［13］【今注】嘗藥：古代侍奉尊長服藥，先嘗後進。

［14］【劉昭注】蔡質《漢儀》曰：“少府符著出見都官從事，持板。都官從事入少府見符著，持板。”《漢官目録》曰：“右三卿（右，大德本、殿本作‘古’），司空所部。”

後漢書　志第二十七

百官四

執金吾　太子太傅　大長秋　太子少傅　將作大匠
城門校尉　北軍中候　司隸校尉

執金吾一人，[1]中二千石。[2]本注曰：掌宫外戒司非常水火之事。[3]月三繞行宫外，及主兵器。吾猶禦也。[4]丞一人，比千石。[5]緹騎二百人。[6]本注曰：無秩，比史食奉。[7]

[1]【今注】執金吾：武官名。秦置中尉，掌徼巡京師。西漢武帝太初元年（前104）改中尉爲執金吾，王莽時改名奮武，東漢復稱執金吾。《漢書·百官公卿表上》應劭云："吾者，御也。掌執金革以御非常。"顔師古云："金吾，鳥名也，主辟不祥。天子出行，職主先導，以禦非常，故執此鳥之象，因以名官。"又《古今注》卷上云："漢朝執金吾，金吾，亦棒也。以銅爲之，黄金塗兩足，以謂之'金吾'。"

[2]【劉昭注】《漢官秩》云："比二千石。"

[3]【劉昭注】胡廣曰："衛尉巡行宫中，則金吾徼於外，相

爲表裏，以擒姦討滑。"

［4］【劉昭注】應劭曰："執金革以禦非常。"《漢官》曰："員吏二十九人，其十人四科，一人二百石，文學三人百石，二人斗食，十三人佐學事，主緹騎（主，大德本作'注'；騎，殿本作'綺'）。"【今注】案，西漢執金吾有兩丞及候、司馬、千人。屬官有中壘、寺互、武庫、都船四令、丞。又式道左右中候、候丞及左右京輔都尉、尉丞兵卒皆屬焉。東漢執金吾屬官僅保留武庫，其餘悉省。

［5］【劉昭注】《漢官秩》云："六百石。"

［6］【今注】緹騎：身著赤黄色軍服的隨從衛隊。王先謙《後漢書集解》引李祖楙曰："《説文》：'緹，帛丹黄色。'蓋執金吾騎以此帛爲服，故名。"《册府元龜》卷七七《帝王部》永平十五年（72），明帝"東巡郡國，留魴（執金吾馮魴）宿衛南宫，勑魴車駕發後將緹騎宿玄武門複道上，領南宫吏士，保給床席，子孫得到魴所"。

［7］【劉昭注】《漢官》曰："執金吾緹騎二百人（騎，殿本作'綺'），五百二十人，輿服導從，光滿道路，群僚之中，斯最壯矣（最，大德本作'冣'）。世祖歎曰：'仕宦當作執金吾。'"【今注】案，史，大德本、殿本作"吏"，是。　食奉：即"食俸"。廩食和俸禄。

武庫令一人，[1]六百石。本注曰：主兵器。丞一人。

［1］【今注】武庫令：掌京師武庫兵器。另，有洛陽武庫令、大將軍武庫令。漢代郡國亦設武庫，如上郡武庫、潁川武庫、漁陽武庫、上黨武庫等。縣級地方戰略要地亦設，如居延、陽陵、武牢等武庫。《漢書》卷一〇《成帝紀》："（建始元年）立故河間王弟

上郡庫令良爲王。”顔師古注引如淳曰：“《漢官》北邊郡庫，官之兵器所藏，故置令。”今江蘇連雲港市尹灣漢墓出土西漢東海郡《武庫永始四年兵車器集簿》是迄今爲止有關漢代武庫年代最早、内容最完備的統計報告。西漢景帝陽陵南區16號從葬坑出土“軍武庫器”官印，當爲軍隊武庫所用。

右屬執金吾。本注曰：本有式道左、右、中候三人，[1]六百石。車駕出，掌在前清道，還持麾至宫門，[2]宫門乃開。中興但一人，又不常置，每出，以郎兼式道候，事已罷，不復屬執金吾。又省中壘、寺互、都船令、丞、尉及左右京輔都尉。[3]

［1］【今注】式道左右中候：式道候，西漢屬中尉，東漢屬執金吾。分左中右三人。負責領路清道。東漢後省。西晉沿置，分左右二人。《漢官儀》：“式道候，秦官也。”《漢書》卷六五《東方朔傳》：“宋萬爲式道候。”顔師古曰：“式，表也，表道之候，若今之武候引駕。”

［2］【今注】麾：古代用以指揮的旗幟。

［3］【今注】中壘：武官名。西漢武帝時置，中壘校尉掌北軍壘門外，又外掌西域。　寺互：秦置，漢因之，掌宫衛門禁。初屬少府，中屬主爵，後屬中尉。武帝更中尉爲執金吾，改屬之。　都船令：掌管船隻及治水的官吏。《漢書·百官公卿表上》顔師古注引如淳曰：“《漢儀注》有寺互、都船獄令，治水官也。”　左右京輔都尉：掌徼循京師，左京輔都尉掌徼循京師左部，右京輔都尉掌徼循京師右部。屬官有左、右都尉徼巡長。

太子太傅一人，[1]中二千石。本注曰：職掌輔導太子。禮如師，不領官屬。[2]

[1]【今注】太子太傅：官名。殷周已置，秦亦有之。掌輔導太子。漢高祖以叔孫通爲太子太傅，位次太常，另有少傅。漢、魏故事，皇太子於二傅執弟子禮，皆爲“書”，不曰“令”；太傅於太子不稱臣。後漢太傅禮如師，不領官屬，而少傅主太子官屬。《漢官儀》：“太子太傅，日就月將，琢磨玉質。言太子有玉之質，琢磨以道也。”

[2]【劉昭注】荀綽《晉百官表注》曰：“唐、虞官。”

大長秋一人，[1]二千石。本注曰：承秦將行，宦者。景帝更爲大長秋，或用士人。中興常用宦者，職掌奉宣中宮命。凡給賜宗親，及宗親當謁見者關通之，中宮出則從。[2]丞一人，六百石。本注曰：宦者。

[1]【今注】大長秋：秦置將行，爲皇后卿。西漢景帝中元六年（前144），改將行爲大長秋。掌奉宣皇后旨意，兼管后宮事務。成帝鴻嘉三年（前18）省詹事官，其職改歸大長秋，大長秋則兼掌皇后、太子家事。東漢常用宦者，秩二千石。

[2]【劉昭注】張晏曰：“皇后卿。”【今注】案，《漢書·百官公卿表上》“將行”顔師古注引應劭曰：“皇后卿也。”

中宮僕一人，[1]千石。本注曰：宦者。主馭。[2]本注曰：太僕，[3]秩二千石，中興省“太”，減秩千石，[4]以屬長秋。

[1]【今注】中宮僕：掌皇后御車、雜畜及擇米等。《通典》

卷二七《職官九》曰："後漢有中宮僕，掌車輿、雜畜及導等。"

[2]【今注】馭：駕馭車馬。

[3]【今注】太僕：《周禮》有太僕，周初建國即設，非穆王始置。掌傳達王命及王之服位，侍從出入。又有僕夫掌王之馬政。秦漢合二爲一，仍稱太僕。西漢武帝改太僕曰僕，俸千石，掌馭及車馬，天子每出，奏駕上鹵簿用，大駕則執馭。王莽時改太僕曰太御。東漢復舊稱。

[4]【今注】案，千石，大德本、殿本作"二千石"。

中宮謁者令一人，[1]六百石。本注曰：宦者。中宮謁者三人，四百石。本注曰：宦者。主報中章。

[1]【今注】中宮謁者令：掌呈報中宮章奏。張家山漢簡《二年律令·秩律》："長信謁者令，□大僕，秩各千石。"〔彭浩、陳偉、[日] 工藤元男主編：《二年律令與奏讞書——張家山二四七號漢墓出土法律文獻釋讀》，上海古籍出版社 2007 年版，第 70 頁〕

中宮尚書五人，[1]六百石。本注曰：宦者。主中文書。

[1]【今注】中宮尚書：案，《漢書》卷九三《佞倖傳》："石顯字君房，濟南人；弘恭，沛人也。皆少坐法腐刑，爲中黄門，以選爲中尚書。"王先謙《後漢書集解》引李祖楙曰："前《百官表》不載此官。惟《佞倖傳》有中尚書官，蓋即中宮尚書也，是不自中興始。"

中宮私府令一人，[1]六百石。本注曰：宦者。主中藏幣帛諸物，裁衣被補浣者皆主之。[2]丞一人。本注曰：宦者。

[1]【今注】中宫私府令：秦置私府，見封泥"私府丞印"。西漢沿置。漢代後宫、諸公主及王國後宫皆置私府，相當於少府的屬官御府。張家山漢簡《二年律令·秩律》記載漢初有私府監秩六百石，私府長秩五百石，丞三百石，皆屬詹事。西漢成帝鴻嘉三年（前18）省詹事，並屬大長秋。東漢大長秋設中宫私府令，諸公主置私府長，掌藏幣帛諸物。

[2]【劉昭注】丁孚《漢儀》曰："中宫藏府令，秩千石，儀比御府令。"【今注】中宫藏府令，文獻不見他處。《秦漢官制史稿》認爲"私府"亦稱"家府"，丁孚《漢儀》所指西漢而言（參見安作璋、熊鐵基《秦漢官制史稿》，齊魯書社2007年版）。案，浣，大德本作"完"。

中宫永巷令一人，[1]六百石。本注曰：[2]宦者。主宫人。丞一人。本注曰：宦者。

[1]【今注】中宫永巷令：漢置，職屬大長秋。掌宫中官婢和侍史，兼理后宫獄。張家山漢簡《二年律令·秩律》："長信永巷，秩六百石。"（第74頁）

[2]【今注】案，大德本無"本"字。

中宫黄門冗從僕射一人，[1]六百石。本注曰：宦者。主中黄門冗從。[2]

[1]【今注】中宫黄門冗從僕射：漢置，爲皇后宫官，職比中

黄門冗從僕射，主中黄門冗從，掌更直宿衞，出領騎從，護衞皇后車乘。

［2］【劉昭注】丁孚《漢儀》曰："給事中宫侍郎六人，比尚書郎，宦者爲之。給事黄門四人，比黄門侍郎。給事羽林郎一人，比羽林將虎賁官騎下。"【今注】案，衞宏《漢官舊儀》曰："黄門令領黄門謁者。騎吹曰冗從，僕射一人，領髦頭。"

中宫署令一人，[1]六百石。本注曰：宦者。主中宫請署天子數。[2]女騎六人，丞、復道丞各一人。本注曰：宦者。復道丞主中閣道。[3]

［1］【今注】中宫署令：漢置，掌中宫延請天子的禮儀及來訪布置等各種事物，由宦者充任。

［2］【今注】署：布置。　數：禮數、禮節。《左傳》莊公十八年曰："名位不同，禮亦異數。"

［3］【今注】復道：閣樓之間上下兩重的通道。《漢書》卷一下《高帝紀下》顔師古注引如淳曰："復音複，上下有道，故謂之復。"

中宫藥長一人，[1]四百石。本注曰：宦者。

［1］【今注】中宫藥長：皇后宫官，掌中宫用藥。本書卷七八《宦者傳》見"藥長夏珍"。另，1972 年出土的武威漢代醫簡是迄今發現的漢代比較豐富而完整的醫藥文獻，内容涉及漢代藥物及其炮製、劑型、用藥方法等。

右屬大長秋。本注曰：承秦，有詹事一人，[1]位在長秋上，亦宦者，主中諸官。成帝省之，以其職并長秋。是後皇后當法駕出，[2]則中謁、中宦者職吏權兼詹事奏引，[3]訖罷。宦者誅後，尚書選兼職吏一人奉引云。其中長信、長樂宫者，[4]置少府一人，[5]職如長秋，及餘吏皆以宫名爲號，員數秩次如中宫。[6]本注曰：帝祖母稱長信宫，故有長信少府，[7]長樂少府，[8]位在長秋上，及職吏皆宦者，秩次如中宫。長樂又有衞尉，僕爲太僕，皆二千石，在少府上。[9]其崩則省，不常置。

［1］【今注】詹事：秦官，掌皇后太子家。《漢書·百官公卿表上》顔師古注引應劭曰："詹，省也，給也。"又引臣瓚曰："《茂陵書》詹事秩二千石。"皇太后宫所置冠以宫名，稱長信詹事，位在九卿上。西漢景帝時改名少府，長信宫則曰長信少府，長樂宫則曰長樂少府。成帝鴻嘉三年（前18）省併大長秋，哀帝時置左、右詹事，後罷。東漢省。張家山漢簡《二年律令·秩律》："長信詹事……秩各二千石。"〔彭浩、陳偉、［日］工藤元男主編：《二年律令與奏讞書——張家山二四七號漢墓出土法律文獻釋讀》，第69頁〕與《茂陵書》同。

［2］【今注】當：直也。對等，相當。　法駕：天子車駕的一種。

［3］【今注】案，奏，大德本作"奉"，是。

［4］【今注】長信：長信宫。原爲太后所居，哀平時期，由於王政君的長壽，長信宫已非太后所居，而成爲太皇太后所居之宫。長樂：長樂宫。太后所居曰長樂宫。長樂宫，本秦之興樂宫。漢高祖改修而居之，即長樂宫。惠帝以後，皇帝移居未央宫，長樂宫爲太后所居。因長樂宫在未央宫之東，故又稱爲"東宫"或"東

朝”。長信宫（即長信殿）爲長樂宫建築群中最重要的建築物，西漢太后常居之，後爲太皇太后所居宫殿。又《漢官儀》：“帝祖母稱長信宫，帝母稱長樂宫。”

［5］【今注】案，置，大德本、殿本作“署”。

［6］【劉昭注】長樂五官史（史，大德本、殿本作“吏”），朱瑀之類是也。【今注】案，張家山漢簡《二年律令·秩律》：“□君，長信□卿，中傅，長信謁者令，〔中〕大僕，秩各千石，有丞、尉者半之。”〔彭浩、陳偉、［日］工藤元男主編：《二年律令與奏讞書——張家山二四七號漢墓出土法律文獻釋讀》，上海古籍出版社2007年版，第70頁〕

［7］【今注】長信少府：掌皇太后宫，原稱“長信詹事”，西漢景帝中元六年（前144）更名長信少府。哀帝時爲太皇太后宫中少府，秩二千石。

［8］【今注】長樂少府：西漢平帝元始四年（4）改長信少府爲長樂少府。爲皇太后宫中少府，掌皇太后宫，秩二千石。

［9］【劉昭注】丁孚《漢儀》曰：“丞，六百石。”

太子少傅，[1]二千石。本注曰：亦以輔導爲職，悉主太子官屬。[2]

［1］【今注】太子少傅：太子六傅之一。掌輔導太子，領太子官屬。與太子太傅並稱太子二傅。東漢明帝劉莊爲太子時，張佚爲太子太傅，桓榮爲太子少傅。

［2］【劉昭注】《漢官》曰：“員史十二人（史，紹興本、大德本作‘吏’；二，大德本、殿本作‘三’）。”

太子率更令一人，[1]千石。本注曰：主庶子、舍人更直，[2]職似光禄。

［1］【今注】太子率更令：秦置率更令，掌知漏刻，漢因之，有丞、主簿、庶子、舍人更直，職似光禄勳而屬詹事。後漢因之，後屬少傅，主東宫值宿事。

［2］【今注】更直：與“冗從”相對，指輪流值班。

太子庶子，[1]四百石。本注曰：無員，如三署中郎。

［1］【今注】太子庶子：太子侍從官，掌宿直東宫。《通典》卷三〇《職官十三》：“古者，天子有庶子之官，職諸侯卿大夫之庶子，掌其戒令與其教理，有大事則帥國子而致於太子，唯所用之。秦因之，置中庶子、庶子員。漢因之，有庶子，員五人。史丹、王商、歐陽地餘並爲中庶子。後漢員五人，職如侍中，而庶子無員，職如三署中郎。凡庶子主宫中并諸吏之適子及支庶版籍。魏因之。在吴爲親近之官。”又《漢官儀》：“庶子，秩比四百石，如中郎，無員。”與此有異。

太子舍人，[1]二百石。本注曰：無員，更直宿衛，如三署郎中。[2]

［1］【今注】太子舍人：秦官，掌東宫宿衛，似郎中。漢因之，太子登基後，隨例遷爲郎。王莽時，太常學子弟歲舉甲科四十人爲郎中，乙科二十人爲太子舍人。東漢桓帝建和初，詔諸學生年十六以上，比郡國明經，試，次第上名。中第十七人爲太子舍人。永壽二年（156）甲午，詔復課試諸生，補郎、舍人。試能通三經者，擢其高第，爲太子舍人；其不得第者，後試復隨輩試，第復高者，亦得爲太子舍人。已爲太子舍人，滿二歲，試能通四經者，擢其高第，爲郎。

[2]【劉昭注】《漢官》曰："十三人，選良家子孫。"【今注】案，漢代亦有通過"舉明經""任子""課試博士弟子""朝廷恩典"等方式選任。

太子家令一人，[1]千石。本注曰：主倉穀飲食，職似司農、少府。

[1]【今注】太子家令：掌管東宫庶務，屬太子詹事。《通典》卷三〇《職官十二》："家令，秦官，屬詹事。漢因之，有丞，主倉穀飲食，職似司農、少府。漢代太子食湯沐邑十縣，家令主之。後漢則屬少傅，主倉穀飲食。魏因之。晉又兼主刑獄、穀貨、飲食，職比廷尉、司農、少府。其家令、率更令及僕，爲太子三卿。"《漢書·百官公卿表上》顔師古注引張晏曰："太子稱家，故曰家令。"引臣瓚曰："《茂陵中書》太子家令秩八百石。"與此不同。又《漢舊儀》："家令秩千石，主倉獄。"又曰："太子家獄，治太子官屬、太子太傅。"

太子倉令一人，[1]六百石。本注曰：主倉穀。

[1]【今注】太子倉令：掌管東宫倉穀，屬太子少傅。《通典》卷三〇《職官十二》云："後漢太子倉令屬少傅，主倉穀。魏以下無聞。後魏有之。北齊家令寺領典倉署令、丞，典倉署又別領園丞。隋家令寺統典倉令、丞，令一人，丞二人。大唐因之，掌穀藏出納及醯醢庶羞之事。"

太子食官令一人，[1]六百石。本注曰：主飲食。

［1］【今注】太子食官令：掌管東宫飲食，屬太子少傅。《通典》卷三〇《職官十二》云："漢詹事屬官有食官令長丞。後漢亦有，而屬少傅，主飲食。晉太子食官令，職如太官令。宋則屬中庶子。齊則屬詹事，掌厨膳之事。梁食官局屬庶子。陳因之。後魏亦有。北齊有食官令、丞，又别領器局、酒局二丞。隋家令寺統食官令、丞，令一人，丞二人。大唐因之，掌飲膳之事。"

太子僕一人，[1]千石。本注曰：主車馬，職如太僕。

［1］【今注】太子僕：秦官。漢因之，又有長丞，主車馬。後漢因之，屬太子少傅，職如太僕。除掌車馬外，還主親族。《漢官儀》曰："皇太子五日一至臺，因坐東箱，省視膳食，以法制勑太官尚食宰吏，其非朝日，使僕、中允旦旦請問，明不媟黷，所以廣敬也。太子僕一人，秩千石；中允一人，四百石，主門衛徼巡。"

太子廄長一人，[1]四百石。本注曰：主車馬。

［1］【今注】太子廄長：掌管東宫車馬，屬太子少傅。《通典》卷三〇《職官十二》云："漢有太子廄長、丞，屬詹事。後漢亦有，而屬少傅，主車馬。魏晉因之。齊東宫屬有内廄局、外廄局，皆有丞。梁陳因之。後魏有之。北齊則曰廄牧署令、丞，車輿局丞。隋僕寺統廄牧署令、丞。大唐因之。掌車馬、閑廄、牧畜之事。"

太子門大夫，[1]六百石。[2]本注曰：舊注云職比郎將。舊有左右户將，[3]别主左右户直郎，建武以來省之。

［1］【今注】太子門大夫：掌管東宫禁衛，屬太子少傅。《通典》卷三〇《職官十二》云："秦有太子門大夫，漢因之，員二人，職比郎將。魏因之。晉太子門大夫准公車令，掌通牋表及宫門禁防。"《漢書·百官公卿表上》顔師古注引應劭曰："員五人，秩六百石。"又本書《輿服志下》："尚書陳忠奏：'門大夫職如諫大夫，洗馬職如謁者。'"與此不同。《漢官儀》曰："安帝時，太子謁廟，門大夫乘從，兩梁冠。"

［2］【劉昭注】《漢官》曰："門大夫二人，選四府掾屬。"【今注】案，漢有以"明經"任職。《史記》卷一〇一《袁盎鼂錯列傳》："（錯）因上便宜事，以《書》稱説。詔以爲太子舍人、門大夫、家令。"卷一二一《儒林列傳》："廣川人孟但以《易》爲太子門大夫。"《漢書》卷六八《金日磾傳》："（金日）涉之從父弟欽舉明經，爲太子門大夫。"

［3］【今注】左右户將：掌管東宫宿衛。《漢書·百官公卿表上》顔師古注引《漢儀注》："左右户將主左右户郎也。"凡郎官皆主更直，執戟宿衛諸殿門，唯議郎不在直中。見光禄勳屬。

太子中庶子，[1]六百石。本注曰：員五人，職如侍中。

［1］【今注】太子中庶子：太子少傅屬官，職如侍中，掌侍左右，贊導衆事，顧問應對。《漢書·百官公卿表上》："太子太傅、少傅，古官。屬官有太子門大夫、庶子、先馬、舍人。""庶子"顔師古注引應劭曰："員五人，秩六百石。"太子登基後，太子中庶子隨即轉爲侍中，如王商、史丹、歐陽地餘等。另見本卷上文"太子庶子"注。

太子洗馬，[1]比六百石。本注曰：舊注云員十六人，職如謁者。太子出，則當直者在前導威儀。[2]

［1］【今注】太子洗馬：秦官，漢亦曰“先馬”，職如謁者，選威容巖恪，能賓者爲之。安帝時，太子謁廟，洗馬高山冠。非乘從時，著小冠。本書《輿服志下》載：“安帝立皇太子，太子謁高祖廟、世祖廟，門大夫從，冠兩梁進賢；洗馬冠高山。罷廟，侍御史任方奏請非乘從時，皆冠一梁，不宜以爲常服。事下有司。尚書陳忠奏：‘門大夫職如諫大夫，洗馬職如謁者，故皆服其服，先帝之舊也。方言可寢。’奏可。謁者，古者一名洗馬。”又《漢書·百官公卿表上》顔師古注引張晏曰：“先馬，員十六人，秩比謁者。”又引如淳曰：“前驅也。《國語》曰：‘句踐親爲夫差先馬。’先或作洗也。”

［2］【劉昭注】《漢官》曰：“選郎中補也。”【今注】案，《漢舊儀》：“洗馬職如謁者，十六人，選郎中補也。”又載：“謁者缺，選郎中美鬚眉大音者以補之。”

太子中盾一人，[1]四百石。本注曰：主周衛徼循。

［1］【今注】太子中盾：亦稱“太子中允”，掌管太子東宫巡徼。《漢書》卷一〇〇上《叙傳上》顔師古曰：“盾讀曰允。”《漢書·百官公卿表上》顔師古注引應劭曰：“中盾主周衛徼道，秩四百石。”

太子衛率一人，[1]四百石。本注曰：主門衛士。

［1］【今注】太子衛率：掌管東宫門衛，屬太子詹事。《漢書·百官公卿表上》顔師古注引如淳曰：“《漢儀注》衛率主門衛，秩千石。”《漢官儀》《漢舊儀》皆載：“衛率，秩比千石。丞一人，

主門衛。”此當西漢制度，東漢爲四百石。

右屬太子少傅。本注曰：凡初即位，未有太子，官屬皆罷，唯舍人不省，[1]領屬少府。

[1]【今注】案，太子舍人爲常設職官，無太子時，舍人由少府領屬，並配至朝廷其他部門承擔律曆等職事。本書《律曆志上》："熹平六年，東觀召典律者太子舍人張光等問準意。"《律曆志中》："章帝復發聖思，考之經讖，使左中郎將賈逵問治曆者衛承、李崇、太尉屬梁鮪、司徒掾嚴勗、太子舍人徐震、鉅鹿公乘蘇統及訢、梵等十人。"

將作大匠一人，[1]二千石。[2]本注曰：承秦，曰將作少府，景帝改爲將作大匠。掌修作宗廟、路寢、宮室、陵園木土之功，[3]并樹桐梓之類列于道側。[4]丞一人，六百石。

[1]【今注】將作大匠：秦置將作少府，掌治宮室，有兩丞、左右中候。西漢景帝中元六年（前144）更名將作大匠。屬官有石庫、東園主章、左右前後中校七令丞，又主章長丞。武帝太初元年（前104）更名東園主章爲木工。成帝陽朔三年（前22）省中候及左右前後中校五丞。東漢光武帝建武中元二年（57）省，以謁者領其官。章帝建初元年（76），乃置真，位次河南尹。初以任隗爲之，掌修作宗廟、路寢、宮室、陵園木土之功，並樹桐梓之類列於道側。

[2]【劉昭注】蔡質《漢儀》曰："位次河南尹，光武中元二年省，謁者領之，章帝建初元年復置。"

［3］【今注】路寢：正寢也。古代天子正廳。《周禮》“宫人掌王之六寢之脩”，鄭玄注云：六寢者，路寢一，小寢五。路寢以治事，小寢以時燕息焉。賈公彦疏云：“路寢制如明堂，以聽政。路，大也。人君所居皆曰路。”

［4］【劉昭注】《漢官篇》曰：“樹栗、漆、梓、桐（漆梓桐，大德本、殿本作‘椅桐梓’）”，胡廣曰：“古者列樹以表道，並以爲林囿。四者皆木名，治宫室并主之。”《毛詩傳》曰：“椅，梓屬也。”陸機《草木疏》曰：“梓實桐皮曰椅，今民云梧桐是也。梓，今人所謂梓楸者是也。”

左校令一人，[1]六百石。本注曰：掌左工徒。丞一人。[2]

［1］【今注】左校令：主工匠土木之事。《通典》卷二七《職官九》：“秦及漢初有左、右、前、後、中五校令，後唯置左、右校令。後漢因之，掌左、右工徒。魏併左校、右校於材官。晉左、右校屬少府。”

［2］【劉昭注】安帝復也。【今注】案，本書卷五《安帝紀》：“秋七月丁酉，初復右校、左校令丞官。”

右校令一人，[1]六百石。本注曰：掌右工徒。丞一人。[2]

［1］【今注】右校令：監領工徒負責宫室、宗廟等的營造。本書卷三八《度尚傳》：“桓帝詔公卿舉任代劉度者，尚書朱穆舉尚，自右校令擢爲荆州刺史。”

［2］【劉昭注】安帝復也。

右屬將作大匠。[1]

[1]【劉昭注】《前書》曰：屬官又有左、右中候，右庫、東園主章、左右前後中校七令丞（七，大德本、殿本誤作“士”），成帝省。【今注】案，曹金華《後漢書稽疑》云：“成帝省左右中候及左右前後中校五丞，石庫、東園主章未見省也。”（中華書局2014年版，第1634頁）

城門校尉一人，[1]比二千石。本注曰：掌雒陽城門十二所。[2]

[1]【今注】城門校尉：掌京師城門屯兵，隸南軍。有司馬，十二城門候。《漢書》卷六六《劉屈氂傳》：“（武帝征和二年）以太子在外，始置屯兵長安諸城門。”

[2]【劉昭注】《周禮》：“司門。”干寶注曰：“如今校尉。”

司馬一人，[1]千石。本注曰：主兵。城門每門候一人，[2]六百石。[3]本注曰：雒陽城十二門，其正南一門曰平城門，[4]北宮門，屬衛尉。[5]其餘上西門，[6]雍門，[7]廣陽門，[8]津門，[9]小苑門，[10]開陽門，[11]秏門，[12]中東門，[13]上東門，[14]穀門，[15]夏門，[16]凡十二門。[17]

[1]【今注】司馬：即城門司馬，主兵，助校尉掌洛陽城門十二所。

[2]【劉昭注】《周禮》每門下士二人。干寶曰：“如今門候。”【今注】案，《漢書》卷七八《蕭望之傳》顔師古注曰：“門

候，主候時而開閉也。”今有出土漢代門候印，如“建春門候”印等。

［3］【劉昭注】蔡質《漢儀》曰：“門候見校尉，執板不拜。”

［4］【劉昭注】《漢官秩》曰：“平城門爲宫門，不置候，置屯司馬，秩千石（大德本、殿本‘秩’後有‘二’字）。”李尤《銘》曰：“平城司午，厥位處中。”《古今注》曰：“建武十四年九月開平城門。”【今注】平城門：又稱“平門”，南宫正南所開之門，魏晉曰平昌門。本書《五行志一》載蔡邕對曰：“平城門，正陽之門，與宫連，郊祀法駕所由從出，門之最尊者也。”西漢長安城有同類設施，見《三輔黄圖》卷一《都城十二門》及《漢書》卷六《武帝紀》“初作便門橋”顔師古注。

［5］【今注】案，曹金華《後漢書稽疑》：“《百官二》載南宫南屯司馬，主平城門，北宫朱爵司馬主南掖門，並屬衛尉，此‘北宫門，屬衛尉’，疑作‘與北宫門並屬衛尉’爲是。”（第1634頁）

［6］【劉昭注】應劭《漢官》曰：“上西所以不純白者，漢家初成，故丹鏤之。”李尤《銘》曰：“上西在季，位月惟戌。”【今注】上西門：魏晉曰閶闔門。《水經注·穀水》曰：“上西門所以不純白者，漢家厄于戍，故以丹漆鏤之。”

［7］【劉昭注】《銘》曰：“雍門處中，位月在酉。”【今注】雍門：魏晉曰西明門。

［8］【劉昭注】《銘》曰：“廣陽位孟，厥月在申。”【今注】廣陽門：魏晉因而未改。

［9］【劉昭注】《銘》曰：“津名自定，位季月木（木，大德本、殿本作‘未’）。”【今注】津門：魏晉曰津陽門。

［10］【今注】小菀門：魏晉曰宣陽門。菀，大德本、殿本作“苑”。

［11］【劉昭注】應劭《漢官》曰：“開陽門始成未有名，宿昔有一柱來在樓上，琅邪開陽縣上言，縣南城門一柱飛去。光武

皇帝使來識視，悵然，遂堅縛之，刻記其年月，因以名焉。"《銘》曰："開陽在孟，位月惟巳。"【今注】開陽門：魏晉因而未改。

［12］【劉昭注】《銘》曰："秏門值季，月位在辰。"【今注】秏門：旄門，一作宣平門，又曰望京門。魏晉曰清明門。秏，大德本、殿本作"耗"。

［13］【劉昭注】《銘》曰："中東處仲，月位當卯。"【今注】中東門：魏晉曰東陽門。

［14］【劉昭注】《銘》曰："上東少陽，厥位在寅。"【今注】上東門：魏晉曰建春門。

［15］【劉昭注】《銘》曰："穀門北中，位當于子。"【今注】穀門：一作穀城門。魏晉曰廣莫門。《水經注·穀水》云："(穀門)北對芒阜，連嶺修亘，苞總衆山，始自洛口，西踰平陰，悉芒壠也。"

［16］【劉昭注】《銘》曰："夏門值孟，位月在亥。"【今注】夏門：一作夏城門。魏晉曰大夏門。

［17］【劉昭注】蔡質《漢儀》曰："雒陽二十四街，街一亭；十二城門，門一亭。"

右屬城門校尉。

北軍中候一人，[1]六百石。本注曰：掌監五營。[2]

［1］【今注】北軍中候：東漢置，掌監屯騎校尉、越騎校尉、步兵校尉、長水校尉、射聲校尉所領北軍五營，秩六百石。西漢武帝時期加强中央集權，采取"以内制外，以小制大"的監察機制，北軍中候雖秩輕而職重，作爲京師常備禁衛軍長官，可自辟僚屬，猶刺史之任。《歷代名臣奏議》卷一四五《用人》載："（漢代）郡

守多有治功，著於方册。迨至武帝置刺史以臨之，秩止六百石，蓋欲以小制大，稍殺其權，未至太輕，其任之專固自若也，人亦奮勵以成治功。”

［2］【劉昭注】《漢官》曰：“員吏七人，候自得辟召，通大鴻臚一人，斗食。”

屯騎校尉一人，[1]比二千石。本注曰：掌宿衛兵。[2]司馬一人，千石。[3]

［1］【今注】屯騎校尉：漢掌騎士，東漢初改爲驍騎，光武帝建武十五年（39）復舊。

［2］【劉昭注】《漢官》曰：“員吏百二十八人，領士七百人。”

［3］【劉昭注】蔡質《漢儀》曰：“五營司馬見校尉，執板不拜。”

越騎校尉一人，[1]比二千石。[2]本注曰：掌宿衛兵。[3]司馬一人，千石。

［1］【今注】越騎校尉：西漢武帝時始置，北軍八校尉之一，領内附越人騎士，戍衛京師，兼任征伐。東漢初罷，光武帝建武十五年（39）改青巾左校尉置，爲五校尉之一，秩比二千石，隸北軍中候，掌宿衛兵，有司馬一人，秩千石。

［2］【劉昭注】如淳曰：“越人内附以爲騎也。”晉灼曰：“取其才力超越也。”案紀，光武改青巾右校尉爲越騎校尉。臣昭曰：越人非善騎所出，晉灼爲允。

［3］【劉昭注】蔡質《漢儀》亦曰掌越騎。《漢官》曰：“員

吏百二十七人，領士七百人。"

步兵校尉一人，[1]比二千石。[2]本注曰：掌宿衛兵。[3]司馬一人，千石。

[1]【今注】步兵校尉：北軍五校尉之一，領宿衛營兵，地位親要。魏晉後，職任漸輕。

[2]【劉昭注】初置掌上林菀門屯兵（菀，大德本、殿本作"苑"），見《前書》。

[3]【劉昭注】《漢官》曰："員吏七十三人，領士七百人。"

長水校尉一人，[1]比二千石。[2]本注曰：掌宿衛兵。[3]司馬、胡騎司馬各一人，千石。本注曰：掌宿衛，主烏桓騎。[4]

[1]【今注】長水校尉：漢掌長水、宣曲胡騎。宣曲觀名，胡騎之屯於宣曲者。又主烏桓騎。舊有胡騎校尉，掌池陽胡騎，不常置。胡騎之屯池陽者，後漢併長水。

[2]【劉昭注】如淳曰："長水，胡名也。"韋昭曰："長水校尉典胡騎，厩近長水，胡以爲名。"長水蓋中小水名。

[3]【劉昭注】蔡質《漢儀》曰："主長水、宣曲胡騎。"《漢官》曰："員吏百五十七人，烏桓胡騎七百三十六人。"

[4]【今注】烏桓騎：屯於長水與宣曲的烏桓騎兵。

射聲校尉一人，[1]比二千石。[2]本注曰：掌宿衛兵。[3]司馬一人，千石。

［1］【今注】射聲校尉：漢掌待詔射聲士，工射者冥冥中聞聲射則中之，因以名也。須待所命而射，故曰待詔射聲。舊有虎賁校尉，漢掌輕車，後漢併射聲。

［2］【劉昭注】服虔曰："工射也。冥窴中聞聲則射中之，故以爲名。"

［3］【劉昭注】蔡質《漢儀》曰："掌待詔射聲士（士，大德本、殿本作'事'）。"《漢官》曰："員吏百二十九人，領士七百人。"

右屬北軍中候。本注曰：舊有中壘校尉，[1]領北軍營壘之事。有胡騎、虎賁校尉，[2]皆武帝置。中興省中壘，但置中候，以監五營。胡騎并長水。虎賁主輕車，并射聲。[3]

［1］【今注】中壘校尉：西漢武帝時置，掌北軍壘門内，外掌西域。劉向、劉歆父子曾任此職。

［2］【今注】案，《漢書·百官公卿表上》："城門校尉掌京師城門屯兵，有司馬、十二城門候。中壘校尉掌北軍壘門内，外掌西域。屯騎校尉掌騎士。步兵校尉掌上林苑門屯兵。越騎校尉掌越騎。長水校尉掌長水宣曲胡騎。又有胡騎校尉，掌池陽胡騎，不常置。射聲校尉掌待詔射聲士。虎賁校尉掌輕車。凡八校尉，皆武帝初置，有丞、司馬。自司隸至虎賁校尉，秩皆二千石。"

［3］【劉昭注】案，大駕鹵簿，五校在前，各有鼓吹一部。

凡中二千石，丞比千石。真二千石，丞、長史六百石。比二千石，丞比六百石。令、相千石，丞、尉四百石；其六百石，丞、尉三百石。長、相四百石及三百石，丞、尉皆二百石。諸侯、公主家丞，秩皆比百石。諸邊鄣塞尉、諸陵校尉長，皆二百石。有常例者不署秩。

司隸校尉一人，[1]比二千石。[2]本注曰：孝武帝初置，[3]持節，掌察舉百官以下，及京師近郡犯法者。[4]元帝去節，成帝省，建武中復置，并領一州。[5]從事史十二人。本注曰：都官從事，[6]主察舉百官犯法者。[7]功曹從事，主州選署及衆事。[8]别駕從事，校尉行部則奉引，録衆事。[9]簿曹從事，主財穀簿書。其有軍事，則置兵曹從事，主兵事。其餘部郡國從事，[10]每郡國各一人，主督促文書，察舉非法，皆州自辟除，故通爲百石云。假佐二十五人。[11]本注曰：主簿録閤下事，省文書。門亭長主州正門。[12]功曹書佐主選用。《孝經》師主監試經。[13]《月令》師主時節祠祀。[14]律令師主平法律。簿曹書佐主簿書。其餘都官書佐及每郡國，各有典郡書佐一人，各主一郡文書，[15]以郡吏補，歲滿一更。司隸所部郡七。

[1]【今注】司隸校尉：西漢武帝征和四年（前89）初置。持節，從中都官徒千二百人，捕巫蠱，督大姦猾。後罷其兵。察三輔、三河、弘農。元帝初元四年（前45）去節。成帝元延四年（前9）省。哀帝綏和二年（前7）復置，但稱司隸，冠進賢冠，屬大司空，比司直。東漢復爲司隸校尉，所部河南尹、河内、右扶風、左馮翊、京兆尹、河東、弘農凡七郡，治河南洛陽。無所不糾，唯不察三公。廷議處九卿上，朝賀處公卿下。

［2］【劉昭注】蔡質《漢儀》曰："職在典京師，外部諸郡，無所不糾。封侯、外戚、三公以下，無尊卑。入宫，開中道稱使者。每會，後到先去。"

［3］【劉昭注】荀綽《晉百官表注》曰："司隸校尉，周官也。征和中，陽石公主巫蠱之獄起，乃依周置司隸。"臣昭曰：周無司隸，豈即司寇乎？【今注】案，《漢官儀》："司隸校尉部河南、河内、右扶風、左馮翊、京兆、河東、弘農七郡於河南洛陽，故謂東京爲司隸。"

［4］【劉昭注】《前書》曰："置從中都官徒千二百人，捕巫蠱，督大姦猾，後罷其兵。"【今注】案，《漢官儀》："司隸校尉糾皇太子、三公以下，及旁州郡國無不統。陛下見諸卿。"

［5］【劉昭注】蔡質《漢儀》曰："司隸詣臺廷議，處九卿上，朝賀處公卿下陪卿上。初除，謁大將軍、三公，通謁持板揖。公儀、朝賀無敬。臺召入宫對。見尚書持板，朝賀揖。"【今注】案，《漢官儀》："御史大夫、尚書令、司隸校尉，皆專席，號三獨坐。"

［6］【今注】都官從事：又稱"中都官從事"。本書《百官志三》劉昭注引蔡質《漢儀》："少府符著出見都官從事，持板。都官從事入少府見符著，持板。"

［7］【劉昭注】蔡質《漢儀》曰："都官主雒陽百官，朝會與三府掾同。"《博物記》曰："中興以來，都官從事多出之河内，掊擊貴戚。"

［8］【今注】案，《漢官儀》："司隸功曹從事，即治中也。"

［9］【今注】案，《漢官儀》："別駕秩百石，同諸郡從事。"

［10］【今注】部郡國從事：又稱"部從事"，主管文書，察舉非法。

［11］【今注】假佐：官府掌管文書小吏。《漢書》卷七六《王尊傳》"司隸遣假佐放奉詔書白尊發吏捕人"，顔師古注引蘇林：

“胡公《漢官》假佐，取内郡善史書佐給諸府也。”

［12］【今注】門亭長：主“州正門”，掌通報、糾察。

［13］【今注】孝經師：掌教授生員。《漢書》卷一〇《平帝紀》：“郡國曰學，縣、道、邑、侯國曰校。校、學置經師一人。鄉曰庠，聚曰序。序、庠置《孝經》師一人。”

［14］【今注】月令師：掌時節祠祀。魏、晉將《月令》師與《孝經》師之職合併，置典學從事。

［15］【今注】案，郡，大德本作“部”。

河南尹一人，[1]主京都，特奉朝請。其京兆尹、左馮翊、右扶風三人，[2]漢初都長安，皆秩中二千石，謂之三輔。中興都雒陽，更以河南郡爲尹，以三輔陵廟所在，不改其號，但減其秩。[3]其餘弘農、河内、河東三郡。其置尹，馮翊、扶風及太守丞奉之本位，在《地理志》。

［1］【今注】河南尹：東漢京都長官。《漢官儀》：“河南尹所治，周地也。洛陽本周城，周之衰微，分爲東西周。秦兼天下，置三川守，河、雒、伊也。漢更名河南。孝武皇帝增曰太守。世祖中興，徙都雒陽，改號爲尹。尹，正也。”

［2］【今注】京兆尹：西漢京畿地方行政長官之一。武帝時改右内史置，職掌如郡太守。其地屬京畿，爲“三輔“之一，故不稱郡。因治京師，又得參與朝政，故又有中央官性質。秩中二千石（一説秩二千石），地位高於郡守，位列諸卿。東漢改其秩爲二千石。　左馮翊：西漢武帝時改左内史置。職掌相當於郡太守，轄區相當於一郡。治所在長安城。轄境範圍相當於今陝西渭河以北、涇河以東洛河中下游地區。　右扶風：西漢武帝太初元年（前 104）改主爵都尉置。相當於郡太守。治長安縣（今陝西西安市西北）。

東漢移治槐里縣（今陝西興平市東南）。

［3］【今注】案，秩與太守同。

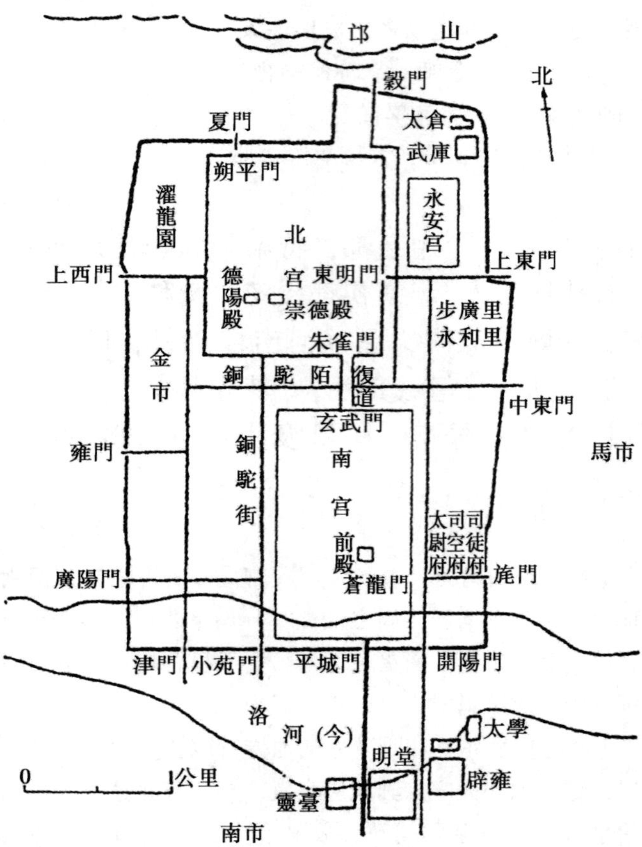

東漢洛陽城平面復原圖

後漢書　志第二十八

百官五

州郡　縣鄉　亭里　匈奴中郎將　烏桓校尉　護羌校尉
王國　宋衛國　列侯　關内侯　四夷國　百官奉

外十二州，[1]每州刺史一人，[2]六百石。本注曰：秦有監御史，[3]監諸郡，漢興省之，但遣丞相史分刺諸州，[4]無常官。孝武帝初置刺史十三人，秩六百石。[5]成帝更爲牧，秩二千石。建武十八年，復爲刺史，十二人各主一州，其一州屬司隸校尉。[6]諸州常以八月巡行所部郡國，[7]録囚徒，[8]考殿最。[9]初歲盡詣京都奏事，[10]中興但因計吏。[11]

[1]【今注】案，外十二州，大德本、殿本作“外有十二州”。

[2]【今注】刺史：西漢武帝元封五年（前106），置刺史部十三州，初無治所，掌奉詔六條察州，所察對象主要爲地方二千石官吏、强宗豪右及諸侯王等。成帝綏和元年（前8）更爲牧，秩二千石。哀帝建平二年（前5）罷州牧，復刺史。元壽二年（前1）復

爲牧。東漢光武帝建武十一年（35）省。建武十八年復爲刺史，有常治所，奏事遣計吏代行，不復自往。靈帝中平五年（188），劉焉謂四方兵寇，由刺史權輕，宜改置牧，選重臣爲之。自此，刺史權力增大，除監察權外，還有選舉、劾奏之權，干預地方行政及領兵之權，原作爲監察區劃的“州”逐漸轉化爲“郡”之上的地方行政機構，州郡縣三級制隨之形成。

［3］【今注】監御史：秦置，掌監郡。西漢初省，惠帝三年（前192）復置。《史記》卷六《秦始皇本紀》：“分天下以爲三十六郡，郡置守、尉、監。”如里耶秦簡8—1006號簡“到監府事急”；8—1644號簡“監府書遷陵”；11—34號簡“洞庭監御史”等。《唐六典·御史臺》：“惠帝三年，相國奏遣御史監三輔不法事，有：辭訟者，盜賊者，鑄僞錢者，獄不直者，繇賦不平者，吏不廉者，吏苛刻者，踰侈及弩力十石以上者，非所當服者，凡九條。監者每二歲一更，常十一月奏事，三月還監焉。”

［4］【今注】丞相史：西漢文帝十三年（前167），以御史不奉法，下失其職，乃遣丞相史出刺並督監察御史。《漢舊儀》：“丞相初置，吏員十五人，皆六百石，分爲東、西曹。東曹九人，出督州爲刺史。”

［5］【劉昭注】《古今注》曰：“常以春分行部，郡國各遣一吏迎界上。”諸書不同也。【今注】案，《漢舊儀》：“丞相、刺史常以秋分行部，御史爲駕四封乘傳。到所部，郡國各遣吏一人迎界上，得載別駕自言受命移郡國，與刺史從事盡界罷。行載從者一人，得從吏所察六條。刺史舉民有茂材，移名丞相，丞相考召，取明經一科，明律令一科，能治劇一科，各一人。”

［6］【劉昭注】蔡質《漢儀》曰：“詔書舊典，刺史班宣，周行郡國，省察治政，黜陟能否，斷理冤獄，以六條問事，非條所問，即不省。一條，强宗豪右，田宅踰制，以强陵弱，以衆暴寡。二條，二千石不奉詔書，遵承典制，倍公向私，旁詔守利，侵漁

百姓，聚斂爲姦。三條，二千石不卹疑獄，風厲殺人，怒則任刑，喜則任賞，煩擾苛暴，剥戮黎元，爲百姓所疾，山崩石裂，妖祥訛言。四條，二千石選署不平，苟阿所愛，蔽賢寵頑。五條，二千石子弟怙恃榮勢，請託所監。六條，二千石違公下比，阿附豪强，通行貨賂，割損政令。諸州刺史初除，比諸持板揖不拜。”《獻帝起居注》曰：“建安十八年三月庚寅，省州并郡，復禹貢之九州。冀州得魏郡、安平、鉅鹿、河閒、清河、博陵、常山、趙國、勃海、甘陵、平原、太原、上黨、西河、定襄、鴈門、雲中、五原、朔方、河東、河内、涿郡、漁陽、廣陽、右北平、上谷、代郡、遼東、遼東屬國、遼西、玄菟、樂浪，凡三十二郡。省司隸校尉，以司隸部分屬豫州、冀州、雍州。省涼州刺史，以并雍州部，郡得弘農、京兆、左馮翊、右扶風、上郡、安定、隴西、漢陽、北地、武都、武威、金城、西平、西郡、張掖、張掖屬國、酒泉、敦煌、西海、漢興、永陽、東安南，凡二十二郡。省交州，以其郡屬荆州。荆州得交州之蒼梧、南海、九真、交趾、日南，與其舊所部南陽、章陵、南郡、江夏、武陵、長沙、零陵、桂陽，凡十三（殿本‘三’後有‘郡’字）。益州本部郡有廣漢、漢中、巴郡、犍爲、蜀郡、牂牁、越巂、益州、永昌、犍爲屬國、蜀郡屬國、廣漢屬國，今并得交州之鬱林、合浦，凡十四（殿本‘四’後有‘郡’字）。豫州部郡本有潁川、陳國、汝南、沛國、梁國、魯國，今并得河南、滎陽都尉，凡八郡。徐州部郡得下邳、廣陵、彭城、東海、琅邪、利城、城陽、東莞，凡八郡。青州得齊國、北海、東萊、濟南、樂安，凡五郡。”《獻帝春秋》曰：“孫權以步騭行交州刺史。”《東觀書》曰：“交趾刺史，持節。”【今注】司隸校尉：西漢武帝征和四年（前89）初置。持節，從中都官徒千二百人，捕巫蠱，督大姦猾。後罷其兵。察三輔、三河、弘農。元帝初元四年（前45）去節。成帝元延四年（前9）省。哀帝綏和二年（前7）復置，但稱司隸，冠進賢冠，屬大司空，比司直。東漢復爲司隸校尉，所部河南尹、河内、右扶風、左馮翊、京兆尹、河東、弘農凡七郡，治河南洛陽。無所不糾，唯不察三公。廷議處九卿上，朝賀處公卿下。

［7］【劉昭注】胡廣注曰："巡謂驛馬也。縣次傳駕之，以走疾，猶古言附遂（古言，大德本、殿本作'言古'）。"

［8］【劉昭注】胡廣曰："縣邑囚徒，皆閲録視，參考辭狀，實其真僞。有侵冤者，即時平理也。"【今注】案，《漢書》卷七一《雋不疑傳》："（雋不疑）拜爲青州刺史……每行縣録囚徒還，其母輒問不疑：'有所平反，活幾人何？'"

［9］【劉昭注】胡廣曰："課第長吏不稱職者爲殿，舉免之。其有治能者爲最。察上尤異州，又狀州中吏民茂才異等，歲舉一人。"【今注】案，本書卷二五《魯丕傳》："（魯丕）遷新野令。視事朞年，州課第一，擢拜青州刺史。"茂才異等，《漢書》卷六《武帝紀》顔師古注："應劭曰：'舊言秀才，避光武諱稱茂才。異等者，超等軼群不與凡同也。'師古曰：'茂，美也。'"

［10］【劉昭注】胡廣曰："所察有條應繩異者，輒覆問之，不茹柔吐剛也。歲盡，齎所狀納京師，名奏事，差其遠近，各有常會。"【今注】茹柔吐剛：比喻欺軟怕硬。《詩·大雅·烝民》："人亦有言，柔則茹之，剛則吐之。"

［11］【劉昭注】胡廣曰："不復自詣京師，其所道皆如舊典。"《東觀書》曰："和帝初，張酺上言：'臣聞王者法天，熒惑奏事太微，故州牧刺史入奏事，所以通下問知外事也。數十年以來，重其道歸煩撓（撓，大德本、殿本作"擾"），故時止勿奏事，今因以爲故事。臣愚以爲刺史視事滿歲，可令奏事如舊典，問州中風俗（州中，大德本作"中州"），恐好惡過所道，事所聞見，考課衆職，下章所告，及所自舉有意者賞異之，其尤無狀，逆詔書，行罪法，冀勑戒其餘，令各敬慎所職，於以衰滅貪邪便佞。'"《韓詩外傳》曰："王者必立牧，方三人，所以使闚遠牧

衆也（闕，殿本作‘窺’）。遠方之民，有飢寒而不得衣食，獄訟而冤失，職賢而不舉者，入告天子。天子於其君之朝也，揖而進之曰：‘意朕之政教，有不得爾者邪？如何乃有飢寒而不得衣食，獄訟而冤失，職賢而不舉？’然後其君退而與其卿大夫謀之。遠方之民聞，皆曰‘誠天子也’。夫我居之辟，見我之近也；我居之幽，見我之明也。可欺乎哉！可欺乎哉（殿本無‘可欺乎哉’四字）！故牧者所以開四目，通四聰。”

皆有從事史、假佐。[1]本注曰：員職略與司隸同，無都官從事，[2]其功曹從事爲治中從事。[3]

[1]【今注】從事史：又稱“從事”。漢三公府至州郡自辟僚屬，多以從事爲稱。州府有別駕從事史、治中從事史、簿曹從事史、兵曹從事史、部郡國從事史，秩百石。　假佐：漢代諸府的文書官。假，代理，非正式。

[2]【今注】都官從事：漢代司隸校尉屬官，主察舉百官犯法者。

[3]【今注】治中從事：簡稱“治中”，在司隸校尉則稱“功曹從事”，掌州選署及文書案卷衆事。

豫州部郡國六，[1]冀州部九，[2]兖州部八，[3]徐州部五，[4]青州部六，[5]荆州部七，[6]揚州部六，[7]益州部十二，[8]涼州部十二，[9]并州部九，[10]幽州部十一，[11]交州部七，[12]凡九十八。其二十七王國相，其七十一郡太守。其屬國都尉。[13]屬國，分郡離遠縣置之，如郡差小，置本郡名。世祖并省郡縣四百餘所，後世稍復增之。[14]

［1］【今注】豫州部：下轄潁川郡、汝南郡、梁國、沛國、陳國、魯國。

［2］【今注】冀州部：下轄安平國、常山國、中山國、河間國、清河國、趙郡、鉅鹿郡、渤海郡、魏郡。

［3］【今注】兖州部：下轄陳留郡、東郡、任城國、泰山郡、濟北國、山陽郡、濟陰郡、東平國。

［4］【今注】徐州部：下轄東海郡、琅邪國、彭城國、下邳國、廣陵郡。

［5］【今注】青州部：下轄平原郡、東萊郡、樂安國、濟南國、齊國、北海國。

［6］【今注】荆州部：下轄南陽郡、南郡、江夏郡、長沙郡、桂陽郡、武陵郡、零陵郡。

［7］【今注】揚州部：下轄九江郡、丹陽郡、廬江郡、會稽郡、豫章郡、吴郡。

［8］【今注】益州部：下轄漢中郡、巴郡、廣漢郡、蜀郡、犍爲郡、牂牁郡、越巂郡、益州郡、永昌郡、廣漢屬國、蜀郡屬國、犍爲屬國。

［9］【今注】涼州部：下轄武都郡、隴西郡、漢陽郡、安定郡、北地郡、武威郡、金城郡、張掖郡、酒泉郡、敦煌郡、張掖屬國、居延屬國。

［10］【今注】并州部：下轄上黨郡、太原郡、西河郡、上郡、雁門郡、定襄郡、雲中郡、五原郡、朔方郡。

［11］【今注】幽州部：下轄代郡、上谷郡、涿郡、廣陽郡、漁陽郡、右北平郡、遼西郡、遼東郡、玄菟郡、樂浪郡、遼東屬國。

［12］【今注】交州部：下轄南海郡、蒼梧郡、合浦郡、鬱林郡、交趾郡、九真郡、日南郡。

［13］【今注】屬國都尉：西漢武帝時期，設置於西北邊郡少數民族地區的行政長官，職如郡守，秩比二千石，屬官有丞、候、

千人等。東漢諸邊郡（西北、東北、西南等）皆分置，以安置降附、内屬匈奴、胡、羌、鮮卑等少數民族。另，徐沖認爲，“其二十七王國相，其七十一郡太守。其屬國都尉”一句有訛脱，原文或當爲“其二十王國相，其七十二郡太守，其六屬國都尉”（參見徐沖《〈續漢書·百官志〉“刺史”條郡國數辨訛》，《中華文史論叢》2011 年第 4 期）。

［14］【劉昭注】臣昭曰：昔在先代，列爵殊等，九服不同，畿荒制異。雖連帥相司，牧伯分長，而封疆置限，兼庸有數，如身之使臂，手之使指，故能高卑相固，遠近維緝，群后克穆，共康兆庶。爰及周衰，稍競吞廣，邦國侵争，遞懷貪略，猶歷數百年，乃能成其并一，豈非樹之有本，使其然乎？秦兼天下，開設郡縣，孤立獨王，即以顛亡。漢祖因循，雖不頓革，分置子弟（弟，大德本作“孫”），終龕諸吕之難，漸剖列郡（郡，大德本作“部”），以減大都之權。後嚴安之徒，猶忼慨發憤，謂千里之威，即古之强國，慮非安本無窮之計也。孝武之末，始置刺史，監糺非法，不過六條，傳車周流，匪有定鎮，秩裁數百，威望輕寡，得有察舉之勤（察舉，殿本作“舉察”），未生陵犯之釁。成帝改牧，其萌始大，既非識治之主，故無取焉爾。世祖中興，監乎政本，復約其職，還遵舊制，斷親奏事，省入惜煩，漸得自重之路（路，殿本作“略”）。因兹以降，彌於歲年，母后當朝，多以弱守，六合危動，四海潰弊（弊，大德本作“斃”），財盡力竭，綱維撓毁，而八方不能内侵，諸侯莫敢入伐，豈非幹强枝弱，控制素重之所致乎？至孝靈在位，横流既及，劉焉徼僞，自爲身謀，非有憂國之心，專懷狼據之策，抗論昏世，薦議愚主，盛稱宜重牧伯，謂足鎮壓萬里，挾姦樹筭，苟罔一時，豈可永爲國本，長期勝術哉？夫聖王御世，莫不大庇生民（大，大德本作“太”），承其休謀，傳其典制。猶云事久弊生，無或通貫，故變改正服，革異質文，分爵三五，參差不一。况在暨騃之君，挾姦

詐之臣，共所創置（大德本、殿本“置”後有“哉”字），焉可仍因？大建尊州之規，竟無一日之治。故焉牧益土，造帝服於岷、峨；袁紹取冀，下制書於燕、朔；劉表荆南，郊天祀地；魏祖據兖，遂構皇業：漢之殄滅，禍源乎此（源，殿本作“原”）。及臻後代，任寄彌廣，委之邦宰之命，授之斧鉞之重，假之都督之威，開之征討之略。晉太康之初，武帝亦疑其然，乃詔曰：“上古及中代，或置州牧，或置刺史，置監御史，皆總綱紀，而不賦政，治民之事，任之諸侯郡守。昔漢末四海分崩（分崩，大德本作‘崩分’），因以吴、蜀自擅，自是刺史内親民事，外領兵馬，此一時之宜爾。今賴宗廟之靈，士大夫之力，江表平定，天下合之爲一，當韜戢干戈，與天下休息。諸州無事者罷其兵，刺史分職，皆如漢氏故事，出頒詔條，入奏事京城。二千石專治民之重，監司清峻於上，此經久之體也。其便省州牧。”晉武帝又見其弊矣，雖有其言，不卒其事，後嗣纘繼，牧鎮愈重，據地分争，竟覆天下。昔王畿之大，不過千里，州之所司，廣袤兼遠。争强虎視之辰，遷鼎革終之日，未嘗不藉蓄兵之權，挾董司之力，逼迫伺隙，陵奪沖幼。其甚者臣主楊兵（楊，紹興本、大德本、殿本作“揚”），骨肉戰野，昆弟梟懸，伯叔屠裂。末壯披心，尾大不掉，既用此始，亦病以終。傾輈愈襲，莫或途改，致雒京有銜璧之痛，秦臺有不守之酷。胡、羌遞興，氐、鮮更起，摩滅群黎，流禍百世。堅冰所漸，兼緣兹蠹。嗚呼！後之聖王，必不久滯斯迹，靈長之終，當有神筭。不然，則雄捍反拒之事，懼甚於此心，憑强作害之謀，方盛於後意。

凡州所監都爲京都，置尹一人，[1]二千石，丞一人。每郡置太守一人，[2]二千石，[3]丞一人。郡當邊戍者，丞爲長史。[4]王國之相亦如之。[5]每屬國置都尉一人，比二千石，丞一人。本注曰：凡郡國皆掌治民，進賢勸功，決訟檢姦。常以春行所主縣，勸民農桑，振救乏絶。秋冬遣無害吏案訊諸囚，[6]平其罪法，論課殿最。[7]歲盡遣吏上計。[8]并舉孝廉，[9]郡口二十萬舉一人。尉一人，[10]典兵禁，備盜賊，景帝更名都尉。[11]武帝又置三輔都尉各一人，[12]譏出入。邊郡置農都尉，[13]主屯田殖穀。又置屬國都尉，[14]主蠻夷降者。中興建武六年，省諸郡都尉，并職太守，無都試之役。[15]省關都尉，[16]唯邊郡往往置都尉及屬國都尉，稍有分縣，治民比郡。安帝以羌犯法，三輔有陵園之守，乃復置右扶風都尉，京兆虎牙都尉。[17]皆置諸曹掾史。[18]本注曰：諸曹略如公府曹，無東西曹。[19]有功曹史，主選署功勞。有五官掾，[20]署功曹及諸曹事。其監屬縣，有五部督郵，[21]曹掾一人。正門有亭長一人。主記室史，[22]主録記書，催期會。無令史。閤下及諸曹各有書佐、幹，[23]主文書。[24]

［1］【今注】尹：本義爲治理。作名詞，指官長、君長。《爾雅·釋言》："尹，正也。"郭璞注："謂官正也。"此處指東漢建都之地河南尹的官長。錢大昕《廿二史考異》卷一四《續漢書二》："'京都置尹一人'，《志》正文也。上六字乃注文，訛舛不可通。予謂'監都'之'都'，當作'部'。以上文云某'州部郡國'若干，因解'部'字義以足成之。當云"凡州所監爲部"，字訛，又傎倒其文耳。"黄山《後漢書集解校補》案：後文"凡縣"亦以"凡"字起。謂上六字爲注文之訛，固非矣。至改作"凡州所監爲部"，亦不能以京都爲刺史部。此不過"監都"之"都"爲"郡"字之寫訛耳。凡郡爲京師則置尹，兩漢皆如此。晉諱"師"，是以變言"京都"。徐沖合錢、黄兩家意見，認爲此句應作"凡州所監

爲郡。京都置尹一人，二千石，丞一人。每郡置太守一人，二千石，丞一人”。（參見徐沖《〈續漢書·百官志〉與漢晉間的官制撰述——以“郡太守”條的辨證爲中心》，《中華文史論叢》2013年第4期）

［2］【今注】太守：戰國時作爲郡守的尊稱，秦統一全國後，推行郡縣制，郡爲最高地方行政區劃，每郡置守、尉、監，郡守作爲郡的最高行政長官。西漢景帝中元二年（前148）改郡守爲太守。東漢後期，太守權力漸爲州刺史侵奪。《通典》卷三三《職官十五》：“掌治民，進賢勸功，決訟檢姦。常以春行所主縣，秋冬遣無害吏按訊諸囚，平其罪法，論課殿最，并舉孝廉。”

［3］【今注】案，“二千石”前脱一“中”字，當爲“中二千石”（參見閻步克《從爵本位到官本位：秦漢官僚品位結構研究》，三聯書店2009年版，第361頁）。

［4］【劉昭注】《古今注》曰：“建武六年三月，令郡太守、諸侯相病，丞、長史行事。十四年，罷邊郡太守丞，長史領丞職。”【今注】案，《漢書·百官公卿表上》：“邊郡又有長史，掌兵馬，秩皆六百石。”

［5］【今注】王國之相：又稱“諸侯相”，西漢初稱丞相，景帝中元五年改稱相。《漢書》卷九《元帝紀》：“（初元）三年春，令諸侯相位在郡守下。”顔師古注曰：“此諸侯謂諸侯王也。”

［6］【今注】無害吏：睡虎地秦簡《秦律十八種·置吏律》：“官嗇夫節（即）不存，令君子毋（無）害者若令史守官。”〔陳偉主編：《秦簡牘合集》釋文注釋修訂本（壹），武漢大學出版社2016年版，第127頁〕《居延漢簡釋文合校》110.22A：“尉史張尋文無害可補□”。〔謝桂華、李均明、朱國炤：《居延漢簡釋文合校》（上册），文物出版社1987年版，第179頁〕又《論衡·謝短》云：“文吏曉簿書，自謂文無害以戲儒生。”“文無害”是指從政的能力，無害吏指對各種律令、政事、條品、文牘、故事皆通曉

無滯的文吏（參見卜憲群《秦漢官僚制度》，社會科學文獻出版社2002年版，第290頁）。

［7］【劉昭注】案律有無害都吏，如今言公平吏。《漢書音義》曰："文無所枉害。"蕭何以文無害爲沛主吏掾。【今注】殿最：古代考課、評比等級，下等爲"殿"，上等爲"最"。

［8］【劉昭注】盧植《禮注》曰："計斷九月，因秦以十月爲正故。"【今注】案，《嶽麓秦簡》2148："上計最、志、郡（群）課、徒隸員簿，會十月望。"〔陳松長主編：《嶽麓書院藏秦簡（肆）》上海古籍出版社2015年版，第211頁〕

［9］【今注】孝廉：漢代察舉制的科目之一。西漢武帝元光元年（前134）初令郡國舉孝、廉各一人，後合稱爲孝廉。漢代舉孝廉者多任郎官，有年齡限制，後又加考試。本書卷六《順帝紀》載陽嘉元年（132）"初令郡國舉孝廉，限年四十以上，諸生通章句，文吏能牋奏，乃得應選；其有茂才異行，若顏淵、子奇，不拘年齒"。

［10］【今注】案，尉一人，徐沖據應劭《漢官儀》"秦郡有尉一人，典兵禁，補盜賊。景帝更名都尉"條，認爲"尉一人"當改爲"秦郡有尉一人"（參見徐沖《〈續漢書·百官志〉與漢晉間的官制撰述——以"郡太守"條的辨證爲中心》，《中華文史論叢》2013年第4期）。

［11］【今注】都尉：戰國始置，秦因之，置守、尉、監。尉典兵，輔佐郡守職掌全郡的軍事。武帝時期又置關都尉、農都尉、屬國都尉；中央又有水衡都尉、搜粟都尉等，執行臨時職務。

［12］【今注】三輔都尉：西漢武帝元鼎四年（前113）置，秩二千石。其中，京輔都尉治華陰，左輔都尉治高陵，右輔都尉治郿。東漢光武帝建武六年（30）省，併職太守。安帝時復置右扶風都尉，京兆虎牙都尉。

［13］【今注】農都尉：西北漢簡多見"農都尉"的記載，簡文顯示農都尉受郡太守和大司農雙重領導。勞榦認爲"邊郡屬國都

尉之外，皆農都尉"（勞榦：《勞榦學術論文集》甲編上册，藝文印書館 1976 年版，第 448 頁）；陳直認爲"邊郡都尉，大部分可兼稱爲農都尉"（陳直：《漢書新證》，天津人民出版社 1979 年版，第 109 頁）；陳夢家認爲"邊郡每郡各一農都尉，唯張掖郡有'居延農都尉'和'張掖農都尉'的兩個農都尉"（陳夢家：《漢簡所見居延邊塞與防禦組織》，《考古學報》1964 年第 1 期）；裘錫圭指出：簡文所記沿邊十一郡，共設兩個農都尉〔《裘錫圭學術文集》（簡牘帛書卷），復旦大學出版社 2012 年版，第 68 頁〕。

［14］【今注】屬國都尉：西漢武帝初置，主蠻夷降者，屬官有丞、候、千人等。初隸典屬國，成帝河平元年（前 28）典屬國省併大鴻臚。

［15］【劉昭注】《古今注》曰："六年八月，省都尉官。"應劭曰："每有劇職，郡臨時置都尉，事訖罷之。"【今注】案，《漢舊儀》："民年二十三爲正，一歲而以爲衛士，一歲爲材官騎士，習射御騎馳戰陣。八月，太守、都尉、令、長、相、丞、尉會都試，課殿最。水處爲樓船，亦習戰射行船。"東漢爲防止地方借都試之期，起事作亂，罷都試之役，但也造成"是以每戰常負，王旅不振"的局面。都試之儀式，見《漢書》卷七六《韓延壽傳》。

［16］【今注】關都尉：秦置，掌守衛關隘，稽查行人，徵收關税。有關嗇夫、關佐等屬員。今西北漢簡有見"玉門關都尉""敦煌陽關都尉"等。

［17］【劉昭注】應劭《漢官》曰："蓋天生五材，民並用之，廢一不可，誰能去兵？兵之設尚矣。《易》稱：'弦木爲弧，剡木爲矢，弧矢之利，以威天下。"《春秋》'三時務農，一時講武'。《詩》美公劉'匪居匪康，入耕出戰，乃裹糇糧（糇，殿本作"餱"），干戈戚鍚（鍚，大德本、殿本作"揚"），四方莫當'。自郡國罷材官騎士之後，官無警備，實啓寇心。一方有難，三面救之，發興雷震，煙蒸電激，一切取辨（辨，大德本、殿本作

‘辦’），黔首囂然。不及講其射御，用其戒誓，一旦驅之以即强敵（驅，大德本作‘駈’），猶鳩鵲捕鷹鸇，豚羊弋豺虎，是以每戰常負，王旅不振。張角懷挾妖僞，遐邇摇蕩，八州并發，煙炎絳天，牧守梟裂，流血成川。爾乃遠徵三邊殊俗之兵，非我族類，忿鷙縱横，多僵良善，以爲己功，財貨糞土。哀夫民氓遷流之咎，見出在兹，不教而戰，是謂棄之，跡其禍敗，豈虚也哉！春秋家不藏甲，所以一國威抑私力也。今雖四海殘壞，王命未洽，可折衝壓難，若指於掌（於，大德本、殿本作‘以’），故置右扶風。”

[18]【劉昭注】《新論》曰：“王莽時置西海郡，令其吏皆百石親事。”一曰爲四百石，二歲而遷補。【今注】西海郡：西漢平帝元始五年（5）置，治龍耆（今青海海晏縣縣城以西青海湖東北側），下轄修遠、監羌、興武、軍虜、順礫五縣。

[19]【劉昭注】蔡質《漢儀》曰：“河南府掾出考案（府，殿本作‘尹’），與從事同。”

[20]【今注】五官掾：漢代郡國屬吏，位次功曹，郡中春秋祭祀，由五官掾主祭，居諸曹之首。今見《史晨饗孔廟後碑》《桐柏淮源廟碑》等。

[21]【今注】五部督郵：漢置，郡府屬吏，秩百石，掌監屬縣、督送郵書，兼及案繫盜賊、點録囚徒、催繳租賦等。漢代每郡依據所轄縣多少，分東、西、南、北、中五部（或二部、三部），分部循行。督郵位卑權重，“分明善惡于外”，遂爲郡守之“耳目”。《通典》卷三三《職官十五》云：“督郵，功曹之極位。”

[22]【今注】主記室史：漢代郡府屬吏，掌文書表報，催期會。

[23]【今注】案，閤，殿本作“閣”。

[24]【劉昭注】《漢官》曰：“河南尹員吏九百二十七人，十二人百石。諸縣有秩三十五人，官屬掾史五人，四部督郵史部掾

二十六人（史，大德本、殿本作‘吏’），案獄仁恕三人，監津渠漕水掾二十五人，百石卒吏二百五十人，文學守助掾六十人，書佐五十人，循行二百三十人，幹小吏二百三十一人（吏，紹興本、大德本、殿本皆作‘史’）。”

屬官，每縣、邑、道，大者置令一人，[1]千石；其次置長，四百石；小者置長，三百石；侯國之相，秩次亦如之。[2]本注曰：皆掌治民，顯善勸義，禁姦罰惡，理訟平賊，恤民時務，秋冬集課，上計於所屬郡國。[3]

［1］【今注】案，置，大德本作“署”。

［2］【劉昭注】應劭《漢官》曰：“《前書·百官表》云，萬户以上爲令，萬户以下爲長。三邊始孝武皇帝所開，縣户數百而或爲令。荆揚江南七郡（揚，大德本、殿本作‘陽’），唯有臨湘、南昌、吴三令爾。及南陽穰中，土沃民稠，四五萬户而爲長。桓帝時，以江南陽安爲女公主邑，改號爲令，主薨復復其故。若此爲繫其本。俗説令長以水土爲之，及秩高下，皆無明文。班固通儒，述一代之書，斯近其真。”【今注】案，張家山漢簡《二年律令·秩律》記載：“（縣令）秩各千石，丞四百石；（縣令）秩各八百石，有丞、尉者半之；（縣令）秩各六百石，有丞尉者半之；（縣長）秩各五百石，丞、尉三百石；（縣長）秩各三百石，有丞、尉者二百石。”〔彭浩、陳偉、［日］工藤元男主編：《二年律令與奏讞書——張家山二四七號漢墓出土法律文獻釋讀》，第260—294頁〕西漢成帝時期東海郡《尹灣漢墓簡牘》所見《東海郡吏員簿》中記載：“縣令秩千石，丞一人秩四百石，尉二人秩四百石（凡四縣）；縣令秩六百石，丞一人秩三百石，尉二人秩三百石（凡三縣）；縣長秩四百石，丞一人秩二百石，尉二人秩二百石（凡八

縣）；縣長秩四百石，丞一人秩二百石，尉一人秩二百石（凡一縣）；縣長秩三百石，丞一人秩二百石，尉二人秩二百石（凡一縣）；縣長秩三百石，丞一人秩二百石，尉一人秩二百石（凡一縣）；縣長秩三百石，丞一人秩二百石（凡二縣）；侯國相秩四百石，丞一人秩二百石，尉二人秩二百石，侯家丞一人秩比三百石（凡二侯國）；侯國相秩四百石，丞一人秩二百石，尉一人秩二百石，侯家丞一人秩比三百石（凡二侯國）；侯國相秩三百石，丞一人秩二百石，尉一人秩二百石，侯家丞一人秩比三百石（凡三侯國）；侯國相秩三百石，丞一人秩二百石，侯家丞一人秩比三百石（凡十一侯國）。"（連雲港市博物館等編：《尹灣漢墓簡牘》，中華書局1997年版，第79—84頁）成帝陽朔二年（前23）除八百石就六百石，除五百石就四百石，此即陽朔二年改制後之秩級。

[3]【劉昭注】胡廣曰："秋冬歲盡，各計縣户口墾田，錢穀入出，盗賊多少，上其集簿。丞尉以下，歲詣郡，課校其功。功多尤爲最者，於廷尉勞勉之，以勸其後。負多尤爲殿者，於後曹别責，以糾怠慢也。諸對辭窮尤困，收主者，掾史關白太守，使取法。丞尉縛責，以明下轉相督勑，爲民除害也。明帝詔書不得僇辱黄綬，以别小人吏也。"【今注】案，據《尹灣漢墓簡牘》所見《集簿》記載，漢代上計主要内容有以下幾項：其一，地區面積和行政機構；其二，農業經濟、土地面積及種麥、桑畝數；其三，財政内容包括錢穀兩項；其四，民政内容有户口數、賑濟貧困、衿老幼、尊高年等；其五，置三老孝悌力田以導民。

凡縣主蠻夷曰道。[1]公主所食湯沐曰國。[2]縣萬户以上爲令，不滿爲長。侯國爲相。皆秦制也。[3]丞各一人。尉大縣二人，小縣一人。[4]本注曰：丞署文書，典知倉獄。尉主盗賊。凡有賊發，主名不立，則推索行尋，案察姦宄，以起端緒。[5]各署諸曹掾史。本注曰：

諸曹略如郡員，五官爲廷掾，[6]監鄉五部，[7]春夏爲勸農掾，秋冬爲制度掾。[8]

［1］【今注】道：秦置，爲縣一級行政建制，用以管理少數民族，秦時長官稱道嗇夫。

［2］【今注】案，湯沐邑，古代諸侯朝見天子，天子賜以王畿之内、供諸侯齋戒沐浴的封邑稱湯沐邑。《禮記·王制》："方伯爲朝天子，皆有湯沐之邑于天子之縣内。"其後，湯沐邑逐漸演變爲皇帝、皇后、公主等收取賦税的私邑。《史記·平準書》："自天子以至於封君湯沐邑，皆各爲私奉養焉。"

［3］【劉昭注】《史記》秦併天下（併，大德本、殿本作"并"），夷郡縣，鑄兵刃（鑄，殿本作"銷"），示不復用。

［4］【今注】案，"尉大縣二人，小縣一人"見前注尹灣漢簡《東海郡吏員簿》。

［5］【劉昭注】應劭《漢官》曰："大縣丞左右尉，所謂命卿三人。小縣一尉一丞，命卿二人。"【今注】案，《左傳》成公十七年："亂在外爲姦，在内爲宄。"

［6］【今注】廷掾：縣廷屬吏，職如郡五官掾，監鄉五部。春夏督促農業生産，稱爲勸農掾；秋冬監督制度的貫徹落實，稱爲制度掾。

［7］【今注】案，殿本無"五"字。

［8］【劉昭注】《漢官》曰："雒陽令秩千石，丞三人四百石，孝廉左尉四百石，孝廉右尉四百石。員吏七百九十六人，十三人四百石。鄉有秩、獄史五十六人，佐史、鄉佐七十七人，斗食、令史、嗇夫、假五十人，官掾史、幹小史二百五十人，書佐九十人，循行二百六十人。"

鄉置有秩、三老、游徼。[1]本注曰：有秩，郡所署，秩百石，[2]掌一鄉人；[3]其鄉小者，縣置嗇夫一人。[4]皆主知民善惡，爲役先後，知民貧富，爲賦多少，平其差品。[5]三老掌教化。凡有孝子順孫，貞女義婦，讓財救患，及學士爲民法式者，皆扁表其門，[6]以興善行。游徼掌徼循，禁司姦盜。又有鄉佐，[7]屬鄉，主民收賦税。[8]

[1]【今注】有秩：又稱"鄉有秩"，或"有秩嗇夫"。秩百石，郡所署。本書卷四九《仲長統傳》"身無半通青綸之命"，李賢注引闞駰《十三州志》云："有秩嗇夫，得假半章印。"又李軌注《楊子法言》曰："綸，如青絲繩也。五兩之綸，半通之銅，皆有秩嗇夫之印綬，印綬之微者也。" 三老：春秋戰國時期已有"三老"名稱出現。掌教化，爲衆民之帥，非吏而有比吏之權，或言有位無禄，但有一定的酬勞。秦漢時期年五十以上，有德行、尊奉教化者，可擢爲三老。《史記·平準書》："非吏比者三老、北邊騎士。"《集解》引如淳曰："非吏而得與吏比者，官謂三老。"《漢書》卷一上《高帝紀上》："舉民年五十以上，有修行，能帥衆爲善，置以爲三老，鄉一人。擇鄉三老一人爲縣三老，與縣令丞尉以事相教，復勿繇戍。"又陳直《漢書新證》引《三老掾趙寬碑》載"優號三老，師而不臣"（中華書局2008年版，第171頁）。 游徼：秦置校長，掌禁盜賊，爲亭長之官長。西漢中後期，校長的職責被游徼取代，一個游徼管理相鄰的若干個亭。游徼爲斗食之吏，屬縣吏而非鄉吏。（參見于振波《秦漢"校長"考辨》，《中國史研究》2018年第1期）

[2]【劉昭注】《漢官》曰："鄉户五千，則置有秩。"

[3]【劉昭注】《風俗通》曰："秩則田閒大夫，言其官裁有秩耳。"

[4]【劉昭注】《風俗通》曰："嗇者，省也。夫，賦也。言

消息百姓，均其役賦。"【今注】案，秦至漢初，縣下設各種"官嗇夫"，東漢中後期，郡府及縣廷的吏員結構逐漸形成諸曹掾史的格局，這些"官嗇夫"基本被各種掾史所取代。

[5]【今注】案，東漢時期"計訾徵賦"，《三國志》卷九《魏書·曹洪傳》引《魏略》："初，太祖爲司空時，以己率下，每歲發調，使本縣平訾。"

[6]【今注】扁表其門：即標榜其門。王先謙《後漢書集解》引《説文》："扁，署也，從户册，户册者，署門户之文也。"表，謂顯異之。今西北漢簡有見"扁書"。

[7]【今注】鄉佐：鄉嗇夫之副，協助鄉嗇夫收取賦税，處理鄉里事務，在鄉里具有一定的影響力。本書卷三八《張宗傳》："（張宗）王莽時爲縣陽泉鄉佐，會莽敗，義兵起，宗乃率陽泉民三四百人，起兵略地。"

[8]【劉昭注】《風俗通》曰："國家制度，大率十里一鄉。"

亭有亭長，[1]以禁盜賊。本注曰：亭長，主求捕盜賊，承望都尉。[2]

[1]【今注】亭長：春秋戰國時期，列國設亭長、亭尉，主守備禦敵。秦統一後，十里置一亭，以亭長主之，都亭、門亭、市亭亦設，遂爲地方基層治安單位。亭長或稱亭父，除追捕盜賊外，還兼理獄訟、掃除及停留住宿等民事活動。亭長、游徼雖在鄉任職，但皆屬縣吏，本書卷一八《臧宫傳》："少爲縣亭長、游徼。"蕭吉《五行大義》卷五引翼奉曰："游徼、亭長外部吏，皆屬功曹。"今見《尹灣漢墓簡牘·集簿》載，西漢末年東海郡有亭六百八十八，亭卒二千九百七十二人，郵三十四，郵人四百八。

[2]【劉昭注】《漢官儀》曰："民年二十三爲正，一歲以爲衛士，一歲爲材官騎士，習射御騎馳戰陣。八月，太守、都尉、

令、長、相、丞、尉會都試，課殿最。水家爲樓船，亦習戰射行船。邊郡太守各將萬騎（邊，紹興本、大德本、殿本作'過'），行障塞烽火追虜。置長史一人，丞一人，治兵民。當兵行長領。置部尉、千人、司馬、候、農都尉，皆不治民，不給衞士。材官、樓船年五十六老衰，乃得免爲民就田。應合選爲亭長。亭長課徼巡。尉、游徼、亭長皆習設備五兵。五兵：弓弩，戟，楯，刀劍，甲鎧。鼓吏赤幘行縢，帶劍佩刀，持楯被甲，設矛戟，習射。設十里一亭，亭長、亭候；五里一郵，郵閒相去二里半，司姦盜。亭長持二尺板以劾賊，索繩以收執賊。"《風俗通》曰："漢家因秦，大率十里一亭。亭，留也，蓋行旅宿會之所館。亭吏舊名負弩，改爲長，或謂亭父。"

里有里魁，[1]民有什伍，[2]善惡以告。本注曰：里魁掌一里百家。[3]什主十家，伍主五家，以相檢察。民有善事惡事，以告監官。[4]

[1]【今注】里魁：先秦有"里君""里長""里正""里宰"之稱，至秦置"里典"，漢復稱"里正"，東漢則稱"里魁"，均謂一里之長。掌里内教化、治安，兼助鄉官行事。何休《春秋公羊解詁》云："在田曰廬，在邑曰里，一里八十户，八家共一巷。中里爲校室，選其耆老有高德者名曰父老，其有辯護抗健者爲里正，皆授倍田，得乘馬。父老比三老孝弟官屬，里正比庶人在官之吏。"

[2]【今注】什伍：先秦時期的"什伍"最初是作爲一種步兵編制法。春秋時期，爲適應軍事需要，各國普遍采用"五家爲伍"的行政編制。如子産治鄭采用"廬井有伍"的編制；管仲治齊采用"五家爲軌"的編制，直至戰國時期，纔逐漸形成"什伍"制度。《管子·立政》曰："十家爲什，五家爲伍，什伍皆有長焉。"據《史記》卷五《秦本紀》載，秦國在秦獻公十年（前375）"爲户

籍相伍”，秦統一後推行全國。如睡虎地秦簡《法律答問》：“可（何）謂‘四鄰’？‘四鄰’即伍人謂殹（也）”；“吏從事于官府，當坐伍人不當？不當”；“大夫寡，當伍及人不當？不當”；等等。〔陳偉主編：《秦簡牘合集》釋文注釋修訂本（壹），第219、240頁〕

［3］【今注】案，關於“里”的規模，《鶡冠子·王鈇》《銀雀山竹書·田法》以及《風俗通》曰“五十户”；《春秋公羊解詁》曰“八十户”；《禮記·雜記下》鄭玄注及《管子·度地》曰“一百户”。《漢書·百官公卿表》：“其民稠則減，稀則曠”，則知漢代鄉里的組建，可據其户數多寡進行調整。岳麓書院藏秦簡（簡0466）所見秦律規定：“諸故同里里門而别爲數里者，皆復同以爲一里。一里過百而可隔垣益爲門者，分以爲二里。”〔陳松長主編：《嶽麓書院藏秦簡（肆）》，上海古籍出版社2015年版，第192頁〕

［4］【劉昭注】《風俗通》曰：“《周禮》五家爲鄰，四鄰爲里。里者，止也。里有司，司五十家，共居止，同事舊欣（舊欣，殿本作‘春秋’），通其所也。”

邊縣有障塞尉。[1]本注曰：掌禁備羌夷犯塞。[2]其郡有鹽官、鐵官、工官、都水官者，[3]隨事廣狹置令、長及丞，秩次皆如縣、道，無分士，給均本吏。本注曰：凡郡縣出鹽多者置鹽官，主鹽税。[4]出鐵多者置鐵官，主鼓鑄。[5]有工多者置工官，主工税物。有水池及魚利多者置水官，主平水收漁税。在所諸縣均差吏更給之，置吏隨事，不具縣員。

［1］【今注】障塞尉：武官名。漢代邊縣百里置尉一人，掌禁備羌夷犯塞，秩二百石，屬吏有尉丞、士吏、尉從史、尉史等。

［2］【劉昭注】《太公陰符》曰：“武王問太公：‘願聞治亂之

要。’太公曰：‘其本在吏。’武王曰：‘吏者治也，所以爲治，其亂者何?’太公曰：‘故吏重罪有十。’武王問‘吏之重罪’。太公曰：‘一、吏苛刻；二、吏不平；三、吏貪污；四、吏以威力迫脅於民；五、吏與史合姦；六、吏與人亡情；七、吏作盜賊，使人爲耳目；八、吏賤買賣貴於民；九、吏增易於民；十、吏振懼於民。夫治者有三罪，則國亂而民愁；盡有之，則民流亡而君失其國。’武王曰：‘民亦有罪乎?’太公曰：‘民有十大於此，除者則國治而民安。’武王曰：‘十大何如?’太公曰：‘民勝吏，厚大臣（厚，大德本作“淳”），一大也。民宗强，侵陵群下，二大也。民甚富，傾國家，三大也。民尊親其君，天下歸慕，四大也。衆暴寡，五大也。民有百里之譽，千里之交，六大也。民以吏威爲權，七大也。恩行於吏，八大也。民服信，以少爲多，奪人田宅，贅人妻子（子，大德本作“不”），九大也。民之基業畜產爲人所苦，十大也。所謂一家害一里，一里害諸侯，諸侯害天下。’武王曰：‘絶吏之罪，塞民之大，奈何?’太公曰：‘察民之暴吏，明其賞，審其誅，則吏不敢犯罪（吏，大德本作“史”），民不敢大也。’武王曰：‘是民吏相伺，上下不和而結其讎。’太公曰：‘爲君守成，爲吏守職，爲民守事。如此，各居其道則國治，國治則都治，都治則里治，里治則家治，家治則善惡分明，善惡分明則國無事，國無事則吏民外不懷怨，内不徼事。’”

［3］【今注】案，本書《百官志三》：“郡國鹽官、鐵官本屬司農，中興皆屬郡縣。”《尹灣漢墓簡牘》所見西漢末年《東海郡吏員簿》記載，“鹽官長一人秩三百石，丞一人秩二百石（凡一鹽官）。鹽官丞一人秩二百石（凡二鹽官）。鐵官長一人秩三百石，丞一人秩二百石（凡一鐵官）。鐵官丞一人秩二百石（凡一鐵官）。”（連雲港市博物館等編：《尹灣漢墓簡牘》，第79—84頁）

［4］【今注】案，漢代鹽的種類有海鹽、池鹽、井鹽、石（岩）鹽等，今見四川羊子山井鹽場畫像磚。又漢代冶煉所用鼓風

器械謂之"排橐"，今山東滕州市宏道院漢墓畫像石可見漢代冶煉過程中的鼓風場景。

［5］【劉昭注】胡廣曰："鹽官掊坑而得鹽，或有鑿井煑海水而以得之者。鑄銅爲器械，當鑄冶之時，扇熾其火，謂之鼓鑄。"

使匈奴中郎將一人，[1]比二千石。本注曰：主護南單于。置從事二人，有事隨事增之，掾隨事爲員。護羌、烏桓校尉所置亦然。[2]

［1］【今注】使匈奴中郎將：西漢武帝時至東漢初，均曾以中郎將出使匈奴，無領護職權，具有臨時的性質。東漢光武帝建武二十六年（50），正式設置使匈奴中郎將一職，掌領護南匈奴，並協防北匈奴、烏桓及鮮卑等，屬吏有副中郎將、副校尉、司馬、從事、掾史等，幕府治所在西河郡美稷縣（今内蒙古准格爾旗西北，靈帝中平年間移至今山西汾陽市西北）。

［2］【劉昭注】應劭《漢官》曰："擁節，屯中步南，設官府掾吏（吏，大德本、殿本作'史'）。單于歲遣侍子來朝，謁者常送迎焉，得賂弓馬氈罽他物百餘萬。謁者事訖，還具表付帑藏，詔書刺自受（刺，殿本作'勑'）。"【今注】氈（zhān）罽（jì）：即毛氈、毛毯。

護烏桓校尉一人，[1]比二千石。本注曰：主烏桓胡。[2]

［1］【今注】護烏桓校尉：西漢武帝時始置，掌内附烏桓事務，兼伺匈奴動静，秩二千石，擁節，不常置。東漢光武帝建武二十五年（49），遼西烏桓内附，復置護烏桓校尉，秩比二千石，屯

上谷寧城（今河北張家口市宣化區，一説今河北張家口市萬全區北沙城），並領鮮卑。今内蒙古和林格爾東漢壁畫墓，有“寧城護烏桓校尉幕府圖”“寧城建築圖”。

［2］【劉昭注】應劭《漢官》曰：“擁節。長史一人，司馬二人，皆六百石。并領鮮卑。客賜質子，歲時胡市焉。”《晉書》曰：“漢置東夷校尉，以撫鮮卑。”

護羌校尉一人，[1]比二千石。本注曰：主西羌。[2]

［1］【今注】護羌校尉：西漢武帝時始置，掌西羌事務，秩比二千石，治護羌城（今青海湟源縣西），擁節，不常置。東漢光武帝建武六年（30）復置，都隴西令居縣（今甘肅永登縣西北），後時置時廢。章帝建初元年（76）至靈帝中平元年（184）遂爲常職，屬員有長史、司馬、從事等。

［2］【劉昭注】應劭《漢官》曰：“擁節。長史、司馬二人，皆六百石。”【今注】案，關於“護羌校尉”的職掌，本書卷八七《西羌傳》載：“持節領護，理其怨結，歲時循行，問所疾苦。又數遣使驛通動静，使塞外羌夷爲吏耳目，州郡因此可得儆備。”

皇子封王，其郡爲國，每置傅一人，相一人，皆二千石。本注曰：傅主導王以善，禮如師，不臣也。相如太守。有長史，如郡丞。

漢初立諸王，因項羽所立諸王之制，地既廣大，且至千里。[1]又其官職傅爲太傅，相爲丞相，又有御史大夫及諸卿，皆秩二千石，百官皆如朝廷。國家唯爲置丞相，其御史大夫以下皆自置之。[2]至景帝時，吴、楚七國恃其國大，[3]遂以作亂，幾危漢室。及其誅滅，景帝懲之，遂令諸王不得治民，令内史主治民，[4]改丞相曰相，省御史大夫、廷尉、少府、宗正、博士官。[5]武帝改漢内史、中尉、郎中令之名，[6]而王國如故，員職皆朝廷爲署，不得自置。至漢成帝省内史治民，更令相治民，[7]太傅但曰傅。[8]

[1]【今注】案，西楚霸王（項羽），統梁、楚九郡（泗水、薛、郯、琅邪、陳、碭、東郡、會稽、吴郡），都彭城；漢王（劉邦）統巴蜀漢中，都南鄭；雍王（章邯）統咸陽以西，都廢丘；塞王（司馬欣）統咸陽東至河水，都櫟陽；翟王（董翳）統上郡，都高奴；西魏王（豹）統河東，都平陽。另有，韓王成，都陽翟；河南王（申陽），都洛陽；殷王（司馬卬），都朝歌；代王（趙歇），都代；常山王（張耳），都襄國；九江王（英布），都六縣；衡山王（吴芮），都邾縣；臨江王（共敖），都江陵；遼東王（韓廣），都無終；燕王（臧荼），都薊；膠東王（田市），都即墨；齊王（田都），都臨淄；濟北王（田安），都博陽。

[2]【劉昭注】胡廣曰："後漢妾數無限别，乃制設正適，曰妃，取小夫人不得過四十人。"【今注】案，賈誼《新書·等齊》曰："天子之相，號爲丞相，黄金之印；諸侯之相，號爲丞相，黄金之印，而尊無異等，秩加二千石之上。天子列卿秩二千石，諸侯列卿秩二千石，則臣已同矣。人主登臣而尊，今臣既同，則法惡得不齊？天子衞御，號爲大僕，銀印，秩二千石；諸侯之御，號曰大僕，銀印，秩二千石，則御已齊矣。御既已齊，則車飾惡得不齊？天子親，號云太后；諸侯親，號云太后。天子妃，號曰后；諸侯妃，號曰后。然則，諸侯何損而天子何加焉？妻既已同，則夫何以異？天子宫門曰司馬，闌入者爲城旦；諸侯宫門曰司馬，闌入者爲城旦。殿門俱爲殿門，闌入之罪亦俱棄市。宫墻門衞同名，其嚴一等，罪已鈞矣。天子之言曰令，令甲令乙是也；諸侯之言曰令，口

儀之言是也。天子卑號皆稱陛下，諸侯卑號稱陛下。天子車曰乘輿，諸侯車曰稱輿，乘輿等也。衣被次齊貢死經緯也，苟工巧而志欲之，唯冒上軼主次也。然則，所謂主者安居，臣者安在?”今見張家山漢簡《二年律令·置吏律》有“諸侯王得置姬八子、孺子、良人”“諸侯王女毋得稱公主”〔彭浩、陳偉、［日］工藤元男主編:《二年律令與奏讞書——張家山二四七號漢墓出土法律文獻釋讀》，第38、39頁〕，《史記》卷五二《齊悼惠王世家》“翁主”《索隱》引如淳曰:“諸王女云翁主。”

［3］【今注】吴楚七國:吴王劉濞，楚王劉戊，膠西王劉卬，趙王劉遂，濟南王劉辟光，淄川王劉賢，膠東王劉雄渠。

［4］【今注】内史:王國内史。漢初爲王國自署，主一國之政，其權有時超過相。西漢武帝時期，“中尉官罷，職并内史”，成帝綏和元年（前8）省内史，更令相治民，如郡太守，中尉如郡都尉。《漢舊儀》:“漢置内史一人，秩二千石，治國如郡太守、都尉職事。調除吏屬。相、中尉、傅不得與國政，輔王而已。當有爲，移書告内史。内史見傅、相、中尉，禮如都尉。”

［5］【今注】案，《漢書》卷五《景帝紀》載，漢景帝中元三年（前147）冬十一月:罷諸侯御史大夫官;景帝中元五年秋八月，更名諸侯丞相爲相。另外，王國屬官皆稱“長”，不稱“令”，百官秩禄亦降。

［6］【劉昭注】《前書》曰:“改漢内史爲京兆尹，中尉爲執金吾，郎中令爲光禄勳。”

［7］【劉昭注】《漢舊儀》曰:“大司空何武奏罷内史，相如太守，中尉如都尉，參職。是後中尉爭權，與王相奏，常不和也。”

［8］【劉昭注】臣昭曰:觀夫高祖之創業也，豈直鴻勳碩德，大庇群生，蕩其毒虐，厝之和泰而已哉！至於謀深慮久，封建子弟，蕃維盤固，規謀弘遠。及於三趙不終，燕靈夭絶，齊、代、

淮、楚皆爲外重，故宋昌曰“外畏齊、楚、淮南”，斯非效與？事過則獘，孰或通之？全國之難，誠固財物之富，作衛之益，亦既得之於前矣，故賜以几杖，用息姦謀。嗣隕局下，怨生有以，逮連師構亂，兵交梁闕，禦侮摧寇（摧，殿本作“推”），肇自密戚（肇，殿本作“肇”）。景帝遂削蕃國之權，刻骨肉之援，封爲君而不聽治其民，置爲主而稍賤其臣，矯枉過甚，遂臻于此。吕、霍之危朝，后族愈貴於來寵，吴、楚之叛奔，侯王恒借以受誚，故賈誼欲衆建以少其力，列虚以俟其生，此乃達觀深識，監于親陪之要者也。冢嗣必傳萬里之地，分支欲使動揺不得，於經維遠筭，且已礙矣。復哀平之際，劉氏遍於四海，宗正著録，遂以萬數。及乎後漢，彌循前迹，光武十子，並列畿外近郡，孝明八國，不能開庇遠民。國近則不可以大，不大則不足爲强，此所以本枝之援，終以少固。若使漢分兩越置二三親國，剖吴、楚樹數四列蕃，割遼海而分皇枝，開隴蜀而王子弟，使主尊顯，依漢初之貴，民無定限，許滋養之富；若有昏虐之嗣，可得廢而不得削，必傳劉氏。民信所奉，發其侵伐兼并之釁，峻其他族簒殺之科，制其入貢輕重之法，疏其來朝往復之數。君君臣臣，永許百世之期，一國之民，長無遷動之志，四方得志，聽離官列封，懷賢抱智，隨所適樂土。强弱相侔，遠近相摧，舉其大歸，略其小滯，與其畫一，班之海内。天子之朝，自非異姓僭奪，不得興勤王之師。諸蕃國，自非雜互簒主，不降討伐之詔。犬牙相經，共爲嚴國，雖王莽善盗，將何因而敢竊（因，大德本作“回”），曹操雄勇，亦安能以得士。斯無俟極聖然克行，明賢粗識亦足立。故父子首足也，昆弟四支也（支，殿本作“肢”），當使筋骨髓血，動静足以相勝，長短大小，幹用足以相衛。豈有割脛致腹，取骨肉以增頭，剝背露骨，剥膏腴以禆頷，而謂顱顙魁岸，可得比壽松、喬，喉咽擁腫，必能長生久視哉？漢氏得之微，猶能四百載，魏人失之甚，不滿數十年。爰自晉世，矯枉太過，入列皇朝，非簡賢之授，唯親是貴，無愚智之辨。不能勝衣冠，早據公相之尊，童蒙幼子，遄登槐嶽之位。職應論道，而未離保母之養，續侯賦政，而服二三尺衣。英賢大度，稟彼昏稚，高才碩儒，恭承藐識。公餗覆而不憂，美錦碎而愈截。兼授若流，迴遷競路，才駑任重，功尠釁多。曉比名於公旦（名，大德本作“明”），夕同罪於盜跖，褒稱無位，可以充德，貶退刑轘，不足以塞咎。或力强濟，聲實隆重，嫌猜畏逼，身受其弊。覆滅分體，若梟仇寇，齏粉同氣，有過他逆。忠貞之士，横羅其凶（羅，殿本作“罹”），志節之人，狼狽其禍。閟伯、實沈，繼踵史筆，顯思顯甫，比有國書。趙倫以惷愚排天，齊攸以賢明謝世，枉鬱殄夷，冤孫就盡，不可勝載矣。豈周、漢之君多孝悌之性，晉、宋之主稟豺狼之情，蓋事勢使之然也。朝行斯術，夕窮崩亂，未能革悛，來事愈甚。蒼生爲此將盡矣，四海爲此構贓矣（贓，大德本作“賊”）！聖帝英君，欲反斯敗，必當更開同姓之國，置不增之約，罷皇胤入官之禍（官，殿本作“宫”），守盟牲礪河之篤，乃可還嶮墜之路（嶮，大德本、殿本作“險”），反乎全安之轍也。

中尉一人，[1]比二千石。本注曰：職如郡都尉，主盜賊。[2]郎中令一人，[3]僕一人，皆千石。本注曰：郎中令掌王大夫、郎中宿衛，官如光禄勳。[4]自省少府，職皆并焉。僕主車及馭，[5]如太僕。本注曰太僕，比二千石，武帝改，但曰僕，又皆減其秩。治書，[6]比六百石。本注曰：治書本尚書更名。大夫，比六百石。本注曰：無員。掌奉王使至京都，[7]奉璧賀正月，及使諸國。本皆持節，後去節。謁者，[8]比四百石。本注曰：掌冠長冠。本員十六人，後減。禮樂長。本注曰：主樂人。衛士長。本注曰：主衛士。醫工長。本注曰：主醫藥。永巷長。本注曰：宦者，主宫中婢使。祠祀長。本注曰：主祠祀。皆比四百石。[9]郎中，[10]二百石。本注曰：無員。

［1］【今注】中尉：掌武職，主軍吏，爲王之輔佐。西漢武帝時期省，成帝綏和元年（前8）復置，職如郡都尉，秩比二千石。今江蘇徐州市獅子山楚王陵墓出土有“楚中尉印”封泥。

［2］【劉昭注】《東觀書》曰：“其紹封削绌者，中尉、内史官屬亦以率減。”

［3］【今注】郎中令：漢置，職如光禄勳，初秩二千石。西漢武帝時期，損其郎中令，秩千石，後又一度降爲六百石。東漢復秩千石。

［4］【今注】光禄勳：秦置郎中令，漢因之。西漢武帝太初元年（前104）更名光禄勳，王莽改爲司中，東漢仍稱光禄勳。《漢書·百官公卿表上》顔師古注：“應劭曰：‘光者，明也。禄者，爵也。勳，功也。’如淳曰：‘胡公曰：勳之言閽也。閽者，古主門官也。光禄主宫門。’師古曰：‘應説是也。’”

［5］【今注】僕：原稱“太僕”，秩比二千石，西漢武帝時改曰僕，減其秩爲千石。東漢沿置，秩千石，掌車馬及馭。今見湖南省博物館藏西漢“長沙僕”石印，故宫博物院藏“淮南之僕”青銅印。

［6］【今注】治書：原稱“尚書”，秩六百石，後更其名，減其秩爲比六百石。

［7］【今注】案，王，大德本作“主”。

［8］【今注】案，本書《輿服志下》：“唯長冠，諸王國謁者以爲常朝服云。”

［9］【劉昭注】自禮樂長至此，皆四百石。

［10］【今注】郎中：西漢置，屬王國郎中令，備顧問、參與謀議，秩二百石，多以文學之士充任。《漢書》卷五一《枚乘傳》："枚乘字叔，淮陰人也，爲吴王濞郎中。"

衞公、宋公。[1]本注曰：建武二年，封周後姬常爲周承休公；五年，封殷後孔安爲殷紹嘉公。十三年，改常爲衞公，安爲宋公，以爲漢賓，在三公上。[2]

［1］【今注】衞公宋公：前代之封，始於西漢武帝。元鼎四年（前113），封周後嘉爲周子南君。元帝初元五年（前44），以周子南君爲周承休侯。成帝綏和元年（前8），封孔吉爲殷紹嘉侯，後與周承休侯皆進爵爲公。平帝元始四年（4），改殷紹嘉公曰宋公，周承休公曰鄭公。東漢光武帝建武二年（26），以周後姬常爲周承休公。建武五年，封殷後孔安爲殷紹嘉公。建武十三年，以殷紹嘉公爲宋公，周承休公爲衞公。

［2］【劉昭注】《五經通義》："二王之後不考功，有誅無絶。"鄭玄曰："王者存二代而封及五，郊天用天子禮以祭其始祖，行其正朔，此謂通三統也。三恪者，敬其先聖，封其後而已，無殊異者也。"

列侯，[1]所食縣爲侯國。本注曰：承秦爵二十等，爲徹侯，金印紫綬，以賞有功。功大者食縣，小者食鄉、亭，得臣其所食吏民。[2]後避武帝諱，爲列侯。武帝元朔二年，令諸王得推恩分衆子土，國家爲封，亦爲列侯。[3]舊列侯奉朝請在長安者，位次三公。中興以來，唯以功德賜位特進者，次車騎將軍；[4]賜位朝侯，[5]次五校尉；[6]賜位侍祠侯，次大夫。[7]其餘以肺附及公主子孫奉墳墓於京都者，[8]亦隨時見會，位在博士、議郎下。[9]

[1]【今注】列侯：秦置二十等爵制，徹侯爲其最高一級，後避武帝諱，改稱通侯，又稱列侯。漢初論功封列侯者，凡百四十三人。漢制常以列侯爲相，唯公孫弘布衣，數年登相位，武帝乃封爲平津侯，其後爲故事。諸侯王推恩分封子弟，亦稱列侯（王子侯）。又有以外戚和恩澤封侯者。漢代列侯但食定户，以户邑爲制，不以里數爲限。西漢食邑多者萬户，少者數百，皆爲縣侯。東漢又有都鄉侯、鄉侯、都亭侯、亭侯，共五級。張家山漢簡《二年律令·户律》顯示，漢初"徹侯受百五宅"（第52頁）。

[2]【今注】案，本書卷一〇下《皇后紀下》李賢注："漢法，大縣侯位視三公，小縣侯位視上卿，鄉侯、亭侯視中二千石也。"

[3]【今注】案，《通典》卷三一《職官十三》："武帝改漢内史、中尉、郎中令之名，而王國如故，員職皆不得自置。又令諸王得推恩封子弟爲列侯，於是齊分爲七，趙分爲六，梁分爲五，淮南分爲三。又令諸侯十月獻酎金，不如法者，國除。其縣邑皆别屬他郡。千户置家丞，不欲者聽之。作左官之律，附益之法。自後諸侯王唯得衣食租税。"

[4]【劉昭注】胡廣《漢制度》曰："功德優盛，朝廷所敬異者，賜特進，在三公下，不在車騎下。"【今注】案，《漢官儀》曰："諸侯功德優盛，朝廷所敬異者，賜位特進，在三公下；其次朝廷，在九卿下；其次侍祠侯；其次下土小國侯，以肺腑親公主子孫，奉墳墓於京師，亦隨時朝見，是爲隈諸侯。"又"皇后父兄，率爲特進侯，朝會位次三公。故章帝啓馬太后曰：'漢典：舅氏之封侯，猶皇子之爲王。'其功臣四姓爲朝侯、侍祠侯，皆在卿校下"。

[5]【今注】案，朝侯，殿本作"朝廷侯"。

［6］【今注】案，古代春季朝見天子曰“朝”，秋季朝見曰“請”。西漢所授“奉朝請”者特許參加朝會，班次亦可提高。如本書《百官志四》“河南尹一人，主京都，特奉朝請。”

［7］【今注】案，蔡邕《獨斷》卷下云：“侍祠郊廟稱侍祠侯，其次下土，但侍祠無朝位，次小國侯，以肺腑宿衛親公主子孫奉墳墓在京者，亦隨時見會，謂之猥朝侯也。”

［8］【今注】胏附：同“肺腑”，這裹指“宗室親近”。《漢書》卷五二《田蚡傳》顔師古曰：“舊解云肺附，如肝肺之相附著也。一説，肺，斫木札也，喻其輕薄附著大材也。”

［9］【劉昭注】胡廣《制度》曰：“是爲猥諸侯。”

諸王封者受茅土，[1]歸以立社稷，禮也。[2]列土、特進、朝侯賀正月執璧云。[3]

［1］【今注】茅土：指王、侯的封爵。本書《祭祀志下》劉昭注引《獨斷》曰：“封諸侯者，取其土，苞以白茅授之，以立社其國，故謂之受茅土。漢興，唯皇子封爲王者得茅土，其他臣以户數租入爲節，不受茅土，不立社也。”

［2］【劉昭注】胡廣曰：“諸王受封，皆受茅土，歸立社稷。本朝爲宫室，自有制度。至於列侯歸國者，不受茅土，不立宫室，各隨貧富，裁制黎庶，以守其寵。”

［3］【今注】列土：指分封土地。　特進：指加位進銜。　朝侯：謂“奉朝請”之列侯。

每國置相一人，其秩各如本縣。本注曰：主治民，如令、長，不臣也。但納租于侯，以户數爲限。其家臣，置家丞、庶子各一人。[1]本注曰：主侍侯，[2]使理家事。列侯舊有行人、洗馬、門大夫，凡五官。中興以來，食邑千户已上置家丞、庶子各一人，不滿千户不置家丞，又悉省行人、洗馬、門大夫。

［1］【今注】案，秦代卿級爵位以上置家嗇夫，使理家事。嶽麓書院秦簡（簡2089）：“廿年後九月戊戌以來，其前死及去乃後還者，盡論之如律。卿，其家嗇夫是坐之。”〔陳松長：《嶽麓書院藏秦簡（肆）》，第53頁〕今廣西貴縣羅泊灣二號墓出土有南越國“家嗇夫印”，乃沿秦制。漢代列侯則置家丞，初秩三百石，後減爲比三百石。

［2］【今注】案，主，大德本作“王”。

關内侯，[1]承秦賜爵十九等，爲關内侯，無土，寄食在所縣，民租多少，各有户數爲限。[2]

［1］【劉昭注】如淳曰：“列侯出關就國，侯但爵身，其有家累者與之關内之邑，食其租税也。”《古今注》曰：“建武六年，初令關内侯食邑者俸月二十五斛。”【今注】關内侯：秦置二十等爵制，關内侯屬第十九級。《史記》卷九《吕太后本紀》“關内侯”《集解》引如淳曰：“《風俗通》：‘秦時六國未平，將帥皆家關中，故稱關内侯。’”漢初論功封關内侯者，凡百一十三人。關内侯衹準食邑，不許立國。張家山漢簡《二年律令·户律》顯示，關内侯可以授田九十五頃，受宅九十五。

［2］【劉昭注】荀綽《晉百官表注》曰：“時六國未平，將帥皆家關中，故以爲號。”劉劭《爵制》曰：“春秋傳有庶長鮑。商君爲政，備其法品爲十八級（其，大德本作‘具’），合關内侯、列侯凡二十等，其制因古義。古者天子寄軍政於六卿，居則以田，

警則以戰，所謂入使治之，出使長之，素信者與衆相得也。故啓伐有扈，乃召六卿，大夫之在軍爲將者也。及周之六卿，亦以居軍，在國也則以比長、閭胥、族師、黨正、州長、鄉大夫爲稱（鄉，殿本作‘卿’），其在軍也則以卒伍（卒，大德本作‘率’）、司馬、將軍爲號，所以異在國之名也。秦依古制，其在軍賜爵爲等級，其帥人皆更卒也，有功賜爵，則在軍吏之例。自一爵以上至不更四等，皆士也。大夫以上至五大夫五等，比大夫也。九等，依九命之義也。自左庶長以上至大庶長，九卿之義也。關内侯者，依古圻内子男之義也。秦都山西，以關内爲王畿，故曰關内侯也。列侯者，依古列國諸侯之義也。然則卿大夫士下之品，皆放古，比朝之制而異其名，亦所以殊軍國也。古者以車戰，兵車一乘，步卒七十二人，分翼左右。車，大夫在左，御者處中，勇士居右，凡七十五人。一爵曰公士者，步卒之有爵爲公士者。二爵曰上造。造，成也。古者成士升於司徒曰造士，雖依此名，皆步卒也。三爵曰簪裹，御駟馬者。要裹，古之名馬也。駕駟馬者其形似簪，故曰簪裹也。四爵曰不更。不更者，爲車右，不復與凡更卒同也。五爵曰大夫。大夫者，在車左者也。六爵爲官大夫，七爵爲公大夫，八爵爲公乘，九爵爲五大夫，皆軍吏也。吏民爵不得過公乘者，得貰與子若同産。然則公乘者，軍吏之爵最高者也。雖非臨戰，得公卒車，故曰公乘也。十爵爲左庶長，十一爵爲右庶長，十二爵爲左更，十三爵爲中更，十四爵爲右更，十五爵爲少上造，十六爵爲大上造，十七爵爲駟車庶長，十八爵爲大庶長，十九爵爲關内侯，二十爵爲列侯。自左庶長已上至大庶長，皆卿大夫，皆軍將也。所將皆庶人、更卒也，故以庶更爲名。大庶長即大將軍也（即，大德本作‘皆’），左右庶長即左右偏裨將軍也。”《古今注》曰：“成帝鴻嘉三年（三，殿本作‘二’），令吏民得買爵，級千錢。”

四夷國王，[1]率衆王，[2]歸義侯，[3]邑君，[4]邑長，[5]皆有丞，比郡、縣。

[1]【今注】案，如夜郎王、滇王、句町王、邛谷王、哀牢王等。1956年晉寧石寨6號墓出土有漢朝所賜"滇王印"。

[2]【今注】案，如雁門烏桓率衆王無何、鮮卑率衆王烏倫等。

[3]【今注】案，如越歸義侯嚴，越歸義侯甲，歸義侯因淳王復陸支、樓剸王伊即軒，歸義侯僕多，烏桓歸義侯卑爰疐。1959年新疆新和縣幹什格提古城出土有"漢歸義羌長"青銅印。

[4]【今注】案，《漢書》卷九五《西南夷傳》："（夜郎王）興將數千人往至亭，從邑君數十人入見立（牂柯太守陳立）。"

[5]【今注】案，今見"漢叟邑長"銅印、"漢青衣羌邑長"印。

百官受奉例：[1]大將軍、三公奉，月三百五十斛。中二千石奉，月百八十斛。二千石奉，月百二十斛。比二千石奉，月百斛。千石奉，月八十斛。六百石奉，月七十斛。比六百石奉，月五十斛。四百石奉，月四十五斛。比四百石奉，月四十斛。三百石奉，月四十斛。比三百石奉，月三十七斛。二百石奉，月三十斛。比二百石奉，月二十七斛。一百石奉，月十六斛。斗食奉，月十一斛。[2]佐史奉，月八斛。[3]凡諸受奉，皆半錢半穀。[4]

[1]【劉昭注】《古今注》曰，建武二十六年四月戊戌，增吏奉如此，志例以明也。【今注】案，本書卷一下《光武帝紀下》：

"（建武）二十六年春正月，詔有司增百官奉。其千石已上，減於西京舊制；六百石已下，增於舊秩。"

［2］【劉昭注】《漢書音義》曰："斗食禄，日以斗爲計。"

［3］【劉昭注】《古今注》曰："永和三年，初與河南尹及雒陽員吏四百二十七人奉，月四十五斛。"臣昭曰：此言豈其妄乎？若人人奉四十五斛，則四百石秩爲太優而無品（太，殿本作"大"），若共進奉者人不過一斗，亦非義理。【今注】案，王鳴盛《十七史商榷》卷三四《後漢書六·官奉》云："考《光武紀》：'建武二十六年春正月，詔有司增百官奉。'彼李賢注即引《續漢志》以釋之，則與此志之文宜無不同矣。今以二者參對：彼千石月九十斛，比千石月八十斛，與此不同。考其上下，二千石有比二千石，六百石有比六百石，四百石有比四百石，三百石有比三百石，二百石有比二百石，何以千石别無比千石？明係《百官志》傳寫者於'千石奉'之下誤脱落'月九十斛比千石'七字耳。但彼文'比六百石月五十五斛，四百石月五十斛，比四百石月四十五斛'，三者皆與此文互異，則殊不可解。至於西京官奉之例，《前書》不見，而顔師古注乃於《百官公卿表》題下詳述其制。今以李賢所引《續志》細校之，内惟比六百石顔云六十斛，李賢云五十五斛，此爲小異，而其餘一概相同。夫顔師古所述前漢制也，李賢所引後漢制也，何相同乃爾？且《光武紀》文於'增百官奉'之下即繼云：'其千石已上，減於西京舊制；六百石已下，增於舊秩。'今以校顔注，則是千石已上建武固毫無所增，而六百石已下僅有比六百石一條不同，而如顔説，則建武反減於西京五斛，何云增乎？此必師古失記建武增奉之事，直取《續漢志》以注《百官表》，以後漢制當前漢制也。要之，顔與李賢同時，所見《續漢書》志本與劉昭所據之本傳録參差，未知孰是，而西京官奉之制則已無可考。"

［4］【劉昭注】荀綽《晉百官表注》曰："漢延平中（延，大德本作'廷'），中二千石奉錢九千（奉，殿本作'舉'），米七

十二斛。真二千石月錢六千五百，米三十六斛。比二千石月錢五千，米三十四斛。一千石月錢四千，米三十斛。六百石月錢三千五百，米二十一斛。四百石月錢二千五百，米十五斛。三百石月錢二千，米十二斛。二百石月錢一千，米九斛。百石月錢八百，米四斛八斗。"《獻帝起居注》曰："帝在長安，詔書以三輔地不滿千里，而軍師用度非一，公卿已下不得奏除。其若公田，以秩石爲率，賦輿令各自收其租税（輿，大德本、殿本作'與'）。"【今注】案，王鳴盛《十七史商榷》卷三四《後漢書六·官奉》云："奉既錢穀各半，而劉昭又引荀綽《晉百官表注》，備陳漢延平中，自中二千石下至百石錢米之數，以《續志》並李賢、顔師古二條細參，乃知各條所説數皆是立法如此，臨時尚須按照當時穀價之貴賤以錢代給其半也。《前·貢禹傳》：'禹上書曰："臣禹爲諫大夫，秩八百石，奉錢月九千二百。爲光禄大夫，秩二千石，奉錢月萬二千。"'今荀綽所説中無八百石之秩，而二千石止錢六千五百，比二千石止錢五千，多寡相懸如此。延平乃後漢殤帝號，如荀説，後漢奉減於前漢遠矣，何云增乎？但《前·蓋寬饒傳》，寬饒爲司隸校尉，'奉錢月數千'。司隸校尉秩二千石，而云月數千，則又與貢禹所言不同。存疑備考。"

贊曰：帝道淵默，[1]冢帥修德。[2]寡以御衆，分職乃克。[3]不置不監，[4]無驕無忒。[5]程是師徒，[6]寧民康國。

[1]【今注】淵默：深沉静默。

[2]【今注】冢：大的，地位高的。《爾雅·釋詁》："冢，大也。"

[3]【今注】克：勝任。

[4]【今注】不置不監：不自以爲有德行也不用自察。不置，

謙辭，猶言不德，謂不自以爲有德。《大戴禮記·文王官人》："有知而不伐，有施而不置。"清汪照《大戴禮記注補》："置，當讀如德。"不監，監，古同"鑒"，鏡子。《尚書·酒誥》："人無於水監，當於民監。"

［5］【今注】忒：差繆。

［6］【今注】程：法式。

後漢書　志第二十九

輿服上

[1]【今注】案，根，紹興本訛作“恨”。

[2]【今注】案，戎，紹興本訛作“白”。

[3]【今注】案，卒，紹興本、殿本作“車”，是。

《書》曰：“明試以功，[1]車服以庸。”[2]言昔者聖人興天下之大利，除天下之大害，躬親其事，[3]身履其勤，[4]憂之勞之，不避寒暑，使天下之民物，各得安其性命，[5]無夭昏暴陵之災。[6]是以天下之民，敬而愛之，若親父母；則而養之，[7]若仰日月。夫愛之者欲其長久，不憚力役，[8]相與起作宮室，[9]上棟下宇，以雍覆之，[10]欲其長久也；敬之者欲其尊嚴，不憚勞煩，相與起作輿輪旌旗章表，[11]以尊嚴之。斯愛之至，[12]

敬之極也。苟心愛敬，[13]雖報之至，情由未盡。或殺身以爲之，盡其情也；弈世以祀之，[14]明其功也。是以流光與天地比長。[15]後世聖人，知恤民之憂思深大者，必饗其樂；[16]勤仁毓物使不夭折者，[17]必受其福。[18]故爲之制禮以節之，使夫上仁繼天統物，[19]不伐其功，[20]民物安逸，若道自然，莫知所謝。老子曰："聖人不仁，以百姓爲芻狗。"[21]此之謂也。

[1]【劉昭注】孔安國曰："效試其居國爲政（效，殿本作'玫'；國，紹興本作'煩'），以差其功。"

[2]【劉昭注】孔安國曰："賜以車服，以旌其德，用所任也。"又一通："諸侯四朝，各使陳進治化之言，明試其言，以要其功。功成則錫車服（錫，紹興本作'賜'），以表顯其能用。"【今注】書曰明試以功車服以庸：語出今本《尚書·舜典》。意謂考察諸侯之政績，然後獎勵以相應的車服。

[3]【今注】躬親：親自去做。

[4]【今注】身履其勤：身體力行。

[5]【今注】案，紹興本無"得"字。　性命：秉性天賦。《周易·乾卦·彖辭》"乾道變化，各正性命"，孔穎達《正義》："性者，天生之質，若剛柔遲速之別。命者，人所稟受，若貴賤夭壽之屬是也。"

[6]【今注】夭昏：夭折。　暴陵：欺凌。

[7]【今注】則：取則，效法。

[8]【今注】力役：勞役。

[9]【今注】相與：相互結伴。

[10]【今注】雍：古同"壅"。遮蔽。

[11]【今注】章表：即表彰，宣揚。

［12］【今注】斯：此，這。

［13］【今注】苟：如果，衹要。

［14］【今注】弈世：累世，世世代代。

［15］【今注】流光：指高貴的品德。《春秋穀梁傳》僖公十五年："德厚者流光，德薄者流卑。"

［16］【今注】饗：通"享"，享受。

［17］【今注】毓：養育，繁殖。

［18］【今注】案，受，紹興本作"愛"。

［19］【今注】使夫上仁繼天統物：讓那些擁有最高仁德品行的人秉承天命統理萬物。

［20］【今注】伐：誇耀。

［21］【今注】老子曰聖人不仁以百姓爲芻（chú）狗：語出《道德經》第五章。意思是聖人以天地爲法則，使萬物按照自然規律運行，治理百姓好像對待芻草狗畜一樣。芻，草秆。

夫禮服之興也，[1]所以報功章德，[2]尊仁尚賢。故禮尊貴貴，[3]不得相踰，[4]所以爲禮也。非其人不得服其服，所以順禮也。順則上下有序，德薄者退，德盛者縟。[5]故聖人處乎天子之位，服玉藻邃延，[6]日月升龍，[7]山車金根飾，[8]黄屋左纛，[9]所以副其德，章其功也。賢仁佐聖，封國愛民，黼黻文繡，[10]降龍路車，[11]所以顯其仁，光其能也。[12]及其季末，聖人不得其位，賢者隱伏，是以天子微弱，諸侯脅矣。於此相貴以等，[13]相讁以貨，[14]相賂以利，天下之禮亂矣。至周夷王下堂而迎諸侯，[15]此天子失禮，微弱之始也。自是諸侯宫縣樂食，祭以白牡，擊玉磬，朱干設錫，冕而儛《大武》。[16]大夫臺門旅樹反坫，繡黼丹朱中衣，鏤簋朱紘，此大夫之僭諸侯禮也。[17]《詩》刺“彼己之子，不稱其服”，傷其敗化。[18]《易》譏“負且乘，致寇至”，言小人乘君子器，盜思奪之矣。[19]自是禮制大亂，兵革並作；上下無法，諸侯陪臣，山楶藻棁。[20]降及戰國，奢僭益熾，[21]削滅禮籍，蓋惡有害己之語。[22]競修奇麗之服，[23]飾其輿馬，[24]文罽玉纓，[25]象鑣金鞍，[26]以相夸上。[27]争錐刀之利，[28]殺人若刈草然，[29]其宗祀亦旋夷滅。[30]榮利在己，雖死不悔。及秦并天下，攬其輿服，[31]上選以供御，[32]其次以錫百官。[33]漢興，文學既缺，[34]時亦草創，[35]承秦之制，後稍改定，參稽六經，[36]近於雅正。[37]孔子曰："其或繼周者，行夏之正，乘殷之輅，服周之冕，樂則《韶》《武》。"[38]故撰《輿服》著之于篇，以觀古今損益之義云。[39]

[1]【今注】興：起。

[2]【今注】報功章德：回饋和彰顯功績與品德。報，回報、回饋。

[3]【今注】案，尊，紹興本、殿本作“尊尊”。

[4]【今注】踰：越過、超過。

[5]【今注】縟：謂禮儀繁複。

[6]【今注】玉藻邃延：玉藻是古代帝王冕冠前後懸垂的串以玉珠的五彩絲繩。這些絲繩垂掛在冕冠頂部前後伸展的板片上，謂之邃延。本書《輿服志下》“冕冠，垂旒，前後邃延”劉昭注：“邃，垂也。延，冕上覆。”

[7]【今注】日月升龍：太陽、月亮以及向上升騰的龍的紋飾。

［8］【今注】山車金根飾：漢代緯書認爲帝王盛德，故山出根車。《藝文類聚》卷七一引《孝經援神契》曰：“（王者）德至山陵，則山出根車。”根車，原本是指用自然圓曲的木頭做車輪而製作的車子。山車、根車，後來都用來指代帝王車輿。金根飾，即金飾，以黄金做裝飾。蔡邕《獨斷》卷下：“上所乘曰金根車，駕六馬。”

［9］【今注】黄屋：古代帝王專用的黄繒車蓋。　左纛（dào）：古代皇帝乘輿上的飾物，以犛牛尾或雉尾製成，設在車衡左邊或左騑上。《史記》卷七《項羽本紀》：“漢將紀信説漢王曰：‘事已急矣，請爲王誑楚爲王，王可以閒出。’於是漢王夜出女子滎陽東門被甲二千人，楚兵四面擊之。紀信乘黄屋車，傅左纛，曰：‘城中食盡，漢王降。’”張晏《集解》：“李斐曰：‘纛，毛羽幢也。在乘輿車衡左方上注之。’蔡邕曰：‘以犛牛尾爲之，如斗，或在騑頭，或在衡上也。’”

［10］【今注】黼（fǔ）黻（fú）：禮服上的紋飾。黼，黑白二色相間的斧形花紋。黻，黑青二色相間的亞型花紋。

［11］【今注】降龍：下降的龍形紋飾。　路車：人君所乘之車。這裏指諸侯所乘用的車輿。《詩·大雅·韓奕》“其贈維何？乘馬路車”，鄭玄箋：“人君之車曰‘路車’。”

［12］【今注】光：光大，彰顯。

［13］【今注】案，此，紹興本、大德本、殿本作“是”。　相貴以等：相互之間以等級爲尊貴。

［14］【今注】相讟（dú）以貨：相互之間因財貨而怨恨。讟，怨恨。

［15］【今注】周夷王：西周天子，名燮。周懿王之子，周厲王之父。

［16］【劉昭注】鄭玄注《禮記》曰：“此皆天子之禮也。宫縣，四面縣也。干，盾也。錫，傅其背如龜也。《武》，《萬舞》

也。白牡，大路，殷天子之禮也。白牡，殷牲（牲，紹興本、殿本作‘牡’）。”【今注】“自是諸侯宫縣樂食”至“冕而儛大武”：指諸侯僭越禮儀。《禮記·郊特牲》：“諸侯之宫縣，而祭以白牡，擊玉磬，朱干設錫，冕而舞《大武》，乘大路，諸侯之僭禮也。”縣樂，指鐘磬一類的樂器。縣，懸掛。白牡，白色的公牛，古時天子諸侯祭祀所用。磬，古代的一種樂器，多用玉、石製作，形如曲尺，懸掛着以供敲擊發聲。朱干設錫（yáng），紅色盾牌的背面裝飾以金。干，盾牌。錫，鄭玄注：“傅其背如龜也。”孔穎達《正義》：“謂用金琢傅其盾背。盾背外高，龜背亦外高，故云如龜也。”《大武》，即《萬舞》，古代的一種舞蹈。《詩·邶風·簡兮》“簡兮簡兮，方將《萬舞》”，毛傳“以干羽爲萬舞，用之宗廟山川”，陳奂《傳疏》：“干舞有干與戚，羽舞有羽與旄，曰干曰羽者舉一器以立言也。干舞，武舞；羽舞，文舞。曰萬者又兼二舞以爲名也。”

［17］【劉昭注】鄭玄曰：“此皆諸侯之禮也。旅，道也。屏謂之樹，樹所以蔽行道（紹興本、大德本、殿本無‘樹’字）。管氏樹塞門，塞猶蔽也。禮，天子外屏，諸侯内屏，大夫以簾，士以帷。反坫，反爵之坫也，蓋在樽南。兩君相見，主君既獻，於反爵焉。繡黼丹朱以爲中衣領緣也（黼，紹興本作‘黻’）。繡讀爲綃。綃，繒名也。《詩》云：‘素衣朱綃。’又曰：‘素衣朱襮。’襮，黼領也（黼，紹興本、大德本、殿本作‘繡’）。鏤簋謂刻而飾之也。大夫刻之爲龜耳，諸侯飾以象，天子飾以玉。朱紘，天子冕之紘也。諸侯青組，大夫士當緇組，紘纁邊。”【今注】“大夫臺門旅樹反坫”至“此大夫之僭諸侯禮也”：案，此句係綰合《禮記·禮器》和《郊特牲》兩處的記載而成。《禮記·禮器》：“管仲鏤簋朱紘，山節藻棁，君子以爲濫矣。”又《郊特牲》：“臺門而旅樹反坫，繡黼丹朱中衣，大夫之僭禮也。”然嚴格來説，管仲繫冕的組帶用朱紅色，是以大夫僭越天子禮。紘（hóng），古代冠冕上的帶子，由頷下向上繫於笄。

[18]【今注】“詩刺彼己之子”至“傷其敗化”：語出《詩經·曹風·侯人》。鄭玄箋“不稱者，言德薄而服尊”，是詩人有感於上位者道德敗壞而發。

[19]【今注】“易譏負且乘”至“盜思奪之矣”：典出《周易·解卦·六三爻辭》。王弼注：“處非其位，履非其正，以附於四，用夫柔邪以自媚者也。乘二負四，以容其身。寇之來也，自己所致。雖幸而免，正之所賤也。”

[20]【今注】諸侯陪臣山楶（jié）藻梲（zhuō）：此即就《禮記·禮器》謂管仲山節藻梲而言。諸侯之臣曰陪臣，與天子之臣相別。山楶藻梲，指畫棟雕梁，十分奢華。楶，柱子上支撐房梁的方木。梲，梁上的短柱子。

[21]【今注】益熾：愈加厲害。

[22]【今注】削滅禮籍蓋惡有害己之語：指諸侯因爲禮書記載會暴露自己僭越的罪行，所以删削禮書，使之散亡，令後來人無所考察。《孟子·萬章下》：“北宫錡問曰：‘周室班爵禄也，如之何？’孟子曰：‘其詳不可得聞也。諸侯惡其害己也而皆去其籍。’”

[23]【今注】競修奇麗之服：争相穿著新奇艷麗的服飾。

[24]【今注】案，其，殿本作“以”。

[25]【今注】文罽（jì）：有圖案的毛織物。　玉纓：玉飾的馬鞅。

[26]【今注】象鑣（biāo）：象牙製作的馬勒。鑣，馬嚼子。

[27]【今注】以相夸上：争相炫耀奢華高檔。

[28]【今注】錐刀之利：衹有錐頭、刀尖那麽大點的利益，極言利益小。

[29]【今注】刈（yì）：割。

[30]【今注】案，其，紹興本、大德本、殿本作“而”。　夷滅：消滅。

[31]【今注】攬：總攬，統一制定。

[32]【今注】上選以供御：選用上品以供皇帝御用。

［33］【今注】錫：賜予。

［34］【今注】文學：謂典章之學。上文言戰國諸侯削滅禮籍，是故漢初典章缺漏，其學不興。《論語·先進》謂孔門十哲，“文學，子游、子夏”，邢昺疏：“若文章博學，則有子游、子夏二人也。”

［35］【今注】草創：簡單粗疏的創立。

［36］【今注】參稽：斟酌稽考。

［37］【今注】雅正：典雅純正。

［38］【今注】“孔子曰”至“樂則韶武”：語出《論語·衛靈公》。行夏之正，今本《論語》作“行夏之時”。夏之正，即夏朝的正月，即今農曆正月。三代所定歲首不同，故正月有别。商以夏曆十二月爲歲首，周以夏曆十一月爲歲首。故行夏之正，即用夏曆計時。輅，大車，帝王所乘。《韶》《武》，今本《論語》作“《韶》舞”，虞舜之樂。武，殿本作“舞”。

［39］【今注】古今損益：指制度的古今變化情況。

上古聖人，見轉蓬始知爲輪。[1]輪行可載，因物知生，[2]復爲之輿。輿輪相乘，[3]流運罔極，[4]任重致遠，[5]天下獲其利。後世聖人觀於天，視斗周旋，[6]魁方杓曲，[7]以攜龍角爲帝車，[8]於是迺曲其輈，[9]乘牛駕馬，登險赴難，周覽八極。故《易·震》乘《乾》，謂之《大壯》，[10]言器莫能有上之者也。[11]自是以來，世加其飾。至奚仲爲夏車正，[12]建其斿旐，[13]尊卑上下，各有等級。[14]周室大備，官有六職，百工與居一焉。[15]一器而群工致巧者，車最多，是故具物以時，六材皆良。[16]輿方法地，蓋圓象天；三十輻以象日月；[17]蓋弓二十八以象列星；[18]龍旂九斿，七仞齊軫，[19]以象大火；[20]鳥旟七斿，[21]五仞齊較，[22]以象鶉火；[23]熊旗六斿，五仞齊肩，以象參伐；[24]龜旐四斿，四仞齊首，以象營室；[25]弧旌枉矢，以象弧也：[26]此諸侯以下之所建者也。[27]

［1］【今注】轉蓬：蓬草因隨風飄轉，故稱。

［2］【今注】因物知生：藉由萬物而知道生産製作的方法、途徑。

［3］【今注】相乘：相結合。

［4］【今注】罔極：無極。罔，無、没有。

［5］【今注】任重致遠：背負重任。

［6］【今注】視斗周旋：因爲地球公轉，北斗七星圍繞着北極星四季旋轉。《鶡冠子·環流》："斗柄東指，天下皆春；斗柄南指，天下皆夏；斗柄西指，天下皆秋；斗柄北指，天下皆冬。"斗，指北斗七星。

［7］【劉昭注】《春秋緯》曰："瑶光第一至第四爲魁，第五至第七爲杓，合爲斗。"【今注】魁方杓（biāo）曲：北斗七星其中天樞、天璇、天璣、天權四星圍成的方形區域形似湯勺，稱爲魁；而玉衡、開陽、摇光三星微曲，形似勺柄，稱爲杓。

［8］【今注】以攜龍角爲帝車：（北斗七星）連接東方蒼龍七宿之角宿構成帝王車輦的形狀。《史記·天官書》"北斗七星，所謂'旋、璣、玉衡以齊七政'。杓攜龍角"，張晏《集解》引孟康曰："杓，北斗杓也。龍角，東方宿也。攜，連也。"

［9］【今注】輈（zhōu）：車轅。

［10］【今注】易震乘乾謂之大壯：《周易》之《乾》卦負載着《震》卦，組合成《大壯》之卦。《大壯》是吉卦，陽剛盛長之象。

［11］【劉昭注】《孝經援神契》曰："斗曲杓橈，象成車。房爲龍馬，華蓋覆鉤。天理入魁（理，殿本作'罡'。本注下文

同），神不獨居，故驂駕陪乘，以道踟躕。”宋均注曰：“房星既體蒼龍，又象駕駟馬，故兼言之也。覆鉤，既覆且鉤曲似蓋也。天理入魁，又似御陪乘。”

［12］【今注】奚仲：夏禹大臣，相傳善造車。　車正：相傳爲夏朝官名，主管車輛製造。

［13］【今注】斿（liú）旐（zhào）：此處泛指帶有飾物或圖案的旗幟。斿，古代旌旗上下垂的飄帶。旐，古代畫有龍蛇圖像的旗幟。

［14］【劉昭注】《世本》云：“奚仲始作車。”《古史考》曰：“黄帝作車，引重致遠，其後少昊時駕牛，禹時奚仲駕馬。”臣昭案：服牛乘馬，以利天下，其所起遠矣，豈奚仲爲始？《世本》之誤，《史考》所説是也。

［15］【劉昭注】《周禮》曰：“審曲面埶，以飭五材，以辨民器，謂之百工。”【今注】官有六職百工與居一焉：《周禮》原分《天官冢宰》《地官司徒》《春官宗伯》《夏官司馬》《秋官司寇》《冬官司空》六部（篇），故曰“官有六職”。傳至漢代，闕《冬官司空》一篇，漢人以《考工記》補之，故言“百工與居一焉”。

［16］【劉昭注】鄭玄曰：“取榦以冬，取角以秋，絲漆以夏，筋膠未聞。”自此至弧旌枉矢，皆出《周禮》，“鄭玄曰”即是《周禮注》。

［17］【劉昭注】鄭玄曰：“輪象日月者，以其運行也。日月三十日而合宿。”【今注】輻：車輪中湊集於中心轂上的直木。

［18］【今注】蓋弓：車傘蓋向外延展的骨架。

［19］【劉昭注】鄭玄曰：“軫謂車後横木。”【今注】七仞齊軫：龍旂長七仞，垂下來與車輿之後的横木相齊。

［20］【劉昭注】鄭玄曰：“交龍爲旂，諸侯之所建也。大火，蒼龍宿之心，其屬有尾，尾九星。”【今注】大火：東方蒼龍七宿中的心宿。

［21］【今注】鳥旟（yú）：畫有鳥隼圖案的旗幟。

［22］【劉昭注】鄭玄曰："較者，車高檻木也。"【今注】五仞齊較：鳥旟長五仞，垂下來與車廂兩旁的欄杆相齊。

［23］【劉昭注】鄭玄曰："鳥隼爲旟，州里之所建。鶉火，朱鳥宿之柳，其屬有七星。"【今注】鶉（chún）火：南方朱雀七宿中的柳宿。

［24］【劉昭注】鄭玄曰："熊虎爲旗，師都之所建。伐屬白虎宿，與參連體而六星。"【今注】參伐：西方白虎七宿之參宿中的伐星。

［25］【劉昭注】鄭玄曰："龜蛇爲旐（旐，紹興本、大德本、殿本作'旐'），縣鄙之所建。營室，玄武宿，與東壁連體而四星。"【今注】營室：北方玄武七宿中的室宿。

［26］【劉昭注】鄭玄曰："《覲禮》曰'侯氏載龍旂弧韣'（旂，殿本作'旆'），則旌旗之屬皆有弧也（旗，紹興本作'旂'）。弧以張縿之幅，有衣謂之韣，又爲設矢，象弧星有矢也。妖星有枉矢者，蛇行有尾，因此云枉矢，蓋畫之。"玄注《禮含文嘉》曰："蓋旗有九名：日月爲常，交龍爲旂，通帛爲旃，雜帛爲物，熊虎爲旗，鳥隼爲旟，龜蛇爲旐，全羽爲旞（旞，紹興本訛作'燧'），析羽爲旌。"盧植注《禮記》曰："有鈴曰旂。"干寶注《周禮》曰："枉矢象妖星，非其義也。枉蓋應爲枉直，謂枉矢於弧。"【今注】弧：弧矢星，又名天弓。共有九星，八星如弓形，外一星像矢，在南方朱雀七宿之井宿中。

［27］【劉昭注】《白虎通》曰："居車中，不内顧也。仰即觀天，俯即察地，前聞和鸞之聲，旁見四方之運，此車教之道。《論語》曰：'升車必正立，執綏，車中不内顧。'所以有和鸞以正威儀，節行舒疾也。鸞者在衡，和者在軾，馬動則鸞鳴，鸞鳴則和應。其聲鳴曰和敬（鳴，紹興本、大德本、殿本作'名'）。舒則不鳴，疾則失音，明得其和也。故《詩》云'和鸞雍雍，萬福

攸同'。魯訓曰：'和，設軾者也。鸞，設衡者也。'"許慎曰"《詩》云八鸞鎗鎗"，則一馬二鸞也。又曰"輶車鸞鑣"，知非衡也。《毛詩傳》曰："在軾曰和，在鑣曰鸞。"杜預注《左傳》亦云"鸞在鑣，和在衡"。傅玄《乘輿馬賦注》曰："鸞在馬勒鑣。"干寶《周禮注》曰："和鸞皆以金爲鈴。"《史記》曰："前有錯衡，所以養目也。步中武象，驟中韶護（護，殿本作'濩'），所以養耳也。龍旂九斿，所以養信也。寢兕持虎，鮫韅彌龍（鮫，紹興本、大德本、殿本作'蛟'），所以養威也。故大路之馬，必信至教順然後乘之，所以養安也。"

天子五路，[1]以玉爲飾，[2]錫樊纓十有再就，[3]建太常，[4]十有二斿，九仞曳地，[5]日月升龍，象天明也。[6]夷王以下，周室衰弱，諸侯大路。秦并天下，閱三代之禮，或曰殷瑞山車，金根之色。[7]漢承秦制，御爲乘輿，[8]所謂孔子乘殷之路者也。[9]

[1]【劉昭注】《周禮》王之五路，一曰玉路，二曰金路，三曰象路，四曰革路（革，紹興本作"車"），五曰木路。《釋名》曰："天子所乘曰路，路亦軍事也，謂之路，言行路也。"【今注】五路：天子所乘的五種車輛。路，即輅，一種大車。

[2]【劉昭注】古文《尚書》曰："大路在賓階面，綴路在阼階面。"孔安國曰："大路，玉；綴路，金也。"服虔曰："大路，總名也，如今駕駟高車矣。尊卑俱乘之，其采飾有差。"鄭玄曰："王在焉曰路，以玉飾諸末也。"傅玄《乘輿馬賦注》曰："王路，重較也。"《韻集》曰："軛前橫木曰輅（輅，紹興本、大德本、殿本作'路'）。"

[3]【劉昭注】鄭玄曰："錫面當盧刻金爲之，所謂鏤錫也。

樊讀如鞶帶之鞶，謂今馬大帶也。”鄭衆曰：“纓謂當胸。《士喪禮》曰：‘馬纓三就，以削革爲之。’三就，三重三帀也（帀，紹興本、大德本、殿本作‘匝’）。”鄭玄曰：“纓，今馬鞅（鞅，紹興本作‘鞍’）。玉路之樊及纓，皆以五采罽飾之。十二就（二，紹興本作‘三’），就，成也。”杜預曰：“纓在馬膺前（膺，紹興本、大德本、殿本作‘脅’），如索帬。”《乘輿馬賦注》曰：“繁纓飾以旄尾，金塗十二重。”【今注】錫樊纓十有再就：馬頭部裝飾有鏤金當盧，馬腹帶和馬鞅以五彩毛織物十二圈裝飾。

馬飾（據秦始皇帝陵出土銅車馬繪）

[4]【今注】建太常：豎立着太常旗。太常，畫有日月的旗幟。《尚書·君牙》“厥有成績，紀於太常”，僞孔安國《傳》：“王之旌旗畫日月曰太常。”

[5]【劉昭注】鄭衆曰：“太常，九旗之畫日月者。”鄭玄曰：“七尺爲仞，天子之旗高六丈三尺（天，紹興本作‘大’）。”【今注】曳地：旗幟拖在地上。

[6]【劉昭注】崔駰《東巡頌》曰：“登天靈之威路，駕太一

之象車。”

［7］【劉昭注】殷人以爲大路，於是始皇作金根之車。殷曰乘根，秦改曰金根。《乘輿馬賦注》曰：“金根，以金爲飾。”

［8］【今注】御爲乘輿：以玉路車爲天子乘輿。

［9］【今注】所謂孔子乘殷之路者也：《論語·衛靈公》：“顔淵問爲邦。子曰：‘行夏之時，乘殷之輅，服周之冕，樂則韶舞。放鄭聲，遠佞人。鄭聲淫，佞人殆。’”所謂孔子，殿本作“孔子所謂”；路，殿本作“輅”。

乘輿：金根、安車、立車。[1]輪皆朱班重牙，[2]貳轂兩轄，[3]金薄繆龍，爲輿倚較，[4]文虎伏軾，[5]龍首銜軛，[6]左右吉陽筩，[7]鸞雀立衡，[8]橉文畫輈，[9]羽蓋華蚤，[10]建大旂，十有二斿，畫日月升龍，駕六馬，[11]象鑣鏤錫，[12]金鍐方釳，[13]插翟尾，[14]朱兼樊纓，[15]赤罽易茸，[16]金就十有二，左纛以氂牛尾爲之，[17]在左騑馬軛上，大如斗，[18]是爲德車。[19]五時車，安、立亦皆如之，[20]各如方色，[21]馬亦如之。白馬者，朱其髦尾爲朱鬣云。[22]所御駕六，餘皆駕四，後從爲副車。[23]

［1］【劉昭注】蔡邕曰：“五安五立。”徐廣曰：“立乘曰高車，坐乘曰安車。”【今注】安車：古人通常站立乘車，用於坐乘的車輛則稱爲“安車”。安車一般供年老的高級官員和貴婦使用。　立車：站立乘行的車輛。天子乘輿由金根車作爲正車和五時車作爲副車組成。五時車依春、夏、季夏、秋、冬五時設色，五時施用。同時每一色車又分安車和立車兩種。蔡邕《獨斷》卷下：“法駕：上所乘曰金根車，駕六馬；有五色安車、五色立車各一，皆駕四馬，

是爲五時副車。俗人名之曰‘五帝車’，非也。”

安車（據秦始皇帝陵出土二號銅車馬繪）

立車（據秦始皇帝陵一號銅車馬繪）

［2］【劉昭注】《周禮》曰：“牙也者，以爲固抱也。”鄭衆曰：“牙謂輪輮也，世間或謂之輞。”【今注】朱班重牙：朱紅色斑紋的車輪，有兩圈輪框。班，通“斑”。牙，車輪的外框。兩圈外框可以使車輛行駛更加平穩。

［3］【劉昭注】蔡邕曰：“轂外復有一轂抱轄，其外乃復設轄，抱銅置其中。”《東京賦》曰：“重輪貳轄，疏轂飛軨。”【今注】轂：車輪的中心，由車軸貫穿的地方。　轄：車軸兩頭的金屬栓

鎖，設計用來卡住車輪，不使脱落。

［4］【劉昭注】徐廣曰："繆，交錯之形也。較在箱上。"《説文》曰："檴文畫蕃。"蕃，箱也。《通俗文》曰："車箱爲較。"【今注】金薄繆龍爲輿倚較：用金箔裝飾的兩條交龍作爲車輿的扶手。倚，車輿供坐乘者倚靠的扶手。較，車輿供立乘者抓握的扶手。

［5］【劉昭注】《魏都賦注》曰："軾，車横覆膝，人所馮上者也（上，殿本作'止'）。"【今注】文虎伏軾：車軾上有伏虎紋飾。軾，車輿前方的横木，供立乘者扶握。軾低於較。

［6］【今注】軛：牛馬拉車時套在脖子上的器具。位於車衡之下。

［7］【今注】吉陽筩：形制、功用不明。周一良《〈陳書〉札記》："志文（引者按，即《隋書·禮儀志》）中所謂'左右吉陽筒'，不知何物。《續漢志》言景帝中元五年詔，六百石以上車'軛有吉陽筒'，'諸轓車以上軛皆皆有吉陽筒'。《隋志》此語亦在叙述軛與衡之間，當與二物有關。林巳奈夫氏《漢代之文物》未及，蓋古器物中亦未之見，疑是軛上之孔或環，用以貫轡者也。"〔參見周一良《魏晉南北朝史札記》，收《周一良集》（第二卷），遼寧教育出版社 1998 年，第 683 頁〕吉陽，吉祥。筩，筒狀物。

［8］【劉昭注】徐廣曰："置金鳥於衡上（鳥，殿本作'烏'，是）。"【今注】鸞雀：横木上裝飾的金鳥。　衡：車轅前端的横木。

［9］【今注】檴（jù）文畫輈：車轅上畫有豎直的花紋。檴文，即虡文。虡是古代懸掛鐘鼓架子兩側的立柱，其紋飾按照豎直方向排列，是以有此引申義。《詩·有瞽》"有瞽有瞽，在周之庭。設業設虡，崇牙樹羽。應田縣鼓，鞉磬柷圉"，傳云："或曰畫之。植者爲虡，衡者爲栒。"

［10］【劉昭注】徐廣曰："翠羽蓋黄裏，所謂黄屋車也。金華

施橑末，有二十八枚，即蓋弓也。”《東京賦》曰（東，紹興本作“乘”）：“樹翠羽之高蓋。”薛綜曰：“樹翠羽爲蓋，如雲龍矣。金作華形，莖皆低曲。”【今注】羽蓋華蚤：車傘蓋弓架末端裝飾有金花。

［11］【劉昭注】《東京賦》云：“六方虯之弈弈（方虯，紹興本、大德本、殿本作‘玄虬’）。”

［12］【今注】象鑣鏤錫：象牙製作的馬勒表面用金裝飾。

［13］【今注】金鍐（zōng）：馬頭飾。《文選》載南朝梁江淹雜體詩《袁太尉從駕》“朱棹麗寒渚，金鍐映秋山”，李善注引蔡邕《獨斷》曰：“金鍐者，馬冠也。高廣各五寸。”金韓道昭《五音集韻》引蔡邕《獨斷》作“金鍐，高廣各四寸，在鬉前，以鐵爲之，以金爲文”，與《文選》李善注及本志劉昭注不同，未詳孰是。　方釳（xì）：鐵製的馬頭飾，用以防止馬匹互相衝撞。《文選》張衡《東京賦》“方釳左纛，鉤膺玉瓌”，李善引薛綜注：“方釳，謂轅旁以五寸鐵鏤錫，中央低，兩頭高，如山形而貫中，以翟尾結著之轅兩邊，恐馬相突也。”

［14］【劉昭注】《獨斷》曰：“金鍐者，馬冠也。高廣各五寸，上如三華形（三，紹興本作‘王’，大德本、殿本作‘五’，是），在馬髦前。方釳，鐵也。廣數寸，在馬鬉後（鬉，大德本作‘騣’，殿本作‘鍐’）。後有三孔，插翟尾其中。”薛綜曰：“釳中央兩頭，高如山形，而貫中翟尾結著之。”顔延之《幼誥》曰：“釳，乘輿馬頭上防釳，角所以防罔羅，釳以翟尾鐵翮象之也。”徐廣曰：“金爲馬乂髦（乂，紹興本作‘入’，殿本作‘文’）。”【今注】翟（dí）尾：野雞尾巴上的羽毛。

［15］【今注】朱兼樊纓：朱紅色雙絲細絹的馬腹帶和馬鞅。兼，雙絲細絹。

［16］【今注】赤罽易茸：用大紅色的毛織物替代絲絨。

［17］【今注】氂（máo）牛：即牦牛。

［18］【劉昭注】徐廣曰："馬在中曰服，在外曰騑。"騑亦名驂。蔡邕曰："在最後左騑馬頭上。"【今注】左騑：駕在車轅左邊的馬。

［19］【今注】德車：有德者所乘之車，即指金根車。

［20］【今注】安立亦皆如之：五時車無論是立乘的還是坐乘的，都是這樣的形制。

［21］【今注】各如方色：顏色與五時車各自對應的方色相同。東方，春，青色。南方，夏，赤色。中央，季夏，黄色。西方，秋，白色。北方，冬，黑色。

［22］【今注】白馬者朱其髦尾爲朱鬣云：把白馬的鬃毛和尾巴染成朱紅色，用以裝飾成朱鬣神馬。五時車中，代表秋時西方的車用白馬。朱鬣，這裏指一種紅色鬃尾，身體其餘地方爲白色的神馬。

［23］【劉昭注】古文《尚書》曰："予臨兆民，懔乎若朽索之馭六馬（懔，紹興本、大德本、殿本作'凜'）。"《逸禮·王度記》曰："天子駕六馬，諸侯駕四，大夫三，士二，庶人一。"《周禮》四馬爲乘。《毛詩》天子至大夫同駕四（毛，紹興本作"宅"），士駕二。《易》京氏、《春秋公羊》説皆云天子駕六。許慎以爲天子駕六，諸侯及卿駕四，大夫駕三，士駕二，庶人駕一。《史記》曰，秦始皇以水數制乘六馬。鄭玄以爲天子四馬，《周禮》乘馬有四圉，各養一馬也。諸侯亦四馬，《顧命》，時諸侯皆獻乘黄朱，乘亦四馬也。今帝者駕六，此自漢制，與古異耳。蔡邕《表志》曰："以文義不著之故，俗人多失其名。五時副車曰五帝車，鸞旗曰雞翹（翹，紹興本作'冠'），耕根曰三蓋，其比非一也。"

耕車，[1]其飾皆如之。[2]有三蓋。[3]一曰芝車，置轔耒耜之箙，[4]上親耕所乘也。[5]

[1]【今注】耕車：天子行籍田禮時所乘之車。蔡邕《獨斷》卷下："三蓋車名耕根車，一名芝車，親耕藉田乘之。"

[2]【今注】其飾皆如之：裝飾皆如上述金根車。

[3]【今注】三蓋：三傘蓋。

[4]【今注】置轔（fú）耒耜之箙（fú）：在車欄間的皮夾中放置裝有耒耜等農具的袋子。轔，同"茀"，車欄間的皮夾，通常用來放置玉或弓矢等物品。箙，本是裝弓矢的袋子。

[5]【劉昭注】《新論》桓譚謂楊雄曰："君之爲黄門郎，居殿中，數見輿輦，玉蚤、華芝及鳳皇、三蓋之屬，皆玄黄五色，飾以金玉、翠羽、珠絡、錦繡、茵席者也（絡，紹興本作'珞'）。"《東京賦》曰："立戈迆戛，農輿路木。"薛綜曰："戈，句孑戟（孑，紹興本訛作'一'）。戛，長矛。置車上者邪柱之。迆，邪也。是謂戈路（戈，紹興本作'大'）。農輿三蓋，所謂耕根車也。東耕于藉，乘馬無飾，故稱木也。"賀循曰："漢儀，親耕青衣幘。"《東京賦》説親耕（説，紹興本作"設"），亦云"鸞路蒼龍"。賀循曰："車必有鸞，而春獨鸞路者（獨，紹興本訛作'蘊'），鸞鳳類而色青，故以名春路也。"賦又曰："介御間以剡耜。"薛綜曰："耜，耒金也。廣五寸，著耒耜而載之。天子車參乘，帝在左，御在中，介處右，以耒置御之右。"【今注】上親耕所乘也：本書《禮儀志上》："正月始耕。晝漏上水初納，執事告祠先農，已享。耕時，有司請行事，就耕位，天子、三公、九卿、諸侯、百官以次耕。力田種各耰訖，有司告事畢。是月令曰：'郡國守相皆勸民始耕，如儀。諸行出入皆鳴鍾，皆作樂。其有災眚，有他故，若請雨、止雨，皆不鳴鍾，不作樂。'"

戎車，[1]其飾皆如之。蕃以矛麾金鼓、羽析幢翳，[2]轔胄甲弩之箙。[3]

［1］【今注】戎車：兵車、戰車。

［2］【今注】蕃以矛麾金鼓羽析幢翳：曹金華《後漢書稽疑》："按：'矛麾'，《晉書·輿服志》同，《宋書·禮志》作'牙麾'；'羽析幢翳'，《晉志》作'羽旗幢翳'，《宋志》作'羽幢'。又《集解》引惠棟説，謂徐廣云：'戎車立乘，建牙麾，邪注之，載金鼓羽幢，置甲弩於軾上。'"（中華書局2008年版，第1656頁）按，"矛麾"當從《宋書·禮志》作"牙麾"。牙麾，即牙旗。《文選》張衡《東京賦》"戈矛若林，牙旗繽紛"，李善注："兵書曰，牙旗者，將軍之旌。謂古者天子出，建大牙旗，竿上以象牙飾之，故云牙旗。"又，"析"字本通。《周禮·天官·大宰》"以九職任萬民：……五曰百工，飭化八材"，鄭玄注引鄭司農云："八材，珠曰切，象曰瑳，玉曰琢，石曰磨，木曰刻，金曰鏤，革曰剥，羽曰析。"羽治之曰析。羽析，即治羽以爲飾。幢翳，幢旗。《韓非子·大體》："萬民不失命於寇戎，雄駿不創壽於旗幢。"《方言》卷二"翿、幢，翳也"，錢繹《集釋》："'幢'，亦即'翿'也，亦名'幏'，故《廣雅·釋器》曰：'幢謂之翿。''翿'與'翿'同。又云：'幢謂之幏。'皆以蔽翳爲義也。"幢有羽飾。《漢書》卷七六《韓延壽傳》"建幢棨，植羽葆"，顔師古注曰："幢，麾也。"又曰："植亦立也。羽葆，聚翟尾爲之，亦今纛之類也。"是羽析幢翳，即《宋書·禮志》之"羽幢"。而《晉書·輿服志》改"析"爲"旗"，則與下文"幢翳"二字重複，誤。蕃，通"轓"，車廂兩邊反出如耳的部分，用以遮擋泥塵。金鼓，四金和六鼓，用以指揮行陣和臨陣助威。四金指錞、鐲、鐃、鐸。六鼓指雷鼓、靈鼓、路鼓、鼖鼓、鼛鼓、晉鼓。

［3］【劉昭注】《漢制度》曰："戎，立車，以征伐。"《周官》"其矢箙"。《通俗文》曰："箭箙謂之步义（箙，紹興本作'服'）。"干寶亦曰："今謂之步义。"鄭玄注《既夕》曰："服，車箱也。"顔延之《纫詁》云："弩，矢也。"

獵車，[1]其飾皆如之。重輞縵輪，[2]繆龍繞之。[3]一曰闟猪車，[4]親校獵乘之。[5]

［1］【今注】獵車：天子狩獵用車。

［2］【今注】重輞縵輪：兩圈車輪外框，没有紋飾。輞，車輪外框。縵，本義是無文飾的繒帛，後泛指無紋飾的事物。又蔡邕《獨斷》卷下謂“慢輪有畫”，與本志所云“重輞縵輪”不同，不知孰是。慢，塗抹。《莊子·徐無鬼》“郢人堊慢其鼻端，若蠅翼，使匠石斲之”，陸德明《經典釋文》卷二八引李氏云：“猶塗也。”

［3］【今注】繆：絞結，相互纏繞。

［4］【今注】闟（sè）猪車：蔡邕《獨斷》卷下：“又有蹋猪車，慢輪有畫，田獵乘之。”闟，短矛。《史記》卷六八《商君列傳》“持矛而操闟戟者”，司馬貞《索隱》：“闟，亦作‘鈒’。”《急就篇》卷三“鈒戟鈹鎔劍鐔鍭”，顔師古注：“鈒，短矛也。”獵車謂闟豬車，或據在車上以短矛刺獵野豬命名。而《獨斷》作“蹋猪車”，則其義不詳。

［5］【劉昭注】魏文帝改曰“闟虎車”。

太皇太后、皇太后法駕，[1]皆御金根，[2]加交路帳裳。[3]非法駕，則乘紫罽軿車，[4]雲㯳文畫輈，[5]黄金塗五末、[6]蓋蚤。[7]左右騑，駕三馬。長公主赤罽軿車。大貴人、貴人、公主、王妃、封君油畫軿車。[8]大貴人加節畫輈。皆右騑而已。[9]

［1］【今注】法駕：天子乘輿的一種。東漢太皇太后、皇太后亦用同級别乘輿。蔡邕《獨斷》卷下：“天子出，車駕次第謂之鹵簿，有大駕，有小駕，有法駕。大駕，則公卿奉引，大將軍參乘，

太僕御，屬車八十一乘，備千乘萬騎。在長安時，出祠天於甘泉備之，百官有其儀注，名曰《甘泉鹵簿》。中興以來希用之。先帝時，時備大駕上原陵，他不常用，唯遭大喪乃施之。法駕，公卿不在鹵簿中，唯河南尹、執金吾、洛陽令奉引，侍中參乘，奉車郎御，屬車三十六乘，北郊、明堂則省諸副車。小駕，祠宗廟用之。每出，太僕奉駕上鹵簿於尚書，侍中、中常侍、侍御史、主者、郎令史皆執注以督整諸軍車騎。春秋上陵，令又省於小駕，直事尚書一人從，令以下皆先行。"

［2］【劉昭注】重翟羽蓋者也。【今注】御：使用車輿之謂。

［3］【劉昭注】徐廣曰："青交路，青帷裳。"【今注】交路帳裳：有交錯花紋的帷帳。本書卷一一《劉盆子傳》"乘軒車大馬，赤屏泥，絳襜絡"，李賢注："襜，帷也。車上施帷以屏蔽者，交絡之以爲飾。《續漢志》曰'王公列侯安車，加交絡帷裳'也。"交路，即交絡。

［4］【劉昭注】《字林》曰："軿車有衣蔽，無後轅者謂之輜也。"《釋名》："軿，屏也。四屏蔽，婦人乘牛車也。有邸曰輜，無邸曰軿（軿，大德本作'輧'）。"傅子曰："周曰輜車（輜，

軿車（據《沂南古畫像石墓發掘報告》圖版102繪）

輧車1（據山東鄒城市郭里鄉高李村出土畫像石繪，鄒城孟廟藏）。三馬輧車，太皇太后、皇太后非法駕所乘。

紹興本作‘輧’），即輂也。”【今注】輧（píng）車：有帷幕的車輿。《周禮·春官·車僕》“車僕掌戎路之萃，廣車之萃，闕車之萃，苹車之萃，輕車之萃”，鄭玄注：“苹猶屏也，所用對敵自蔽隱之車也。”又謂杜子春云：“苹車當爲輧車。”孫詒讓《正義》：“此車蓋以韋革周帀四面爲屏蔽，故對敵時可蔽隱以避矢石也。”

［5］【今注】雲𣟴文畫輈：車轅上繪有豎行雲紋。

［6］【劉昭注】徐廣曰：“未詳。疑謂前一轅及衡端轂頭也。”【今注】黄金塗五末：曹金華《後漢書稽疑》：“昭注：‘徐廣曰：“未詳。疑謂前一轅及衡端轂頭也。”’余按：《隋書·禮儀志》曰：‘飾其五末，謂轅轂頭及衡端也。’又‘五末’，《宋書·禮志》同，《晉書·輿服志》皆作‘五采’。”（第1657頁）

［7］【今注】蓋蚤：即前文根車所謂“羽蓋華蚤”之飾。

［8］【今注】封君：受封者，諸侯王、列侯之屬。　案，輧，紹興本作“輜”。

［9］【今注】皆右騑而已：太皇太后、皇太后法駕有左右騑，長公主、大貴人、貴人、公主、王妃、封君的輧車皆僅有右騑。

皇太子、皇子皆安車，朱班輪，[1]青蓋，[2]金華蚤，黑樸文，畫轓文輈，金塗五末。皇子爲王，錫以乘之，故曰王青蓋車。[3]皇孫緑車以從。[4]皆左右騑，駕三。[5]公、列侯安車，[6]朱班輪，倚鹿較，伏熊軾，皁繒蓋，[7]黑轓，右騑。[8]

［1］【今注】朱班輪：朱紅色斑紋的車輪。

［2］【今注】青蓋：青色傘蓋。

［3］【劉昭注】徐廣曰："旂旗九旒，畫降龍。"魏武帝令問東平王："有金路何意？爲是特賜非？"侍中鄭稱對曰："天子五路，金以封同姓，諸侯得乘金路，與天子同。此自得有，非特賜也。"

［4］【今注】緑車：蔡邕《獨斷》卷下："緑車，名曰皇孫車，天子孫乘之以從。"

［5］【劉昭注】《獨斷》曰："緑車名曰皇孫車，天子有孫乘之。"

［6］【今注】公：此處指太傅及三公。太傅，官名。在東漢官制中位列上公，無常職，以善導皇帝爲務。初，光武帝以卓茂爲太傅，後因卓茂去世而省。其後每帝初即位，輒置太傅録尚書事，凡去世，輒省。三公，官名。指朝廷的最高輔政大臣。據文獻記載，三公應起自周代，儘管當時的制度或許遠没有後人想象得那樣完備。經典之中，有關三公的説法有二：一是司馬、司徒、司空的"三司"説，見於今文《尚書》及《韓詩外傳》；二是太師、太傅、太保的"三太"説，見於《周禮》和《大戴禮記》。西漢成帝時，采"三司"説在政治制度上正式建立了漢代的三公官，以丞相爲大司徒，太尉爲大司馬，御史大夫爲大司空。東漢光武帝建武二十七年（51），恢復大司馬爲太尉，又令大司徒、大司空去"大"字，以太尉、司徒、司空爲三公。　列侯：爵名。漢代封爵僅次於諸侯王的等級。原稱"徹侯"，因避漢武帝諱而改，又稱通侯。起初，

列侯有自己的封地和臣僚，權力較大。東漢以來，列侯主要依靠封地食邑，政治上的特權有限。

[7]【今注】皁繒蓋：黑色繒帛做成的傘蓋。

[8]【劉昭注】車有轓者謂之軒。

中二千石、二千石皆皁蓋，[1]朱兩轓。其千石、六百石，[2]朱左轓。轓長六尺，[3]下屈廣八寸，[4]上業廣尺二寸，[5]九文，十二初，[6]後謙一寸，[7]若月初生，示不敢自滿也。[8]景帝中元五年，[9]始詔六百石以上施車轓，[10]得銅五末，軛有吉陽筩。中二千石以上右騑，[11]三百石以上皁布蓋，千石以上皁繒覆蓋，二百石以下白布蓋，皆有四維杠衣。[12]賈人不得乘馬車。[13]除吏赤畫杠，其餘皆青云。[14]

[1]【今注】中二千石：指秩中二千石的官員。凡太常、光禄勳、衛尉、太僕、廷尉、大鴻臚等列於卿位的中央機構的主官，皆爲中二千石。　二千石：指秩二千石的官員，主要包括中央機構中的太子太傅、太子少傅、將作大匠、詹事、水衡都尉、内史等列卿，以及地方上的州牧郡守和諸侯王國相等官員。

[2]【今注】千石：指秩千石的官員，主要包括三公的長史，以及其他中央機構的副職。　六百石：指秩六百石的官員，主要包括中央機構諸令、長，以及地方上的郡丞、縣令等官員。

[3]【今注】尺：長度單位。漢制，一尺約等於 0.231 米。

[4]【今注】寸：長度單位。十寸爲一尺。

[5]【今注】上業：轓上部的擋板。《爾雅·釋器》："大版謂之業。"

[6]【今注】九文十二初：曹金華《後漢書稽疑》："按，《集

解》引惠棟説，謂十二初，蓋象十二月，朱轓不當畫，未詳何指，疑志文有奪誤。今按，《晉書·輿服志》同，唯'九文'作'九丈'。"（第1657頁）案，曹氏所謂《集解》引惠棟説，誤；當是《集解》引黄山説。九文，九種紋飾。

［7］【今注】後謙一寸：上業原廣一尺二寸，後減一寸，以示謙遜。案，一，殿本作"二"。

［8］【劉昭注】案本傳，舊典，傳車驂駕乘赤帷裳，唯郭賀爲冀州，敕去襜帷。《謝承書》曰："孔恂字巨卿，新淦人。州别駕從事車前舊有屏星，如刺史車曲翳儀式。是時刺史行部，發去日晏，刺史怒，欲去别駕車屏星。恂諫曰：'明使君傳車自發晚，而欲徹去屏星，毁國舊儀，此不可行。别駕可去，屏星不可省。'即投傳去。刺史追辭謝請（辭，紹興本作'辟'），不肯還，於是遂不去屏星。"《説文》曰："車當謂之屏星。"

［9］【今注】景帝中元五年：公元前145年。

［10］【今注】始詔六百石以上施車轓：《漢書》卷五《景帝紀》："（景帝中元五年）五月，詔曰：'夫吏者，民之師也，車駕衣服宜稱。吏六百石以上，皆長吏也，亡度者或不吏服，出入閭里，與民亡異。令長吏二千石車朱兩轓，千石至六百石朱左轓。車騎從者不稱其官衣服，下吏出入閭巷亡吏體者，二千石上其官屬，三輔舉不如法令者，皆上丞相御史請之。'先是吏多軍功，車服尚輕，故爲設禁。又惟酷吏奉憲失中，乃詔有司減笞法，定箠令。"

［11］【今注】中二千石以上右騑：秩中二千石以上官員有右騑馬。

［12］【今注】四維杠衣：車傘蓋的柄四面均有布覆蓋。王先謙《後漢書集解》引黄山曰："《晉天文志》大帝上九星曰華蓋……下九星曰杠，華蓋之柄也。"

［13］【今注】賈（gǔ）人：生意人。

［14］【劉昭注】《古今注》曰："武帝天漢四年，令諸侯王大

國朱輪，特虎居前，左兕右麋。小國朱輪畫，特熊居前，寢麋居左右，卿車者也。”【今注】除吏赤畫杠其餘皆青云：除了胥吏用車使用赤紅色塗畫傘蓋柄外，其餘官員用車皆用青色。

公、列侯、中二千石、二千石夫人，會朝若蠶，[1]各乘其夫之安車，右騑，加交路帷裳，皆皁。非公會，[2]不得乘朝車，得乘漆布輜軿車，[3]銅五末。

[1]【今注】會朝若蠶：朝會和祭先蠶。若，和、及。本書《禮儀志上》：“（三月）是月，皇后帥公卿諸侯夫人蠶。祠先蠶，禮以少牢。”

[2]【今注】公會：因公事而集會。

[3]【今注】漆布輜軿車：用塗漆布料做成屏障的車子。

乘輿大駕，[1]公卿奉引，[2]太僕御，[3]大將軍參乘。[4]屬車八十一乘，[5]備千乘萬騎。西都行祠天郊，甘泉備之。[6]官有其注，名曰《甘泉鹵簿》。[7]東都唯大行乃大駕。[8]大駕，太僕校駕；[9]法駕，黄門令校駕。[10]

[1]【今注】乘輿大駕：蔡邕《獨斷》卷下：“天子出，車駕次第謂之鹵簿，有大駕，有小駕，有法駕。大駕，則公卿奉引，大將軍參乘，太僕御，屬車八十一乘，備千乘萬騎。在長安時，出祠天於甘泉備之，百官有其儀注，名曰《甘泉鹵簿》。中興以來希用之。先帝時，時備大駕上原陵，他不常用，唯遭大喪乃施之。”

[2]【今注】奉引：《漢書·郊祀志下》“前上甘泉，先敺失道；禮月之夕，奉引復迷”，顔師古注引韋昭曰：“奉引，前導

引車。"

［3］【今注】太僕：官名。九卿之一，秩中二千石。掌供皇帝車馬，兼管兵器製作、織綬。

［4］【今注】大將軍：官名。東漢置一員，秩萬石，多授予貴戚，常兼録尚書事，與太傅、太尉等共同主持政務。　參乘：陪乘。古代乘車，尊者在左，御者在中，一人在右陪坐，稱"參乘"或"車右"。

［5］【劉昭注】薛綜曰："屬之言相連屬也，皆在後，爲三行。"

［6］【今注】西都行祠天郊甘泉備之：指西漢武帝時在甘泉行祭天之禮，用大駕。甘泉，地名，在今陝西淳化縣西北。

［7］【劉昭注】蔡邕《表志》曰："國家舊章，而幽僻藏蔽，莫之得見。"【今注】鹵簿：古代帝王出行的儀仗。

［8］【今注】東都唯大行乃大駕：東漢祗有運送去世皇帝靈柩時纔用大駕，詳見本書《禮儀志下》。

［9］【今注】校：主掌馬匹之意。《周禮·夏官》有校人，鄭玄注："校人，馬官之長。"

［10］【今注】黄門令：官名。職掌宫中諸宦者，秩六百石。

乘輿法駕，八卿不在鹵簿中。河南尹、執金吾、雒陽令奉引，[1]奉車郎御，[2]侍中參乘。[3]屬車四十六乘。前驅有九斿雲罕，[4]鳳皇闟戟，[5]皮軒鸞旗，[6]皆大夫載。[7]鸞旗者，編羽旄，列繫幢旁。[8]民或謂之雞翹，非也。[9]後有金鉦黄鉞，[10]黄門鼓車。[11]

［1］【今注】河南尹：官名。東漢都雒陽，改河南郡爲尹，設同名官員一人，作爲河南尹地區的最高行政官員。秩二千石。　執金吾：官名。西漢武帝太初元年（前104）由中尉改名而來。職掌

宫廷之外，京師的治安、警衛事務，戒備水火非常之事，秩中二千石。　雒陽令：官名。掌治雒陽縣，秩千石。

［2］【今注】奉車郎：官名。職掌駕馭乘輿法駕。

［3］【今注】侍中：官名。隸屬少府。職掌侍從左右，顧問應對等事務，秩比二千石。

［4］【劉昭注】徐廣曰："斿車有九乘。"前史不記形也。武王剋紂，百夫荷罕旗以先驅。《東京賦》曰："雲罕九斿。"薛綜曰："旌旗名。"

［5］【劉昭注】薛綜曰："闟之言函也，取四戟函車邊。"【今注】鳳皇闟戟：載有短矛的鳳凰車。案，皇，大德本、殿本作"凰"。

［6］【劉昭注】應劭《漢官鹵簿圖》曰："乘輿大駕，則御鳳皇車（皇，殿本作'凰'），以金根爲列。"【今注】皮軒：蒙有虎皮的車廂。　鸞旗：繡有鸞鳥的旗幟。

［7］【劉昭注】胡廣曰："皮軒，以虎皮爲軒。"郭璞曰："皮軒革車。"或曰即《曲禮》"前有士師，則載虎皮"。【今注】大夫載：大夫所乘。

［8］【劉昭注】胡廣曰："建蓋在中。"

［9］【劉昭注】胡廣曰："鸞旗，以銅作鸞鳥車衡上。"與本志不同。

［10］【劉昭注】《説文》曰："鉞，大斧也。"《司馬法》曰："夏執玄鉞，殷執白鉞，周杖黄鉞（杖，殿本作'執'）。"【今注】金鉦：鉦是一種古代樂器。形似鍾而狹長，有柄，擊之發聲。行軍時用以節止步伐。因其用銅製成，故謂之"金鉦"。　黄鉞：鉞是古代的一種大斧，後來演化爲儀仗用具，象徵皇權。用黄玉爲之，故曰"黄鉞"。

［11］【今注】黄門：黄門官，指宦官。黄門，宫門之内，凡屬禁門皆用黄色，故以禁門稱黄門或黄闥。黄門之内用閹人執事，故云。

古者諸侯貳車九乘。[1]秦滅九國，兼其車服，[2]故大駕屬車八十一乘，法駕半之。屬車皆皁蓋赤裏，木轓，戈矛弩箙，尚書、御史所載。[3]最後一車懸豹尾，[4]豹尾以前比省中。[5]

［1］【今注】貳車：副車。《禮記·少儀》"乘貳車則式，佐車則否"，鄭玄注："貳車、佐車，皆副車也。朝祀之副曰貳，戎獵之副曰佐。"

［2］【今注】兼其車服：令車服加倍。兼，兼倍。

［3］【今注】尚書：官名。即尚書令。東漢時，尚書令爲少府屬官，掌凡選署及奏下尚書曹文書衆事，秩千石。　御史：官名。即御史中丞。東漢時，御史中丞名義上隸屬少府，爲御史臺長官，履行監察、執法等職事，責權甚重。秩千石。

［4］【劉昭注】薛綜曰："侍御史載之。"

［5］【劉昭注】《小學漢官篇》曰："豹尾過後，罷屯解圍。"胡廣曰："施於道路，豹尾之内爲省中，故須過後，屯圍乃得解，皆所以戒不虞也。《淮南子》曰'軍正執豹皮，所以制正其衆'，《禮記》'前載虎皮'，亦此之義類。"【今注】豹尾以前比省中：謂鹵簿在豹尾所過以前，類比宫禁之中施行護衛。

行祠天郊以法駕，祠地、明堂省什三，[1]祠宗廟尤省，謂之小駕。[2]每出，太僕奉駕上鹵簿，中常侍、小黄門副；[3]尚書主者，郎、令史副；[4]侍御史，蘭臺令史副。[5]皆執注，以督整車騎，[6]謂之護駕。春秋上陵，[7]尤省於小駕，直事尚書一人從，[8]其餘令以下，皆先行後罷。[9]

［1］【今注】祠地明堂省什三：北郊祭地、祭明堂，鹵簿儀仗省十分之三。

［2］【今注】小駕：蔡邕《獨斷》卷下："小駕，祠宗廟用之。每出，太僕奉駕上鹵簿於尚書，侍中、中常侍、侍御史、主者、郎令史皆執注以督整諸軍車騎。春秋上陵，令又省於小駕，直事尚書一人從，令以下皆先行。"

［3］【今注】中常侍小黄門副：中常侍、小黄門駕副車。中常侍，官名。初稱常侍，西漢元帝以後改稱中常侍。在東漢中常侍的職責主要爲侍從皇帝、顧問應對、贊導宫内諸事，秩比二千石。小黄門，官名。隸屬少府，職掌侍從皇帝左右，收受尚書奏事。其位低於中常侍，而高於中黄門。秩六百石。

［4］【今注】尚書主者郎令史副：尚書令奉駕者，尚書郎、尚書令史駕副車。尚書郎，官名。尚書的屬官，任滿三年稱侍郎。東漢設尚書郎三十六人，主要負責文書起草工作。秩四百石。尚書令史，官名。爲尚書佐吏，先共設十八人，每曹三人，後增劇曹三人，合二十一人。負責文書抄寫謄録，秩二百石。

［5］【今注】侍御史蘭臺令史副：侍御史奉駕，蘭臺令史駕副車。侍御史，官名。亦稱"御史"。御史中丞的屬官，協助中丞處理殿中事務。常備十五員，秩六百石。蘭臺令史，官名。隸屬御史中丞，職掌書奏及印工文書，同時負責校定秘書圖籍。秩六百石。

［6］【今注】執注以督整車騎：按照儀注來監督、整頓車騎儀仗。惠棟《後漢書補注》："注謂儀注，即鹵簿也。"儀注，禮儀的程式文本，即上引蔡邕《獨斷》所提及的《甘泉鹵簿》之類。

［7］【今注】春秋上陵：春秋兩季前往本朝帝陵進行祭祀。本書《禮儀志上》："正月上丁，祠南郊。禮畢，次北郊，明堂，高廟，世祖廟，謂之五供。五供畢，以次上陵。西都舊有上陵。東都之儀，百官、四姓親家婦女、公主、諸王大夫、外國朝者侍子、郡國計吏會陵。晝漏上水，大鴻臚設九賓，隨立寢殿前。鍾鳴，謁者治禮引客，群臣就位如儀。乘輿自東廂下，太常導出，西向拜，折

旋升阼階，拜神坐。退坐東厢，西向。侍中、尚書、陛者皆神坐後。公卿群臣謁神坐，太官上食，太常樂奏食舉，舞《文始》《五行》之舞。樂闋，群臣受賜食畢，郡國上計吏以次前，當神軒占其郡國穀價，民所疾苦，欲神知其動静。孝子事親盡禮，敬愛之心也。周遍如禮。最後親陵，遣計吏，賜之帶佩。八月飲酎，上陵，禮亦如之。”劉昭注引《謝承書》曰：“建寧五年正月，車駕上原陵，蔡邕爲司徒掾，從公行，到陵，見其儀，愾然謂同坐者曰：‘聞古不墓祭。朝廷有上陵之禮，始謂可損。今見其儀，察其本意，乃知孝明皇帝至孝惻隱，不可易舊。’或曰：‘本意云何？’‘昔京師在長安時，其禮不可盡得聞也。光武即世，始葬于此。明帝嗣位踰年，群臣朝正，感先帝不復聞見此禮，乃帥公卿百僚，就園陵而創焉。尚書階西祭設神坐，天子事亡如事存之意。苟先帝有瓜葛之屬，男女畢會，王、侯、大夫、郡國計吏，各向神坐而言，庶幾先帝神魂聞之。今者日月久遠，後生非時，人但見其禮，不知其哀。以明帝聖孝之心，親服三年，久在園陵，初興此儀，仰察几筵，下顧群臣，悲切之心，必不可堪。’邕見太傅胡廣曰：‘國家禮有煩而不可省者，不知先帝用心周密之至於此也。’廣曰：‘然。子宜載之，以示學者。’邕退而記焉。”

［8］【今注】直事：值班、當值。

［9］【今注】其餘令以下皆先行後罷：曹金華《後漢書稽疑》：“按：‘令’下當脱‘史’字。此載小駕‘尚書主者，郎令史副’，而‘春秋上陵，尤省於小駕’，故‘直事尚書一人從，其餘令史以下，皆先行後罷’也。《宋書·禮志》即作‘其餘令史以下’。”（第1660頁）案，“令”下無脱文。前文“直事尚書一人從”者，謂尚書郎。秦漢官制，郎官有值班宿衛之職。尚書郎，初由漢武帝常以郎官供尚書署差遣，負責收發文書章奏庶務而來，後演化爲尚書臺的專門官員。然仍保留有郎官特色，需值事宫中，隨時擔負文書工作。《漢書》卷九九上《王莽傳上》：“宰衡出，從大車前後各十乘，直事尚書郎、侍御史、謁者、中黄門、期門羽林。”《東觀漢

記》卷一二《樊梵傳》："樊梵，字文高，爲尚書郎，每當直事，常晨駐車待漏。"是故小駕所簡省者，自尚書令以下。本志文不誤。先行後罷者，前期制度後漸不行。

輕車，[1]古之戰車也。洞朱輪輿，[2]不巾不蓋，[3]建矛戟幢麾，轓輒弩箙。[4]藏在武庫。大駕、法駕出，射聲校尉、司馬、史士載，[5]以次屬車。[6]在鹵簿中，諸車有矛戟，其飾幡斿旗幟皆五采，制度從《周禮》。吴孫《兵法》云：[7]"有巾有蓋，謂之武剛車。"[8]武剛車者，爲先驅。又爲屬車輕車，爲後殿焉。

[1]【今注】輕車：輕型戰車。《周禮·春官·車僕》"車僕掌戎路之萃，廣車之萃，闕車之萃，苹車之萃，輕車之萃"，鄭玄注"輕車，所用馳敵致師之車也"，孫詒讓《正義》："輕車在五戎中最爲便利，宜於馳驟，故用爲馳敵致師之車，又兼用之田狩也。"

[2]【今注】洞朱：通體朱紅色。

[3]【今注】不巾不蓋：没有帷幔和傘蓋。

[4]【劉昭注】徐廣曰："置弩於軾上（軾，紹興本、大德本訛作'載'），駕兩馬也。"【今注】案，箙，殿本作"服"。

[5]【今注】射聲校尉：官名。北軍五校之一，負責在宫殿之外，守備京師、扈從車駕。秩比二千石。　司馬史士：射聲校尉有司馬一人佐之，秩千石。史士，即吏士。本書《百官志四》射聲校尉，劉昭注引《漢官》曰："員吏百二十九人，領士七百人。"

[6]【今注】以次屬車：按次序駕車跟隨。

[7]【今注】吴孫兵法：即《孫子兵法》。吴孫，孫武，春秋末期齊國人，以兵法見於吴王闔廬。傳見《史記》卷六五。謂之吴孫者，以此與戰國時齊國軍事家孫臏相區别。二者同著有兵法。

《漢書·藝文志·兵書略》著録《吴孫子兵法》八十二篇，《齊孫子》八十九篇。吴孫，殿本作“孫吴”。

［8］【今注】有巾有蓋謂之武剛車：案，此句不見於今本《孫子兵法》。

大使車，立乘，駕駟，[1]赤帷。持節者，重導從：[2]賊曹車、斧車、督車、功曹車皆兩；大車，伍伯璅弩十二人；[3]辟車四人；[4]從車四乘。無節，單導從，減半。

［1］【今注】駕駟：駕四馬。

［2］【今注】持節者重導從：大使車載有持節使者時，用雙重的引導車和隨從車。

［3］【今注】伍伯：鹵簿之中的役卒。伯，大德本、殿本作“百”。　璅弩：一種弩機，不詳其形制。有説即連弩者。

［4］【劉昭注】《周禮·滌狼氏》干寶注曰（滌，殿本作“絛”）：“今卒辟車之屬。”【今注】辟車：開道使人避讓之車。

斧車（據四川彭州太平場出土畫像石繪）

大車（據《沂南古畫像石墓發掘報告》圖版 102 繪）

小使車，不立乘，有騑，赤屏泥油，重絳帷。導無斧車。

近小使車，蘭輿赤轂，[1]白蓋赤帷。從騶騎四十人。[2]此謂追捕考案，有所敕取者之所乘也。[3]

［1］【今注】蘭輿：車輿有欄杆。近小使車用於押送犯罪嫌疑人，下文“此謂追捕考案，有所敕取者之所乘”是也，故乘輿設有欄杆。蘭，通“欄”。

［2］【今注】騶騎：車馬隊裏的騎士。

［3］【今注】敕取：皇帝下令緝拿。

諸使車皆朱班輪，四輻，赤衡軛。其送葬，白堊已下，洒車而後還。[1]公、卿、中二千石、二千石，郊廟、明堂、祠陵，法出，[2]皆大車，立乘，駕駟。他出，乘安車。

［1］【今注】其送葬白堊已下洒車而後還：使車送葬時，用白堊土塗抹輪、輻、衡、軶及以下部位。下棺後，先清除掉白堊土，再駕車返回。白，紹興本作“自”。

［2］【今注】法出：法駕出行。

大行載車，[1]其飾如金根車，加施組連璧交絡四角，金龍首銜璧，垂五采，析羽流蘇前後，[2]雲氣畫帷裳，椟文畫曲轓，長懸車等。[3]太僕御，駕六布施馬。[4]布施馬者，淳白駱馬也，[5]以黑藥灼其身爲虎文。既下，馬斥賣，[6]車藏城北秘宮，皆不得入城門。當用，太僕考工乃内飾治，[7]禮吉凶不相干也。[8]

［1］【今注】大行載車：運載去世皇帝靈柩的車。

［2］【今注】析羽流蘇前後：車廂前後裝飾用羽毛製成的流蘇。

［3］【今注】長懸車等：懸掛長度與車長相等。

［4］【今注】布施馬：黑鬃白馬，同時用藥水在其身上染有虎紋。

［5］【今注】駱馬：白馬有黑鬃。

［6］【今注】斥賣：猶言賤賣。

［7］【今注】考工：官署名。東漢時隸屬太僕，負責製造器械。其長官爲考工令，秩六百石。　内飾治：送入宫中進行裝飾整治。内，指宫中、宫殿。

［8］【今注】干：犯，衝突。

公卿以下至縣三百石長導從，置門下五吏，[1]賊曹、督盜賊、功曹，皆帶劍，三車導；[2]主簿、主記，兩車爲從。縣令以上，加導斧車。公乘安車，則前後并馬立乘。長安、雒陽令及王國都縣加前後兵車，[3]亭長，[4]設右騑，駕兩。璅弩車前伍伯，公八人，中二千石、二千石、六百石皆四人，自四百石以下至二百石皆二人。黄綬，[5]武官伍伯，文官辟車。鈴下、侍閤、門蘭、部署、街里走卒，[6]皆有程品，[7]多少隨所典領。[8]驛馬三十里一置，[9]卒皆赤幘絳韝云。[10]

[1]【今注】門下五吏：指公、卿和州、郡、縣所屬的賊曹、督盗賊、功曹、主簿、主記五吏。

[2]【今注】案，紹興本、大德本、殿本“導”前有“從”字。

[3]【今注】長安雒陽令：長安令及雒陽令。雒陽令已詳前注。長安令，官名。掌治長安縣，秩千石。

[4]【劉昭注】《纂要》，雒陽亭長，車前吹管。【今注】亭長：亭是秦漢地方的基層行政單位。城市設都亭，鄉野立鄉亭。亭長主亭事。

[5]【今注】黄綬：指秩四百石、三百石及二百石的官員。本書《輿服志下》：“四百石、三百石、二百石黄綬。”

[6]【今注】鈴下侍閤門蘭部署街里走卒：這些都是儀仗中分别負責不同事務的侍衛、門卒或僕役。案，蘭，紹興本、大德本、殿本作“闌”。

[7]【今注】程品：程試、規程。

[8]【今注】典領：主管。

[9]【劉昭注】臣昭案：東晉猶有郵驛共置，承受傍郡縣文書。有郵有驛，行傳以相付。縣置屋二區。有承驛吏，皆條所受書，每月言上州郡。《風俗通》曰：“今吏郵書掾、府督郵，職掌此。”

[10]【今注】赤幘（zé）絳鞲（gōu）：火紅色包裹髮髻的方巾，深紅色的皮革袖衣。

古者軍出，師旅皆從；[1]秦省其卒，取其師旅之名焉。公以下至二千石，騎吏四人，千石以下至三百石縣長，二人，皆帶劍，持棨戟爲前列，[2]揵弓韣九鞬。[3]諸侯王法駕，官屬傅相以下，[4]皆備鹵簿，似京都官騎，張弓帶鞬，遮迾出入稱課促。[5]列侯，家丞、庶子導從。若會耕祠，[6]主縣假給辟車鮮明卒，[7]備其威儀。導從事畢，皆罷所假。

[1]【今注】師旅：軍隊編制。古者，五百人爲旅，五旅爲師。

[2]【今注】棨戟：一種用於儀仗的木戟，出行時作爲前導。

帶劍、持棨戟門吏（據《南陽兩漢畫像石》圖 26 繪）。
圖中門吏帶武冠、著長袍、束帶；
腰佩長劍，雙手持戟而立。

［3］【劉昭注】《通俗文》曰："弓韔謂之鞬。"【今注】揵（qián）弓韣（dú）九鞬（jiān）：曹金華《後漢書稽疑》："昭注：'《通俗文》曰："弓韔謂之鞬。"'余按：《集解》引陳景雲説，謂'九'當作'丸'。《左傳》注'櫝丸，箭筩也'。《南匈奴傳》'弓鞬韥丸一矢四發'。又引黄山説，謂《説文》：'韣，弓衣也'；'韔，弓衣也'。注引《通俗文》以鞬爲韔，與韣複，疑誤。"（第1662頁）案，如曹説，"九鞬"不可解，疑"九"作"丸"是。又"韣""鞬"二字相重複。揵，舉起。揵弓韣丸鞬，大致的意思是舉着弓箭及其筒袋等裝備。揵，殿本作"犍"。

［4］【今注】傅相：漢諸侯國最高級别的屬官。本書《百官志五》："皇子封王，其郡爲國，每置傅一人，相一人，皆二千石。本注曰：傅主導王以善，禮如師，不臣也。相如太守。有長史，如郡丞。"

［5］【今注】遮迾：列隊遮攔。

［6］【今注】耕祠：正月始耕前，祭祀先農，行籍田禮。本書《禮儀志上》："正月始耕。晝漏上水初納，執事告祠先農，已享。耕時，有司請行事，就耕位，天子、三公、九卿、諸侯、百官以次耕。力田種各耰訖，有司告事畢。是《月令》曰：'郡國守相皆勸民始耕，如儀。諸行出入皆鳴鍾，皆作樂。其有災眚，有他故，若請雨、止雨，皆不鳴鍾，不作樂。'"

［7］【今注】鮮明卒：衣著鮮明的卒吏。

諸車之文：乘輿，倚龍伏虎，櫎文畫輈，龍首鸞衡，重牙班輪，升龍飛軨。[1]皇太子、諸侯王，倚虎伏鹿，櫎文畫輈轓，吉陽筩，朱班輪，鹿文飛軨，旂旗九斿降龍。公、列侯，倚鹿伏熊，黑轓，朱班輪，鹿文飛軨，九斿降龍。卿，朱兩轓，[2]五斿降龍。二千石以下各從科品。[3]諸轓車以上，軶皆有吉陽筩。

［1］【劉昭注】薛綜曰："飛軨，以緹油廣八寸，長注地，畫左蒼龍右白虎，繫軸頭。二千石亦然，但無畫耳。"盧植《禮記注》曰："軨，轄頭也。"《楚辭》云"倚結軨兮大息（倚，大德本、殿本作'猗'；大，大德本、殿本作'太'）"，王逸注曰"重較也"。李尤《小車銘》曰："軨之嗛虛（虛，紹興本、大德本、殿本作'噓'），疏達開通。"案二家之言，不如綜注所記。【今注】飛軨：車軸頭上繫的飾物，用寬八寸的紅色油布繫在車軸頭上，長度及至地面，畫以紋飾。軨，即車欄，也就是車廂前面和左右兩面橫直交結的欄木。

［2］【今注】案，轓，大德本、殿本作"輪"。

［3］【今注】科品：猶言等級。

諸馬之文：案乘輿，金鍐方釳，插翟象鑣，[1]龍畫總，[2]沬升龍，[3]赤扇汗，[4]青兩翅、鷰尾。[5]駙馬，[6]左右赤珥流蘇，[7]飛鳥節，[8]赤膺兼。[9]皇太子或亦如之。王、公、列侯，鏤錫乂髦，[10]朱鑣朱鹿，[11]朱文，絳扇汗，青翅鷰尾。卿以下有騑者，緹扇汗，[12]青翅尾，當盧乂髦，[13]上下皆通。[14]中二千石以上及使者，乃有騑駕云。

［1］【劉昭注】《爾雅注》曰："鑣，馬勒旁鐵也。"此用象牙。

［2］【今注】龍畫總：總上畫龍。總，馬鑣外包的赤黄色絲織品。《漢書》卷七六《韓延壽傳》"駕四馬，傅總，建幢棨"，顏師古注引晉灼曰："總，以緹繒飾鑣鑣也。"

［3］【今注】沬：意思不詳，疑似有錯簡。根據前後文關係，裝飾有升龍圖案的"沬"，應該和鑣、總、扇汗、翅、尾同同屬裝飾品。（參見邢昊《〈後漢書·輿服志〉車輿類名物詞研究》，碩士

學位論文，重慶師範大學，2014 年）洙，紹興本、大德本、殿本作“洙”。

［4］【劉昭注】《詩》云：“朱幩鑣鑣。”毛傳曰：“人君以朱纏鑣扇汗，且以爲鑣飾。”【今注】扇汗：纏在馬鑣旁的飾巾。

［5］【今注】青兩翅鷰尾：馬上佩幡，兩角青色，邊緣飾有尖角，如燕尾。

［6］【今注】駙馬：副車之馬，駕轅之外的馬。

［7］【今注】赤珥：赤玉做的耳飾。

［8］【今注】飛鳥節：飛鳥形符節。

［9］【今注】赤膺兼：雙重的紅色皮革馬胸帶。膺，皮革製作的馬帶，著於胸前。

［10］【今注】髦：馬的鬃毛。

［11］【今注】朱鹿：朱紅色的緫上繪以鹿形。

［12］【今注】緹（tí）：黄赤色、橘色。

［13］【今注】當盧：馬頭上的飾物，因佩於馬額正中，故稱。

［14］【今注】上下皆通：謂卿以下有騑者，無論其品秩上下，皆通用“緹扇汗，青翅尾，當盧文髦”。

後漢書　志第三十

輿服下

冕冠　長冠　委貌冠　皮弁冠　爵弁冠　通天冠
遠遊冠　高山冠　進賢冠　法冠　武冠　建華冠
方山冠　巧士冠　却非冠　却敵冠　樊噲冠[1]
術氏冠　鶡冠　幘　佩　刀　印　黄赤綬　赤綬
緑綬　紫綬　青綬　黑綬　黄綬　青紺綸　后夫人服

[1]【今注】案，噲，紹興本訛作"喻"。

上古穴居而野處，衣毛而冒皮，[1]未有制度。後世聖人易之以絲麻，觀翬翟之文，[2]榮華之色，[3]乃染帛以效之，始作五采，成以爲服。見鳥獸有冠角頓胡之制，[4]遂作冠冕纓蕤，[5]以爲首飾。凡十二章。故《易》曰："庖犧氏之王天下也，[6]仰觀象於天，俯觀法於地，觀鳥獸之文，與地之宜，近取諸身，遠取諸物，於是始作八卦，[7]以通神明之德，以類萬物之情。"黄帝、堯、舜垂衣裳而天下治，[8]蓋取諸乾巛。[9]乾巛有文，故上衣玄，下裳黄，[10]日月星辰，山龍華蟲，[11]

作繢宗彝，[12]藻火粉米，[13]黼黻絺繡，[14]以五采章施于五色作服。[15]天子備章，[16]公自山以下，侯伯自華蟲以下，子男自藻火以下，卿大夫自粉米以下。[17]至周而變之，以三辰爲旂旗。[18]王祭上帝，[19]則大裘而冕；[20]公侯卿大夫之服用九章以下。[21]秦以戰國即天子位，滅去禮學，郊祀之服皆以袀玄。[22]漢承秦故。至世祖踐祚，都于土中，[23]始修三雍，[24]正兆七郊。[25]顯宗遂就大業，[26]初服旒冕，[27]衣裳文章，赤舄絇屨，[28]以祠天地，養三老五更於三雍，[29]于時致治平矣。[30]

［1］【今注】衣毛而冒皮：穿着動物的皮毛。冒，蒙。

［2］【今注】翬（huī）翟（dí）之文：野雞一類的花紋。翬翟，泛指雉科鳥類。

［3］【今注】榮華：開得熱烈茂盛的花。華，花。

［4］【今注】頩（rán）：同"髯"。腮邊鬍鬚。　制：形制。

［5］【今注】緌蕤（ruí）：冠冕上的裝飾物。

［6］【今注】庖犧氏：即伏羲，是傳説中的上古帝王，創造了八卦、文字。

［7］【今注】八卦：《周易》之中，由三組陰陽爻組合而成的八個基本符號。分别是乾（☰）、坎（☵）、艮（☶）、震（☳）、巽（☴）、離（☲）、坤（☷）、兑（☱）。

［8］【今注】黄帝堯舜垂衣裳而天下治：語出《周易·繫辭下》。這裏的意思是指黄帝及堯、舜憑藉服飾制度順利治理天下。本卷主要介紹服飾制度，故序文借用《易傳》中的話，以誇大的方式强調對其功用。

［9］【今注】巛：同"坤"。

［10］【今注】上衣玄下裳黄：《周易·坤卦》："天玄而地黄。"玄，黑色，像天之色。黄，像地之色。

［11］【劉昭注】孔安國注《尚書》曰："華，象草華；蟲，雉也。"

［12］【劉昭注】古文《尚書》"繢"作"會"。孔安國曰："以五采成此畫焉。宗廟彝樽，亦以山、龍、華蟲爲飾。"

［13］【劉昭注】孔安國曰："藻，水草有文者。火爲火字，粉若粟冰（冰，紹興本、大德本、殿本訛作'米'），米若聚米。"

［14］【劉昭注】孔安國曰："黼若斧形。黻爲兩己相背。葛之精者曰絺。五色備曰繡。"杜預注《左傳》曰："白與黑謂之黼，黑與青謂之黻。"【今注】"日月星辰"至"黼黻絺繡"：語出《尚書·益稷》，兩漢以來的經學家對此句有多種句讀和解釋。今人閻步克認爲下文"天子備章，公自山以下，侯伯自華蟲以下，子男自藻火以下，卿大夫自粉米以下"一句，與鄭玄注"作服者，此十二章爲五服。天子備有焉，公自山龍而下，侯伯自華蟲而下，子男自藻火而下，卿大夫自粉米而下"同；又下文"至周而變之，以三辰爲旂旗"一句，與《周禮·春官·司服》鄭玄注"至周而以日月星辰畫於旌旗，所謂三辰旂旗，昭其明也"同，是以司馬彪序文用鄭義。如此，則此句當讀作"日、月、星辰、山、龍、華蟲，作繢；宗彝、藻、火、粉米、黼、黻，絺繡"。（參見閻步克《服周之冕——〈周禮〉六冕禮制的興衰變異》，中華書局 2009 年版，第 194 頁）案，從目前可見的文獻材料來看，閻説是比較合理的推斷。但是東漢明帝時所定冕服十二章，天子從《尚書》歐陽氏説，公卿以下從《尚書》大小夏侯氏説，此皆早於鄭義。閻氏亦指出，鄭義晚至南梁和北周纔被王朝采用（《服周之冕——〈周禮〉六冕禮制的興衰變異》，第 72 頁）。司馬彪作爲西晉時人，爲東漢寫《輿服志》爲何要用鄭義？此事仍有疑點。況且"日月星辰"以下二十字，四字一讀，自《後漢書》南宋紹興刻本以來已是如此。這

可能是受了劉昭注用僞孔《傳》的影響，也可能是司馬彪在此所用的經説另有依據，不盡同於鄭義。因此，今且存疑而從舊讀，以下注釋若據鄭義者，必加以説明。華蟲，鄭玄合“華蟲”爲一，與僞孔《傳》不同，解作野雞。作繢，鄭玄以此二字屬上讀，指日、月、星辰、山、龍、華蟲六章圖案是繪製在衣裳之上的。宗彝，鄭玄以之屬下讀，認爲是宗廟祭祀所用的飲器圖形，有兩個，一個帶有老虎形象，一個帶有長尾猿形象，即《周禮·春官·司服》鄭注所謂“毳畫虎蜼，謂宗彝也”。粉米，米粒或米粉。鄭玄合“粉米”爲一，與僞孔《傳》不同。黼（fǔ）黻（fú），禮服上的紋飾。黼，黑白二色相間的斧形花紋。黻，黑青二色相間的亞型花紋。絺繡，禮服上的刺繡。鄭玄認爲宗彝、藻、火、粉米、黼、黻六章圖案是刺繡在衣裳之上的。

［15］【劉昭注】孔安國曰：“以五采明施于五色，作尊卑之服。”【今注】五色：青、赤、白、黑、黄五種顏色。古人以之爲正色，分别對應東、南、西、北及中央五方。

［16］【劉昭注】鄭玄《周禮注》曰：“此古天子冕服十二章。”【今注】天子備章：天子的禮服上備有日、月、星辰、山、龍、華蟲、宗彝、藻、火、粉米、黼、黻這十二章圖案。

［17］【今注】“公自山以下”至“卿大夫自粉米以下”：公所服禮服，有山、龍、華蟲、宗彝、藻、火、粉米、黼、黻九章圖案；侯伯所服禮服，有華蟲、宗彝、藻、火、粉米、黼、黻七章圖案；子男所服禮服，有藻、火、粉米、黼、黻五章圖案；卿大夫所服禮服，有粉米、黼、黻三章圖案。

［18］【今注】三辰：指日、月、星辰。

［19］【今注】上帝：即天帝。

［20］【劉昭注】鄭衆曰：“大裘，羔裘。服以祀天，示質也。”【今注】大裘：大裘無章，祭天以質之故。

［21］【劉昭注】鄭玄曰：“華蟲，五色之蟲。《周禮·繢人

職》曰'鳥獸蛇雜四時五色之位以章之'，謂是也。王者相變，至周而以日月星辰畫於旌旗，所謂三辰旂旗，昭其明也。而冕服九章，初一曰龍，次二曰山，次三曰華蟲，次四曰火，次五曰宗彝，皆畫以爲繢；次六曰藻，次七曰粉米，次八曰黼，次九曰黻，皆絺以爲繡。則衮之衣五章，裳四章，凡九也。鷩畫以雉，謂華蟲也。其衣三章，裳四章，凡七也。毳畫虎蜼，謂宗彝也。其衣三章，裳二章，凡五也。絺刺粉米無畫也。其衣一章，裳二章，凡三也（紹興本、大德本'三'後有'章'字）。"《法言》曰："聖人文質備也（備，紹興本無，大德本作'者'），車服以章之，藻色以明之，聲音以揚之，《詩》《書》以光之。籩豆不陳，玉帛不分，琴瑟不鏗，鍾鼓不耾，吾無以見乎聖也！"【今注】用九章以下：如鄭玄説，則祭天，公用衮冕，龍、山、華蟲、火、宗彝、藻、粉米、黼、黻九章，衣五章、裳四章；侯伯用鷩冕，華蟲、火、宗彝、藻、粉米、黼、黻七章，衣三章、裳四章；子男用毳冕，宗彝、藻、粉米、黼、黻五章，衣三章、裳二章；孤用絺冕，粉米、黼、黻三章，衣一章、裳二章；卿大夫用玄冕，衣無文，裳刺黻一章而已。

［22］【今注】郊祀：南郊祭天。　袀（jūn）玄：上衣下裳俱黑。案，據鄭玄説，凡冕服皆玄衣纁裳。袀，紹興本作"袀"。

［23］【今注】都于土中：謂東漢定都雒陽。古人認爲雒陽在天下之中，故謂之"土中"。"土中"之地，宜爲王者所都。《白虎通·京師》："王者京師必擇土中何？所以均教道，平往來，使善易以聞，爲惡易以聞，明當懼慎，損於善惡。《尚書》曰：'王來紹上帝，自服於土中。'聖人承天而制作。《尚書》曰：'公不敢不敬天之休，來相宅。'"

［24］【今注】三雍：指明堂、靈臺、辟雍三種禮制建築。東漢在雒陽城南的郊外建三雍，以明堂祭祀五帝，靈臺迎氣，以辟雍行養老禮。

［25］【今注】正兆七郊：指南郊祭天、北郊祭地以及五郊祭祀五帝之所。東漢南北郊祭以及五時迎氣，參見本書《祭祀志》上、中。

［26］【今注】顯宗：東漢明帝劉莊，公元57年至75年在位。顯宗是其廟號。紀見本書卷二。

［27］【今注】初服：指漢明帝與其臣下制定了冕服制度。　旒（liú）冕：即禮冠。禮冠稱冕，其前後有懸垂的玉串，謂之“旒”。

［28］【今注】赤舄（xì）：天子所穿的一種禮鞋。赤紅色，舄指在鞋底下方用木塊複爲重底。　絇（qú）屨（jù）：禮鞋。絇指鞋頭上的一種裝飾，形如刀鼻，有孔，可以穿繫鞋帶。

絲履（據《長沙馬王堆一號漢墓》下集圖版108繪）

［29］【今注】養三老五更於三雍：指明帝在辟雍初行養老禮。本書《禮儀志上》：“明帝永平二年三月，上始帥群臣躬養三老、五更于辟雍……養三老、五更之儀，先吉日，司徒上太傅若講師故三公人名，用其德行年耆高者一人爲老，次一人爲更也。皆服都紵大袍單衣，皁緣領袖中衣，冠進賢，扶王杖。五更亦如之，不杖。皆齋于太學講堂。其日，乘輿先到辟雍禮殿，御坐東廂，遣使者安車迎三老、五更。天子迎于門屏，交禮，道自阼階，三老升自賓階。

至階，天子揖如禮。三老升，東面，三公設几，九卿正履，天子親袒割牲，執醬而饋，執爵而酳，祝鯁在前，祝饐在後。五更南面，公進供禮，亦如之。明日皆詣闕謝恩，以見禮遇大尊顯故也。”

［30］【今注】致治平：指治道成，而天下太平的樣子。

天子、三公、九卿、特進侯、侍祠侯，[1]祀天地明堂，[2]皆冠旒冕，衣裳玄上纁下。[3]乘輿備文，[4]日月星辰十二章，三公、諸侯用山龍九章，九卿以下用華蟲七章，皆備五采，大佩，[5]赤舄絇履，以承大祭。百官執事者，[6]冠長冠，[7]皆祗服。[8]五嶽、四瀆、山川、宗廟、社稷諸沾秩祠，[9]皆袀玄長冠，五郊各如方色云。[10]百官不執事，各服常冠袀玄以從。[11]

［1］【今注】三公：官名。指朝廷的最高輔政大臣。據文獻記載，三公應起自周代，儘管當時的制度或許遠沒有後人想象得那樣完備。經典之中，有關三公的説法有二：一是司馬、司徒、司空的“三司”説，見於今文《尚書》及《韓詩外傳》；二是太師、太傅、太保的“三太”説，見於《周禮》和《大戴禮記》。西漢成帝時，采“三司”説在政治制度上正式建立了漢代的三公官，以丞相爲大司徒，太尉爲大司馬，御史大夫爲大司空。東漢光武帝建武二十七年（51），恢復大司馬爲太尉，又令大司徒、大司空去“大”字，以太尉、司徒、司空爲三公。　九卿：漢代朝廷一系列高級官員的合稱，而非指具體的九種官職。當時習慣將奉常（太常）、郎中令（光禄勳）、太僕、廷尉（大理）、典客（大鴻臚）、宗正、治粟内史（大司農）、少府、衞尉、中衞（執金吾）、三輔長官等秩中二千石的中央官員並列爲九卿，亦稱“列卿”。　特進侯：爵名。指東漢時，已有列侯而又賜秩位特進者。其爵高於一般列侯。　侍祠侯：爵名。東

漢時，列侯無朝位而負責陪祭者，稱“侍祠侯”。

［2］【今注】明堂：禮制建築。在經典之中，明堂是王者發布德教政令的地方。東漢光武帝建明堂於洛陽南郊，以祀五帝。

［3］【劉昭注】《東觀書》曰：“永平二年正月，公卿議春南北郊，東平王蒼議曰：‘孔子曰：“行夏之時，乘殷之路（路，紹興本、大德本、殿本作‘輅’），服周之冕。”爲漢制法。高皇帝始受命創業，制長冠以入宗廟。光武受命中興，建明堂，立辟雍。陛下以聖明奉遵，以禮服龍袞，祭五帝。禮缺樂崩，久無祭天地冕服之制。接尊事神禮（接，大德本、殿本作“按”；禮，大德本、殿本作“祇”），絜齋盛服，敬之至也。日月星辰，山龍華藻，天王袞冕十有二旒，以則天數；旂有龍章日月，以備其文。今祭明堂宗廟，圓以法天，方以則地，服以華文，象其物宜，以降神（紹興本、大德本、殿本“神”後有“明”字），肅雍備思，博其類也。天地之禮，冕冠裳衣，宜如明堂之制。’”【今注】玄上纁下：上衣黑色，下裳淺絳色。

冕服（據山東嘉祥縣武梁祠畫像石《黄帝像》繪）。
圖中可見黄帝著上衣下裳，有緣，腰帶配飾。
衣上紋飾及配飾表現已不明晰。

[4]【今注】乘輿備文：謂天子所用服飾十二章紋飾齊備。乘輿，泛指皇帝所用器物。蔡邕《獨斷》卷上："車馬、衣服、器械、百物曰乘輿。"據上下文，"乘輿"此處當指天子所用禮服。

[5]【今注】大佩：等級最高的玉珮組，由玉珩、玉璜、玉瑀及衝牙等一系列玉器穿組而成。先秦的大佩制度，至漢時已失傳，漢明帝與大臣據儒家經典恢復了大佩制度，具體詳見本卷下文。

[6]【今注】百官執事者：謂百官中之參與祭祀者。

[7]【今注】長冠：漢代冠飾。内裹用竹板，外表包裹以狹長的漆色布帛。此冠爲漢高祖劉邦微時所造，最初使用竹皮製作。後規定爲祭祀著裝的一部分，又稱"齋冠"。具體詳見本卷下文。

[8]【今注】祗（zhī）服：恭敬地奉行。祗，恭敬的樣子。服，從事。

[9]【今注】五嶽：指東南西北中五方的五座名山。關於其具體所指，有多種説法。漢代五嶽，通常以泰山爲東嶽，華山爲西嶽，霍山（天柱山，在今安徽潛山市西北）爲南嶽，恒山（常山，在今河北唐縣西北）爲北嶽，嵩山爲中嶽。　四瀆：指長江、黄河、淮河和濟水四條大河。《史記》卷三《殷本紀》："東爲江，北爲濟，西爲河，南爲淮，四瀆已修，萬民乃有居。"　沾秩祠：因重大祭祀而得以附帶進行的小祭祀。沾，有粘附、附屬之意。秩，祭祀。

[10]【今注】五郊各如方色：東方青色，南方赤色，中央黄色，西方白色，北方黑色。

[11]【今注】常冠：日常所戴之冠，亦即不戴冕冠。

冕冠，垂旒，前後邃延，[1]玉藻。[2]孝明皇帝永平二年，[3]初詔有司采《周官》《禮記》《尚書·臯陶篇》，乘輿服從歐陽氏説，[4]公卿以下從大小夏侯氏説。[5]冕皆廣七寸，長尺二寸，前圓後方，朱緑裏，[6]

玄上，[7]前垂四寸，後垂三寸，係白玉珠爲十二旒，以其綬采色爲組纓。[8]三公諸侯七旒，青玉爲珠；卿大夫五旒，黑玉爲珠。[9]皆有前無後，各以其綬采色爲組纓，[10]旁垂黈纊。[11]郊天地，宗祀明堂，[12]則冠之。[13]衣裳玉佩備章采，乘輿刺史，[14]公侯九卿以下皆織成，陳留襄邑獻之云。[15]

[1]【劉昭注】邃，垂也。延，冕上覆。【今注】前後邃延：指冕冠頂部前後伸展的板片。

冕冠(據傳唐代閻立本《歷代帝王圖》中東漢光武帝劉秀像繪)

[2]【劉昭注】《周禮》曰："五采繅十有二就，皆五采玉，十有二，玉笄朱紘。"鄭玄注曰："繅，雜文之名也。合五采絲爲之繩，垂於延之前後，各十二，所謂邃延也。就，成也。繩之每一帀而貫五采玉，十二旒則十二玉也（前'十''二'間紹興本、大德本、殿本有'有'字）。每就間蓋一寸。朱紘，以朱組爲紘

也。紘一條屬兩端於武，此爲袞衣之冕。十二旒則用玉二百八十八。驚衣之冕，繅九旒，用玉二百一十六。毳衣之冕，七旒，用玉百六十八。絺衣之冕，五旒，用玉百二十。玄衣之冕，三旒，用玉七十二。"【今注】玉藻：指古代帝王冕冠前後懸垂的串以玉珠的五彩絲繩。玉藻通常垂掛在冕冠的前後邃延之上。

［3］【今注】永平：東漢明帝劉莊年號（58—75）。

［4］【今注】歐陽氏説：漢代今文經學説解《尚書》的一派，由西漢人歐陽生所傳。其學，西漢武帝時立爲博士，後延續至東漢。《漢書》卷八八《儒林傳·歐陽生》："歐陽生字和伯，千乘人也。事伏生，授倪寬。寬又受業孔安國，至御史大夫，自有傳。寬有俊材，初見武帝，語經學。上曰：'吾始以《尚書》爲樸學，弗好，及聞寬説，可觀。'乃從寬問一篇。歐陽、大小夏侯氏學皆出於寬。寬授歐陽生子，世世相傳，至曾孫高子陽，爲博士。高孫地餘長賓以太子中庶子授太子，後爲博士，論石渠。元帝即位，地餘侍中，貴幸，至少府。戒其子曰：'我死，官屬即送汝財物，慎毋受。汝九卿儒者子孫，以廉絜著，可以自成。'及地餘死，少府官屬共送數百萬，其子不受。天子聞而嘉之，賜錢百萬。地餘少子政爲王莽講學大夫。由是《尚書》世有歐陽氏學。"

［5］【今注】大小夏侯氏説：漢代今文經學説解《尚書》的兩家。大夏侯指夏侯勝，小夏侯指夏侯勝從兄子夏侯建。二家之學，西漢宣帝時立爲博士，後延續至東漢。《漢書》卷八八《儒林傳·夏侯勝》："夏侯勝，其先夏侯都尉，從濟南張生受《尚書》，以傳族子始昌。始昌傳勝，勝又事同郡蕑卿。蕑卿者，倪寬門人。勝傳從兄子建，建又事歐陽高。勝至長信少府，建太子太傅，自有傳。由是《尚書》有大小夏侯之學。"

［6］【今注】朱緑裏：冕的裏子用朱紅色和緑色。

［7］【今注】玄上：黑色外表。

［8］【劉昭注】《説文》曰："組，綬屬也，小者以爲冕纓

焉。"《禮記》曰"玄冠朱組綬，天子之服"是也。【今注】以其綬采色爲組纓：根據綬帶的顔色確定繫冠絲帶的顔色。本卷下文云"乘輿黄赤綬"，知組纓亦用黄赤色。組纓，繫冠的絲帶。采，大德本作"米"。

［9］【劉昭注】《獨斷》曰"三公諸侯九旒，卿七旒"，與此不同。

［10］【今注】各以其綬采色爲組纓：本卷下文云："諸侯王赤綬""公、侯、將軍紫綬""九卿、中二千石、二千石青綬""千石、六百石黑綬"。

［11］【劉昭注】吕忱曰（忱，紹興本、大德本、殿本作"忱"，是）："黈，黄色也。黄綿爲之。"《禮緯》曰："旒垂目，纊塞耳，王者示不聽才（示，紹興本、大德本訛作'視'；才，紹興本、大德本、殿本作'讒'，是），不視非也。"薛綜曰："以珩玉爲充耳也。《詩》云'充耳琇瑩'，毛萇《傳》曰：'充耳謂之瑱。天子玉瑱。琇瑩，美石也。諸侯以石。'"【今注】黈纊：黄綿所製的小球。懸繫於冠冕的兩側，垂於兩耳的旁邊，以示不欲妄聽是非。

［12］【今注】案，紹興本、大德本無"宗"字。

［13］【劉昭注】蔡邕曰："鄙人不識，謂之平天冠。"

［14］【今注】刺史：疑當作"刺繡"。中華本校勘記云："（黄山）《校補》謂案對下'織成'言，'刺史'蓋'刺繡'之譌。《書·益稷》鄭注'刺者爲繡'。《前書·賈誼傳》'美者黼繡，是古天子之服'，師古注'繡者，刺爲衆文'。今作'刺史'，列乘輿上，公侯下，明誤。今據改。"説是。

［15］【今注】陳留：郡名。治陳留縣（今河南開封市東南陳留鎮）。　襄邑：縣名。治所在今河南睢縣。

長冠，一曰齋冠，高七寸，廣三寸，促漆纚爲之，[1]制如板，以竹爲裹。初，高祖微時，[2]以竹皮爲之，謂之劉氏冠，楚冠制也。民謂之鵲尾冠，非也。祀宗廟諸祀則冠之。皆服袀玄，[3]絳緣領袖爲中衣，[4]絳絝袜，[5]示其赤心奉神也。[6]五郊，衣幘絝袜各如其色。[7]此冠高祖所造，故以爲祭服，尊敬之至也。

[1]【今注】促漆纚（xǐ）：窄幅塗漆的帛。纚，束髮所用之帛。《儀禮·士冠禮》“緇纚，廣終幅，長六尺”，鄭玄注：“纚一幅長六尺，足以韜髮而結之矣。”

[2]【今注】微時：謂貧賤時。

[3]【劉昭注】《獨斷》曰：“袀，紺繒也。”《吴都賦》曰：“袀，皁服也。”

[4]【今注】絳緣領袖爲中衣：指赤色衣領、袖口的裹服。絳，赤色，火紅色。中衣，漢時穿在朝服、祭服之内的貼身衣服。

[5]【今注】絝（kù）袜（wà）：褲子和襪子。

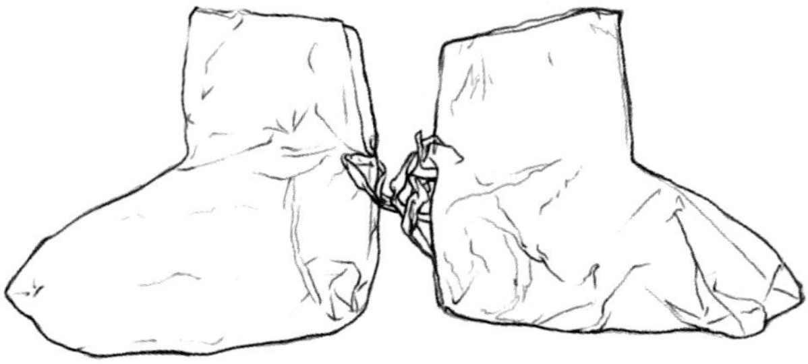

絹襪（據《長沙馬王堆一號漢墓》下集圖版 107 繪）

[6]【今注】赤心：赤誠之心。

[7]【今注】案，袜各，大德本爲小字。

委貌冠、皮弁冠同制，[1]長七寸，高四寸，制如覆杯，[2]前高廣，後卑鋭，[3]所謂夏之毋追，殷之章甫者也。[4]委貌以皁絹爲之，皮弁以鹿皮爲之。行大射禮於辟雍，[5]公卿諸侯大夫行禮者，冠委貌，衣玄端素裳。[6]執事者冠皮弁，衣緇麻衣，[7]皁領袖，下素裳，所謂皮弁素積也。[8]

[1]【今注】弁（biàn）：古代禮服所使用的帽子。　同制：形制相同。

[2]【今注】覆杯：倒置的酒杯。

[3]【今注】前高廣後卑鋭：前部高而寬，後部低而尖。

[4]【今注】所謂夏之毋追殷之章甫者也：《儀禮·士冠禮》："委貌，周道也。章甫，殷道也。毋追，夏后氏之道也。"《白虎通·紼冕》："委貌者，何謂也？周朝廷理政事、行道德之冠名。"又云："所以謂之委貌何？周統十一月爲正，萬物萌小，故爲冠飾最小，故曰委貌。委貌者，委曲有貌也。殷統十二月爲正，其飾微大，故曰章甫。章甫者，尚未與極其本相當也。夏者統十三月爲正，其飾最大，故曰毋追。毋追者，言其追大也。"大德本、殿本無"者"字。

[5]【今注】大射禮：天子的射禮。經典中，大射禮是天子爲祭祀而選擇與祭人選的禮儀。《周禮·司裘》"王大射，則共虎侯、熊侯、豹侯，設其鵠"，鄭玄注："大射者，爲祭祀射。王將有郊廟之事，以射擇諸侯及群臣與邦國所貢之士可以與祭者。射者，可以觀德行，其容體比於禮，其節比於樂而中多者，得與於祭。"東漢的大射禮，主要是爲春天助陽氣以突破窒礙以達萬物而設。《白虎通·鄉射》："天子所以親射何？助陽氣達萬物也。春，陽氣微弱，恐物有窒塞不能自達者。夫射自内發外，貫堅入剛，象物之生，故以射達之也。"　辟雍：禮制建築。在經典中，辟雍本是周天子所

設立的大學。後在東漢，辟雍主要被用作宣揚天子德教的場所。

［6］【劉昭注】鄭衆《周禮傳》曰："衣有襦裳者爲端。"鄭玄曰："謂之端，取其正也。正者，士之衣。袂皆二尺二寸而屬幅，是廣袤等也。其袪尺二寸。大夫以上侈之。侈之者，蓋半而益一焉。半而益一，則其袂三尺三寸（三尺，大德本作'二尺'），袪尺八寸。"【今注】玄端：一種直法裁剪的黑色禮服，是禮服中較爲貴重的一種。《釋名·釋衣服》："玄端，其袖下正直端方，與要接也。"　素裳：白色下衣。

［7］【今注】緇麻：黑麻布。

［8］【劉昭注】皮弁，質也。《石渠論》玄冠朝服，戴聖曰："玄冠，委貌也。朝服布上素下，緇帛帶，素韋韠。"《白虎通》曰："三王共皮弁素積。素積者，積素以爲裳也，言要中辟積也。"【今注】所謂皮弁素積也：《禮記·郊特牲》："三王共皮弁素積。"素積，指腰間有褶襉的素裳，是古代的一種禮服。孫希旦《集解》："素積，以素繒爲裳而襞積之也。素言其色，積言其制。"《白虎

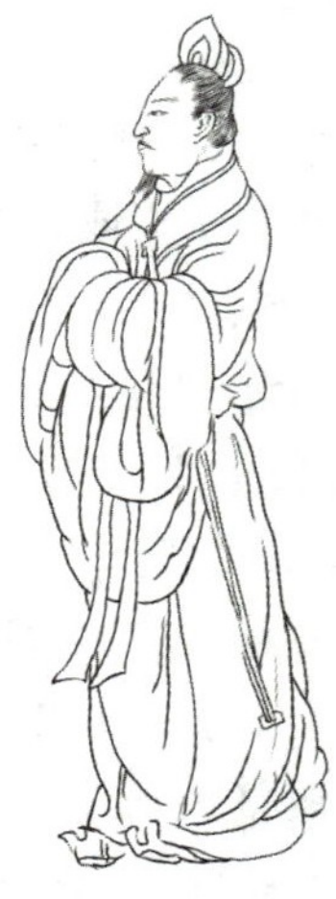

皮弁、委貌冠（據宋摹本傳顧愷之《列女仁智圖》"晉范氏母"中"中子"形象繪）

通·紼冕》："皮弁者，何謂也？所以法古至質，冠之名也。弁之爲言攀也，所以攀持其髮也。上古之時質，先加服皮以鹿皮者，取其文章也。《禮》曰：'三王共皮弁素積。'素積者，積素以爲裳也。言腰中辟積，至質不易之服，反古不忘本也。戰伐田獵，此皆服之。"大德本、殿本"也"前有"者"字。

爵弁，一名冕。廣八寸，長尺二寸，如爵形，[1]前小後大，繒其上似爵頭色，[2]有收持笄，[3]所謂夏收、殷冔者也。[4]祠天地五郊明堂，《雲翹》舞樂人服之。[5]《禮》曰："朱干玉鏚，[6]冕而舞《大夏》。"[7]此之謂也。

[1]【今注】爵：中國古代的一種三足飲器，像雀形，比尊彝小，受一升。

[2]【今注】爵頭色：即雀頭色，紅多黑少之色。爵，通"雀"。

[3]【今注】有收持笄（jī）：（爵弁）有供髮笄穿插固定的地方。笄，即髮簪，古時用來貫穿髮髻或者固定弁、冕。

[4]【劉昭注】《獨斷》曰："殷黑而微白，前大而後小；夏純黑，亦前小而後大，皆以三十六升漆布爲之。《詩》云：'常服黼冔。'《書》曰：'王與大夫盡弁。'上古皆以布，中古以絲。孔子曰：'麻冕，禮也，今也純，儉。'"【今注】所謂夏收殷冔（xǔ）者也：《白虎通·紼冕》："《禮》曰：'周冕而祭。'又曰：'殷冔、夏收而祭。'此三代宗廟之冠也。"夏收殷冔，大德本爲小字。

[5]【今注】雲翹：東漢祭天所用舞蹈。本書《祭祀志上》："（郊祀）凡樂奏《青陽》《朱明》《西皓》《玄冥》，及《雲翹》《育命》舞。"

[6]【劉昭注】鄭玄曰："朱干，赤大盾也。鏚，斧也。"

[7]【今注】大夏：周代的“六舞”之一。相傳本是夏朝的舞蹈。《周禮·春官·大司樂》“以樂舞教國子舞《雲門》《大卷》《大咸》《大磬》《大夏》《大濩》《大武》”，鄭玄注：“此周所存六代之樂……《大夏》，禹樂也。禹治水傅土，言其德能大中國也。”

通天冠，[1]高九寸，正豎，[2]頂少邪却，[3]乃直下，爲鐵卷梁，[4]前有山，[5]展筩爲述，[6]乘輿所常服。[7]服衣，深衣制，[8]有袍，[9]隨五時色。[10]袍者，或曰周公抱成王宴居，故施袍。《禮記》“孔子衣逢掖之衣”。[11]縫掖其袖，合而縫大之，近今袍者也。[12]今下至賤更小史，[13]皆通制，袍，單衣，皁緣領袖中衣，爲朝服云。

[1]【今注】通天冠：蔡邕《獨斷》卷下：“通天冠，天子常服，漢服受之秦，《禮》無文。”

通天冠（據山東嘉祥縣武梁祠畫像石《聶政刺殺韓王》中韓王形象繪）

［2］【今注】正豎：冠型豎直。

［3］【今注】頂少邪却：冠頂略微向後傾斜。却，大德本作“直”。

［4］【今注】乃直下爲鐵卷梁：曹金華《後漢書稽疑》：“按：《晉書·輿服志》《隋書·禮儀志》作‘乃直下，鐵爲卷梁’。”（中華書局2008年版，第1668頁）鐵卷梁，冠内有用鐵絲支撑而呈彎曲狀的横脊。

［5］【今注】山：附在帝王冠前的山形牌飾。

［6］【今注】展筩：冠飾。用絲織物做成，形似帽箍，依附在冠體下部。　述：連綴在展筩上的一種冠飾，用細布做成鷸形，豎立在冠前。鷸是一種水鳥，天欲雨時即鳴，古人以爲知天時，遂用作帝王冠飾。

［7］【劉昭注】《獨斷》曰：“漢受之秦，《禮》無文。”

［8］【今注】深衣：古代中國的一種服飾。製作時，先令上衣下裳分開裁剪，但最終上下縫合，使衣、裳連在一起包裹全身，即所謂“被體深邃”，故名“深衣”。深衣是古代中國諸侯、大夫、士家居常穿的衣服，也是庶人的常禮服。

［9］【今注】袍：指衣袖寬大。

［10］【今注】案，五時，大德本作“時五”。

［11］【今注】禮記孔子衣逢掖之衣：語出《禮記·儒行》。逢掖之衣，一種大袖單衣。鄭玄注：“逢，猶大也。大掖之衣，大袂禪衣也。此君子有道藝者所衣也。”

［12］【今注】案，紹興本、殿本無“也”字，大德本“也”字連下句“今”字爲小字。

［13］【今注】賤更：卑賤役卒。　小史：小吏。

遠遊冠，［1］制如通天，有展筩横之於前，無山述，諸王所服也。［2］

［1］【今注】遠遊冠：蔡邕《獨斷》卷下："遠遊冠，諸侯王所服，展筩，無山，《禮》無文。"

遠游冠(據宋摹本傳東晉顧愷之《洛神賦圖》中男性形象繪)

［2］【劉昭注】《獨斷》曰："《禮》無文。"

高山冠，一曰側注。[1]制如通天，不邪却，[2]直豎，無山述展筩，[3]中外官、謁者、僕射所服。[4]太傅胡廣説曰：[5]"高山冠，蓋齊王冠也。秦滅齊，以其君冠賜近臣謁者服之。"[6]

［1］【今注】高山冠一曰側注：蔡邕《獨斷》卷下："高山冠，

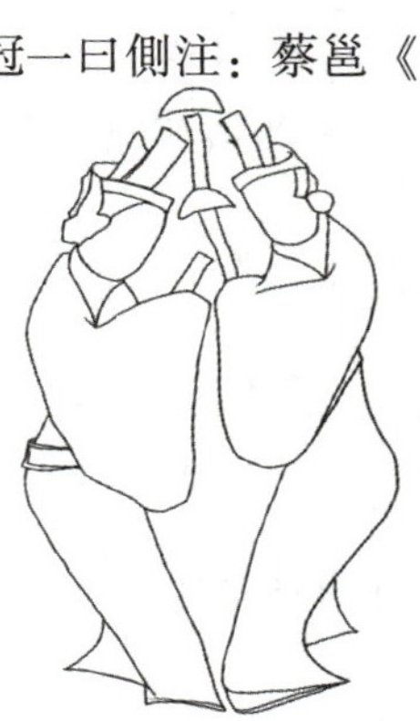

高山冠（據《南陽兩漢畫像石》圖 42 持節、執笏門吏繪）

齊冠也，一曰側注，高九寸，鐵爲卷梁，不展筩，無山，秦制，行人使官所冠，今謁者服之。《禮》無文。"

［2］【今注】不邪却：冠頂不向後傾斜。

［3］【劉昭注】《獨斷》曰："鐵爲卷梁，高九寸。"《漢書音義》曰："其體側立而曲注。"

［4］【今注】中外官謁者僕射所服：曹金華《後漢書稽疑》："按：《晉書·輿服志》作'中外官、謁者、謁者僕射所服'，《隋書·禮儀志》作'中外謁者僕射服之'。"（第1668頁）中外官，即中朝官與外朝官。中朝官又稱内朝官，是指在宫中接近皇帝的官員，如侍中、常侍、給事中、尚書等。外朝官則指以丞相爲首的正規機構的官員，以其在宫外任職故稱。謁者，官名。職掌侍從皇帝，宿衛宫廷，擔任典禮司儀以及其他臨時差遣。東漢時，謁者名義上隸屬光禄勳，實際相對獨立，以謁者僕射爲長官，秩比六百石。僕射，官名。即謁者僕射。謁者僕射是謁者臺主官，主管謁者，天子出行，負責奉引事宜。秩比千石。

［5］【今注】太傅：官名。東漢，太傅位居百官之首，秩萬石。明帝以下，皇帝即位時置，兼録尚書事，行宰相職權，有缺則不補。　胡廣：字伯始，南郡華容（今湖北潛江市）人。傳見本書卷四四。

［6］【劉昭注】《史記》酈生初見高祖，儒衣而冠側注。《漢舊儀》曰："乘輿冠高山冠，飛月之纓，幘耳赤，丹紈裏衣，帶七尺斬蛇劍，履虎尾絇履。"案此則亦通于天子。

進賢冠，古緇布冠也，文儒者之服也。前高七寸，後高三寸，長八寸。公、侯三梁，[1]中二千石以下至博士兩梁，[2]自博士以下至小史私學弟子，[3]皆一梁。宗室劉氏亦兩梁冠，[4]示加服也。[5]

[1]【劉昭注】胡廣曰："車駕巡狩幸其國者，侯衣玄端之衣（紹興本、大德本、殿本'侯'前有'諸'字），冠九旒之冕，其盛法服以就位也。今列侯自不奉朝請侍祠祭者，不得服此，皆常三梁冠（常，殿本作'當'），皁單衣，其歸國流黄衣皁云。"《晉公卿禮秩》曰："太傅、司空、司徒著進賢三梁冠，黑介幘。"

進賢冠（坐）（據《洛陽漢墓壁畫》圖五男墓主繪）
頭戴一梁進賢冠。

[2]【今注】中二千石：指秩中二千石的官員，主要包括太常、光禄勳、衛尉、太僕、廷尉、大鴻臚宗正、大司農、少府、執金吾等中央機構的主管長官，也即通常所説的"九卿"。　博士：官名。博士本是侍從皇帝左右，以備顧問的一批官員。西漢武帝時，盡罷諸子百家傳記博士，而專立五經博士。此後，博士成爲專門在太學中傳授、研治經學的一種學官。東漢以來，秩比六百石。

[3]【今注】私學弟子：指不屬於朝廷所辦的太學等學官機構的學生。

[4]【今注】宗室：指與皇帝同宗族的人。

［5］【劉昭注】《獨斷》曰："漢制，《禮》無文。"荀綽《晉百官表注》曰："建光中，尚書陳忠以爲'令史質堪上言，太官宜著兩梁，尚書孟希奏，太官職在鼎俎，不列陛位，堪欲令比大夫兩梁冠（比，紹興本作"此"），不宜許。臣伏惟太官令職在典掌王饔，統六清之飲，列八珍之饌，正百品之羞，納四方之貢，所奉尤重，用思又勤。明詔慎口實之御（口，大德本作"旦"），防有敗之姦，增崇其選。侍御史主捕案，太醫令奉方藥供養，符節令掌幡信金虎，故位從大夫，車有轁沂，冠有兩梁，所以殊親疏，别内外也。太官令以供養言之，爲最親近，以職事言之，爲最煩多，令又高選，又執法比太醫令，科同服等，而冠二人殊，名實不嗣（嗣，殿本作"副"）。又博士秩卑，以其傳先王之訓，故尊而異之，令服大夫之冕。猶此言之，兩梁冠非必列於陛位也。建初中，太官令兩梁冠。《春秋》之義，大於復古。如堪言合典，可施行。克厭帝心，即聽用之'。"《獻帝起居注》曰："中平六年，令三府長史兩梁冠，五時衣袍，事位從千石、六百石。"【今注】加服：指加增服飾的等級。

法冠，一曰柱後。[1]高五寸，以纚爲展筩，[2]鐵柱卷，[3]執法者服之，侍御史、廷尉正監平也。[4]或謂之獬豸冠。[5]獬豸神羊，能别曲直，楚王嘗獲之，故以爲冠。[6]胡廣説曰："《春秋左氏傳》有南冠而縶者，[7]則楚冠也。秦滅楚，以其君服賜執法近臣御史服之。"

［1］【劉昭注】《獨斷》曰："柱後惠文。"【今注】法冠一曰柱後：蔡邕《獨斷》卷下："法冠，楚冠也，一曰柱後惠文冠。"

進賢冠（立）（據《沂南古畫像石墓發掘報告》拓片第5幅——前室東壁上横額繪）圖中人物頭戴一梁進賢冠。

［2］【劉昭注】《前書注》曰："纚，今之繼（繼，殿本作'緌'）。"《通俗文》："幘裹曰纚。"【今注】纚（xǐ）：束髮的帛巾。

［3］【劉昭注】荀綽《晉百官表注》曰："鐵柱，言其厲直不曲橈（其，紹興本訛作'至'）。"

［4］【今注】侍御史：官名。亦稱"御史"。御史中丞的屬官，協助中丞處理殿中事務。常備十五員，秩六百石。　廷尉正監平：廷尉及其三位副手廷尉正、廷尉監、廷尉平。廷尉，九卿之一，是中央最高司法審判機構的長官，負責遵照皇帝的旨意修訂法律，匯總全國斷獄數量，同時主管詔獄。秩中二千石。東漢時，廷尉下屬廷尉正、廷尉左監及廷尉左平各一人，作爲其副手，掌平決詔獄。秩六百石。

［5］【今注】獬（xiè）豸（zhì）：中國古代傳説中的一種外形

似羊的神獸，頭部有一尖角，見人争鬬，則以角抵邪惡無理者。故以之作爲法官公平斷案的象徵。

［6］【劉昭注】《異物志》曰："東北荒中有獸名獬豸，一角，性忠，見人鬬，則觸不直者；聞人論，則咋不正者。楚執法者所服也。今冠兩角，非象也（象，殿本作'豸'，是）。"臣昭曰：或謂獬豸迺非定名，在兩角未足斷正，安不存其豎飾，令兩爲冠乎？

［7］【今注】春秋左氏傳有南冠而縶者：典出《春秋左傳》成公九年："晉侯觀於軍府，見鍾儀，問之曰：'南冠而縶者，誰也？'有司對曰：'鄭人所獻楚囚也。'"杜預《集注》："南冠，楚冠。"

武冠，[1]一曰武弁大冠，諸武官冠之。[2]侍中、中常侍加黄金璫，[3]附蟬爲文，貂尾爲飾，謂之"趙惠文冠"。[4]胡廣説曰："趙武靈王效胡服，[5]以金璫飾首，前插貂尾，爲貴職。[6]秦滅趙，以其君冠賜近臣。"[7]建武時，[8]匈奴内屬，[9]世祖賜南單于衣服，[10]以中常侍惠文冠，中黄門童子佩刀云。[11]

［1］【劉昭注】一云古緇布冠之象也。或曰繁冠。【今注】武冠：蔡邕《獨斷》卷下："武冠，或曰繁冠，今謂之大冠，武官服之，侍中、中常侍加黄金，附貂蟬之飾。太傅胡公説曰：'趙武靈王效胡服，始施貂蟬鼠尾飾之。秦滅趙，以其君冠賜侍中。'"

武弁大冠（左據《沂南古畫像石墓發掘報告》拓片第 44 幅——中室北壁東段繪，右據《武威磨咀子三座漢墓發掘簡報》圖五繪）

［2］【劉昭注】《晉公卿禮秩》曰："大司馬、將軍、尉、驃騎、車騎、衞軍、諸大將軍開府從公者，著武冠，平上幘。"

［3］【今注】侍中：官名。隸屬少府。職掌侍從左右，顧問應對等事務，秩比二千石。　中常侍：官名。初稱常侍，西漢元帝以後改稱中常侍。中常侍在東漢的職責主要爲侍從皇帝、顧問應對、贊導宫内諸事，秩比二千石。　黄金璫：宦官、近臣冠上的黄金牌飾。通常加於冠前，以示恩寵。

［4］【劉昭注】又名鵔鸃冠。【今注】趙惠文：趙惠文王。戰國時趙國國君。名何，趙武靈王子。公元前 298 年至前 266 年在位。事見《史記》卷四三《趙世家》。

［5］【今注】趙武靈王：戰國時趙國國君。名雍，趙肅侯子。公元前 325 年至前 299 年在位。事見《史記·趙世家》。

［6］【今注】貴職：顯貴的職位。

［7］【劉昭注】應劭《漢官》曰：“説者以金取堅剛，百鍊不耗（鍊，紹興本、大德本、殿本作‘錬’，是）。蟬居高飲絜（絜，紹興本、大德本、殿本作‘潔’），口在掖下（掖，紹興本、大德本、殿本作‘腋’）。貂内勁捍而外温潤。”此因物生義也。徐廣曰：“趙武靈王胡服有此，秦即漢而用之（漢，殿本作‘趙’）。”説者蟬取其清高，飲露而不食，貂紫蔚采潤（采，殿本作“柔”），而毛采不彭灼（彭，紹興本、大德本、殿本作“彰”），故於義亦取。胡廣又曰：“意謂北方寒涼，本以貂皮暖頟，附海於冠（海，紹興本、大德本、殿本作‘施’，是），因遂變成首飾。”

［8］【今注】建武：東漢光武帝劉秀年號（25—56）。

［9］【今注】匈奴：古代中國位於蒙古高原上的游牧民族。公元前3世紀前後興起於大漠南北，以冒頓單于時最爲强盛。西漢初期，匈奴勢力强大，經常南下侵擾，漢朝衹得遣送宗室公主爲單于閼氏、饋贈財物、開放關市與其締結和親。漢武帝時，屢爲漢軍所敗，其勢漸衰。宣帝時期，匈奴内訌，部族分裂爲五部，呼韓邪單于附漢。東漢建武年間，匈奴再次分裂爲南、北二支。南匈奴附漢，入居塞内，進而内遷。北匈奴在被竇憲率領的漢軍大敗後，則逐漸退往中亞。本書卷八九有《南匈奴傳》。　内屬：猶言内附。

［10］【今注】世祖：東漢光武帝劉秀，字文叔。公元25年至57年在位。紀見本書卷一。　南單于：單于是匈奴首領之名。匈奴分裂爲南北兩部之後，南匈奴部族的首領稱“南單于”。光武帝時，南單于是醢落尸逐鞮單于。

［11］【今注】中黄門：官名。隸屬少府，用宦官擔任。職掌給事禁中。秩比百石，後增至比三百石。黄門，宫門之内，凡屬禁門皆用黄色，故以禁門稱“黄門”或“黄闥”。　童子：指未成年的僕役。

建華冠，[1]以鐵爲柱卷，貫大銅珠九枚，制似縷鹿。[2]《記》曰："知天者冠述，知地者履絇。"[3]《春秋左傳》曰："鄭子臧好鷸冠。"[4]前圓，以爲此則是也。[5]天地、五郊、明堂，《育命》舞樂人服之。[6]

［1］【今注】建華冠：蔡邕《獨斷》卷下："大樂郊祀，舞者冠建華，其狀如婦人縷簏。"

［2］【劉昭注】《獨斷》曰："其狀若婦人縷鹿。"薛綜曰："下輪大，上輪小（輪，紹興本作'好'）。"【今注】縷鹿：一種婦人首飾。以上小下大的珠串構成。使用時，連屬於簪釵，插於髮髻。

［3］【今注】冠述：頭戴鷸冠。錢大昕《廿二史考異》卷一四《續漢書二》："'述'讀如'聿'。《詩》'聿修厥德'，《漢書》引作'述修'。《爾雅》'遹，自也'，孫炎云：'遹，古"述"字。"聿"與"遹"同。故鷸冠，字亦爲"述"也。'"

［4］【今注】春秋左傳曰鄭子臧好鷸冠：典出《左傳》僖公二十四年："鄭子華之弟子臧出奔宋，好聚鷸冠。"杜預《集解》："鷸，鳥名。聚鷸羽以爲冠。"鷸鳥知天欲雨，是故鷸冠亦爲知天者之冠。

［5］【劉昭注】《説文》曰："鷸，知天將雨鳥也。"

［6］【今注】育命：東漢祭天所用舞蹈。本書《祭祀志上》："（郊祀）凡樂奏《青陽》《朱明》《西皓》《玄冥》，及《雲翹》《育命》舞。"

方山冠，似進賢，以五采縠爲之。[1]祠宗朝，《大予》、八佾、四時《五行》樂人服之，[2]冠衣各如其行方之色而舞焉。[3]

［1］【今注】五采縠（hú）：五彩縐紗。縐紗是一種特意織出皺紋樣式的絲織品。

［2］【今注】祠宗朝大予八佾四時五行樂人服之：祭祀宗廟時，用《大予》樂，八佾舞陣，四時舞《五行》之舞者著方山冠。《大予》樂，東漢祭祀宗廟用樂。本書《禮儀志中》劉昭注引蔡邕《禮樂志》曰："漢樂四品：一曰《大予樂》，典郊廟、上陵、殿諸食舉之樂。郊樂，《易》所謂'先王以作樂崇德，殷薦上帝'，《周官》'若樂六變，則天神皆降，可得而禮也'。宗廟樂，《虞書》所謂'琴瑟以詠，祖考來假'，《詩》云'肅雍和鳴，先祖是聽'。食舉樂，《王制》謂'天子食舉以樂'，《周官》'王大食則令奏鍾鼓'。"八佾，天子舞陣之數，凡八八六十四人爲舞。古時舞蹈，以其行數言佾。天子用八，諸侯六，大夫四，士二。而每佾人數則有二說：一說舞陣宜方，佾數與每佾人數相同；一說每佾八人數不變。然而無論以何説爲準，八佾均爲八八六十四人之舞陣。本書卷四二《東平憲王蒼傳》："（永平時）蒼以天下化平，宜修禮樂，乃與公卿共議定南北郊冠冕車服制度，及光武廟登歌八佾舞數。"四時，謂宗廟四時祭祀。本書《祭祀志下》："於是雒陽高廟四時加祭孝宣、孝元，凡五帝。其西廟成、哀、平三帝主，四時祭於故高廟。"或以爲"四時"當是宗廟舞名。案，《漢書·禮樂志》："《四時》舞者，孝文所作，以明示天下之安和也。"又云："諸帝廟皆常奏《文始》《四時》《五行》舞云。"然東漢永平年間制定宗廟舞樂，不及《四時》之舞。本書《祭祀志下》劉昭注引《東觀書》載永平三年（60）八月丁卯，公卿奏議世祖廟登歌八佾舞名，謂"十月烝祭始御，用其《文始》《五行》之舞"。而本志此處下文言舞者"冠衣各如其行方之色而舞焉"，顯是就《五行》舞者而發。又有他書記載可以佐證。蔡邕《獨斷》卷下"（方山冠）漢祀宗廟，大享，八佾樂，《五行》舞人服之，衣冠各從其行之色，如其方色而舞焉"，《晉書·輿服志》"（方山冠）漢《大予》《八佾》《五行》樂人所服"，二者皆無"四時"。是以知本志此處"四時"

並非舞名，祇能是指四時祭祀。《五行》，《漢書·禮樂志》："高廟奏《武德》《文始》《五行》之舞；孝文廟奏《昭德》《文始》《四時》《五行》之舞；孝武廟奏《盛德》《文始》《四時》《五行》之舞。"又云："《五行》舞者，本周舞也，秦始皇二十六年更名曰《五行》也。"東漢宗廟祭祀用《五行》舞。本書《祭祀志下》劉昭注引《東觀書》曰："永平三年八月丁卯，公卿奏議世祖廟登歌八佾舞名。東平王蒼議，以爲'漢制舊典，宗廟各奏其樂，不皆相襲，以明功德。秦爲無道，殘賊百姓，高皇帝受命誅暴，元元各得其所，萬國咸熙，作《武德》之舞。孝文皇帝躬行節儉，除誹謗，去肉刑，澤施四海，孝景皇帝制《昭德》之舞。孝武皇帝功德茂盛，威震海外，開地置郡，傳之無窮，孝宣皇帝制《盛德》之舞。光武皇帝受命中興，撥亂反正，武暢方外，震服百蠻，戎狄奉貢，宇内治平，登封告成，修建三雍，肅穆典祀，功德巍巍，比隆前代。以兵平亂，武功盛大。歌所以詠德，舞所以象功，世祖廟樂名宜曰《大武》之舞。《元命包》曰：'緣天地之所雜樂爲之文典。'文王之時，民樂其興師征伐，而詩人稱其武功。《琁機鈐》曰：'有帝漢出，德洽作樂。'各與虞《韶》、禹《夏》、湯《護》、周《武》無異，不宜以名舞。《叶圖徵》曰：'大樂必易。'《詩傳》曰：'頌言成也，一章成篇，宜列德，故登歌《清廟》一章也。'《漢書》曰：'百官頌所登御者，一章十四句。'依書《文始》《五行》《武德》《昭真修》之舞，節損益前後之宜，六十四節爲舞，曲副八佾之數。十月烝祭始御，用其《文始》《五行》之舞如故。進《武德舞歌詩》曰：'於穆世廟，肅雍顯清，俊乂翼翼，秉文之成。越序上帝，駿奔來寧，建立三雍，封禪泰山，章明圖讖，放唐之文。休矣惟德，罔射協同，本支百世，永保厥功'。詔書曰：'驃騎將軍議可。'進《武德》之舞如故。"

［3］【今注】案，紹興本無"行"字。

巧士冠，[1]高七寸，要後相通，直豎。不常服，唯郊天，黄門從官四人冠之，在鹵簿中，[2]次乘輿車前，以備宦者四星云。[3]

［1］【今注】巧士冠：蔡邕《獨斷》卷下：“（巧士冠）埽除從官服之。”

［2］【今注】鹵簿：古代帝王出行的儀仗。

［3］【劉昭注】《獨斷》曰：“《禮》無文。”【今注】以備宦者四星：黄門從官四人次乘輿車前，以象天空中的宦者四星。宦者四星，天市垣中位於帝座西南的四顆星。《晉書·天文志》：“（天市垣）宦者四星，在帝坐西南，侍主刑餘之人也。”

却非冠，制似長冠，下促。[1]宫殿門吏僕射冠之。負赤幡，青翅燕尾，諸僕射幡皆如之。[2]

［1］【今注】下促：下部窄短。

却非冠（據湖南長沙馬王堆漢墓出土冠人著衣木俑、T形帛畫繪）

[2]【劉昭注】《獨斷》曰："《禮》無文。"

却敵冠，前高四寸，通長四寸，後高三寸，制似進賢，衛士服之。[1]

[1]【劉昭注】《獨斷》曰："《禮》無文。"

樊噲冠，[1] 漢將樊噲造次所冠，[2] 以入項羽軍。[3] 廣九寸，[4] 高七寸，前後出各四寸，制似冕。司馬殿門大難衛士服之。[5] 或曰，樊噲常持鐵楯，[6] 聞項羽有意殺漢王，噲裂裳以裹楯，冠之入軍門，立漢王旁，視項羽。

[1]【今注】樊噲：沛（今江蘇沛縣）人。起先以屠狗爲業。從劉邦起兵攻秦，屢立戰功，後位至相國，封舞陽侯。傳見《史記》卷九五、《漢書》卷四一。

[2]【今注】造次：謂倉猝、匆忙。

[3]【今注】項羽：名籍，字羽。戰國末年楚將項燕之後。秦末起義軍領袖之一。滅秦後，自立爲西楚霸王，後與劉邦争霸，兵敗自殺。紀見《史記》卷七，傳見《漢書》卷三一。

[4]【今注】廣九寸：蔡邕《獨斷》卷下作"廣七寸"。

[5]【今注】司馬：官名。隸屬衛尉，宫禁諸門皆置，負責門衛工作。秩比千石。　大難衛士：蔡邕《獨斷》卷下作"大護衛士"，疑是。

[6]【今注】楯：盾牌。

術氏冠，前圓，吴制，差池邐迆四重。[1] 趙武靈王好服之。今不施用，官有其圖注。[2]

[1]【今注】差池：參差不齊的樣子。　邐迆：曲折連綿的樣子。

[2]【劉昭注】《淮南子》曰楚莊王所復鵕冠者是（復，紹興本、殿本作"服"）。蔡邕曰："其説未聞。"

諸冠皆有纓蕤，[1]執事及武吏皆縮纓，垂五寸。

[1]【今注】案，冠，紹興本、大德本作"官"。　纓蕤（ruí）：繫結於頷下的帽冠之帶。纓，繫冠的帶子。蕤，冠帶繫結下的垂飾。

武冠，俗謂之大冠，環纓無蕤，以青系爲緄，[1]加雙鶡尾，[2]豎左右，爲鶡冠云。[3]五官、左右、虎賁、羽林五中郎將，[4]羽林左右監皆冠鶡冠，[5]紗縠單衣。[6]虎賁將虎文絝，白虎文劍佩刀。虎賁武騎皆鶡冠，虎文單衣。襄邑歲獻織成虎文云。鶡者，男雉也，[7]其鬬對一死乃止，[8]故趙武靈王以表武士，秦施之焉。[9]

[1]【今注】以青系爲緄（gǔn）：環纓用青絲繩。系，單股絲繩。本志下文云"凡先合單紡爲一系"是也。緄，帶子。

[2]【今注】鶡（hé）尾：鶡雞尾巴上的羽毛。鶡，雉屬。黄黑色，比野雞大，頭有毛角如冠，性猛好鬬。

[3]【劉昭注】《莊子》云"縵胡之纓，武士之服"是也（云，殿本作"曰"）。

鶡冠（據《河南漢代畫像磚》圖 244 戴武冠加鶡尾者繪）

[4]【今注】五官左右虎賁羽林五中郎將：指五官中郎將、左中郎將、右中郎將、虎賁中郎將、羽林中郎將。這五將同屬光禄勳，秩比二千石，負責宫殿的宿衛侍從。

[5]【今注】羽林左右監：羽林左監與羽林右監。羽林左監主羽林左騎，羽林右監主羽林右騎。二者同隸於羽林中郎將，負責宫殿宿衛，扈從皇帝。皆秩六百石。

[6]【今注】紗縠：指精細而輕薄的絲織品。

[7]【今注】案，男，紹興本、大德本、殿本作“勇”，是。

[8]【今注】一死乃止：猶言至死方休。

[9]【劉昭注】徐廣曰：“鶡似黑雉，出於上黨。”營綽《晉百官表注》曰（營，紹興本、大德本、殿本作“荀”，是）：“冠鶡兩鶡（前‘鶡’，紹興本、大德本、殿本作‘插’，是），鷙鳥之暴疏者也。每所攫撮，應爪摧衄，天子武騎故以冠焉。”傅玄賦注曰：“羽騎，騎者戴鶡。”【今注】案，之，紹興本、殿本作“安”。

安帝立皇太子，[1]太子謁高祖廟、世祖廟，[2]門大夫從，[3]冠兩梁進賢；洗馬冠高山。[4]罷廟，侍御史任方奏請非乘從時，皆冠一梁，不宜以爲常服。事下有司。尚書陳忠奏：[5]“門大夫職如諫大夫，[6]洗馬職如謁者，故皆服其服，先帝之舊也。方言可寢。”[7]奏可。謁者，古者一名洗馬。[8]

[1]【今注】安帝：東漢安帝劉祜，公元106年至125年在位。紀見本書卷五。　立皇太子：本書《禮儀志中》載拜皇太子儀：“拜皇太子之儀：百官會，位定，謁者引皇太子當御坐殿下，北面；司空當太子西北，東面立。讀策書畢，中常侍持皇太子璽綬東向授太子。太子再拜，三稽首。謁者贊皇太子臣某，中謁者稱制曰‘可’。三公升階上殿，賀壽萬歲。因大赦天下。供賜禮畢，罷。”

[2]【今注】高祖廟：祭祀漢高祖劉邦的祖廟。東漢在長安、雒陽各有一高廟。此處應指雒陽高祖廟。在長安者，稱“故高廟”。　世祖廟：祭祀東漢光武帝劉秀的祖廟。光武帝廟號世祖。

[3]【今注】門大夫：官名。即太子門大夫，職掌太子宫門警衛、通謁等事。秩六百石。

[4]【今注】洗馬：官名。即太子洗馬，隸屬太子少傅，職掌賓贊受事，太子出行時爲先導。秩比六百石。

[5]【今注】尚書：官名。東漢尚書臺六曹，每曹設尚書一人，分别負責本曹事務。秩六百石。　陳忠：字伯始，沛國洨（今安徽固鎮縣）人。傳見本書卷四六。

[6]【今注】諫大夫：官名。即諫議大夫，隸屬光禄勳。職掌顧問應對、咨詢謀議。秩六百石。

[7]【今注】寢：息止。

[8]【劉昭注】《古今注》曰：“建武十三年，初令令長皆小冠。”《獨斷》曰：“公卿侍中尚書衣皁而朝者曰朝臣（紹興本、大德本、殿本‘朝’前有‘入’字）。諸營校尉將大夫以下，不爲朝臣。”【今注】案，古，紹興本作“舌”。

古者有冠無幘，其戴也，加首有頍，[1]所以安物。故《詩》曰"有頍者弁"，[2]此之謂也。三代之世，法制滋彰，[3]下至戰國，文武並用。秦雄諸侯，乃加其武將首飾爲絳袙，[4]以表貴賤，其後稍稍作顏題。[5]漢興，續其顏，[6]却摞之，[7]施巾連題，[8]却覆之，今喪幘是其制也。[9]名之曰幘。幘者，賾也，頭首嚴賾也。[10]至孝文乃高顏題，續之爲耳，崇其巾爲屋，合後施收，上下群臣貴賤皆服之。文者長耳，武者短耳，稱其冠也。[11]尚書幘收，[12]方三寸，名曰納言，示以忠正，顯近職也。迎氣五郊，[13]各如其色，從章服也。皁衣群吏春服青幘，立夏乃止，助微順氣，尊其方也。[14]武吏常赤幘，成其威也。未冠童子幘無屋者，示未成人也。入學小童幘也句卷屋者，[15]示尚幼少，未遠冒也。[16]喪幘却摞，反本禮也。升數如冠，與冠偕也。期喪起耳有收，[17]素幘亦如之，禮輕重有制，變除從漸，文也。[18]

[1]【今注】有頍（kuǐ）：一種用來束髮固冠的頭飾。

戴頍士兵（據秦始皇陵兵馬俑坑出土俑繪，現藏於中國國家博物館）

［2］【今注】詩曰有頍者弁：語出《詩・小雅・頍弁》。

［3］【今注】滋彰：猶言發展。

［4］【今注】袙（pà）：束髮用的頭巾。

［5］【今注】顔題：古代的覆額頭巾。

［6］【今注】續其顔：增寬顔題。

［7］【今注】却摞：從後面繫住。

［8］【今注】施巾連題：在額部用方巾連接顔題。

［9］【今注】喪幘：喪禮所服頭巾。

［10］【今注】幘者賾也頭首嚴賾也：賾，當讀作“嫧”（zé），意謂整齊。《釋名・釋首飾》：“幘，蹟也，下齊眉，蹟然也。”蹟，《太平御覽》卷六八七《服章部四》引作“賾”。《釋名》以幘下齊眉“蹟（賾）然也”，與本志所云“頭首嚴賾”相類。又《釋名・釋書契》：“册，賾也，敕使整賾不犯之也。”《釋宫室》“柵，蹟也，以木作之，上平蹟然也”，王先謙《釋名疏證補》云：“本書《釋書契》：‘册，賾也，敕使整賾，不犯之也。’以賾訓册，與以蹟訓柵，聲例相同，平蹟猶整賾意。”是《釋名》訓釋，“賾”“蹟”兩者可通用，皆有整齊義。但是，“蹟”即迹也，“賾”是深義，二字訓作整齊，當屬假借取義。《説文》：“嫧，齊也。”《急就篇》“冠幘”顔師古注：“幘者，韜髮之巾，所以嫧髮也。常在冠下。”韜，包扎。髮幘用來包扎頭髮，使髮型整齊。由此知以上“賾”“蹟”皆當讀作“嫧”。

［11］【今注】稱：相當、符合。

［12］【今注】案，幘，紹興本、大德本、殿本作“賾”。

［13］【今注】迎氣五郊：指東漢自明帝以降於一年的春、夏、中夏、秋、冬之際，分别在五郊迎時氣並祭祀五方天帝活動。本書《祭祀志中》：“迎時氣，五郊之兆。自永平中，以《禮讖》及《月令》有五郊迎氣服色，因采元始中故事，兆五郊于雒陽四方。中兆在未，壇皆三尺，階無等。立春之日，迎春于東郊，祭青帝句芒。車旗服飾皆青。歌《青陽》，八佾舞《雲翹》之舞。及因賜文官太

傅、司徒以下縑各有差。立夏之日，迎夏于南郊，祭赤帝祝融。車旗服飾皆赤。歌《朱明》，八佾舞《雲翹》之舞。先立秋十八日，迎黄靈于中兆，祭黄帝后土。車旗服飾皆黄。歌《朱明》，八佾舞《雲翹》《育命》之舞。立秋之日，迎秋于西郊，祭白帝蓐收。車旗服飾皆白。歌《西皓》，八佾舞《育命》之舞。使謁者以一特牲先祭先虞于壇，有事，天子入囿射牲，以祭宗廟，名曰貙劉。語在《禮儀志》。立冬之日，迎冬于北郊，祭黑帝玄冥。車旗服飾皆黑。歌《玄冥》，八佾舞《育命》之舞。"

［14］【今注】"皁衣群吏春服青幘"至"尊其方也"：古人認爲冬至之日起，陽氣逐漸萌發。春天是萬物滋長的季節，這時需要以五行之法助順陽氣，使萬物順利生發。本書《禮儀志上》："立春之日，夜漏未盡五刻，京師百官皆衣青衣，郡國縣道官下至斗食令史皆服青幘，立青幡，施土牛、耕人于門外，以示兆民，至立夏。"又東漢於春三月行大射禮，用意與此服青幘相似。《白虎通·鄉射》："天子所以親射何？助陽氣達萬物也。春，陽氣微弱，恐物有窒塞不能自達者。夫射自内發外，貫堅入剛，象物之生，故以射達之也。"

［15］【今注】句卷屋：將連接髮幘的方巾卷起。句，同"勾"，彎曲。

［16］【今注】冒：貪冒。

［17］【今注】期（jī）喪：一年之喪。　起耳有收：（喪幘）在耳根處有斂髮的收。

［18］【劉昭注】《獨斷》曰："幘，古者卑賤執事不冠者之所服也。董仲舒《止雨書》曰'執事者皆赤幘'（皆，紹興本作'見'），知不冠者之所服也（知，紹興本作'如'）。元帝額有壯髮，不欲使人見，始進幘服之，群臣皆隨焉。然尚無巾（尚無巾，紹興本作'尚安巾'，大德本作'安巾'，殿本作'尚無巾'），故言'王莽禿，幘施屋'。冠進賢者宜長耳，冠惠文者宜

短耳，各隨其宜。"《漢舊儀》曰："凡齋，紺幘；耕，青幘；秋貙劉，服緗幘（緗，紹興本、殿本作'緋'）。"【今注】變除從漸：（喪服）減輕以至脱去是一個漸變的過程。

戴幘侍從（據《密縣打虎亭漢墓》圖版八一號墓前室西壁南一幅石刻畫像繪）

古者君臣佩玉，尊卑有度；上有韍，[1]貴賤有殊。佩，所以章德，服之衷也。韍，所以執事，禮之共也。[2]故禮有其度，威儀之制，三代同之。[3]五霸迭興，[4]戰兵不息，佩非戰器，韍非兵旗，於是解去韍佩，[5]留其係璲，[6]以爲章表。故《詩》曰"鞙鞙佩璲"，此之謂也。[7]韍佩既廢，[8]秦乃以采組連結於璲，光明章表，轉相結受，故謂之綬。漢承秦制，用而弗改，故加之以雙印佩刀之飾。至孝明皇帝，乃爲大佩，衝牙雙瑀璜，[9]皆以白玉。[10]乘輿落以白珠，公卿諸侯以采絲，其視冕旒，爲祭服云。

［1］【劉昭注】徐廣曰："韍如巾蔽膝（巾，殿本作'今'，是）。"【今注】韍（fú）：古時大夫以上祭祀或朝覲時遮蔽在衣裳前的服飾。用熟皮製成。形制、圖案、顏色按等級有所區别。

［2］【今注】共：通"恭"。恭敬。

［3］【今注】三代：謂夏、商、周。

［4］【今注】五霸：指春秋五霸，關於其細目則有數説。《白虎通·號》對此有二説，其一云"五霸，謂齊桓公、晉文公、秦穆公、楚莊王、吴王闔廬也"，其二云"五霸，謂齊桓公、晉文公、秦穆公、宋襄公、楚莊王也"，此皆用《春秋公羊傳》説。霸，大德本、殿本作"伯"。

［5］【今注】案，紱，殿本作"韍"。

［6］【劉昭注】徐廣曰："今名璲爲縌（縌，紹興本作'逆'，殿本作'繸'）。"【今注】係璲：指用於繫韍的細繩和貫穿玉珮的絲帶。

［7］【劉昭注】鞙鞙，佩玉貌。璲，瑞也。鄭玄《箋》曰："佩璲者，以瑞玉爲佩，佩之鞙鞙然。"【今注】詩曰鞙鞙佩璲：語出《詩·小雅·大東》。

［8］【今注】案，紱，殿本作"韍"。

［9］【今注】衝牙：一種玉珮組件，以其形似牙，前後衝撞玉璜爲聲，故名。　瑀（yǔ）璜：一種玉石組件，形狀如半璧。瑀，似玉的美石。《禮記·玉藻》"佩玉有衝牙"孔穎達《正義》："凡佩玉必上繫於衡，下垂三道，穿以蠙珠，下端前後以縣於璜，中央下端縣以衝牙，動則衝牙前後觸璜而爲聲。所觸之玉，其形似牙，故曰衝牙。"

［10］【劉昭注】《詩》云："雜佩以贈之。"毛萇曰（曰，紹興本作"云"）："珩、璜、琚、瑀，衝牙之類。"《月令章句》

曰："佩上有雙衡（衡，殿本作'衔'），下有雙璜，琚瑀以雜之，衝牙蠙珠以納其間。"《王藻》曰："右徵角，左宫羽，進則揖之，退則揚之，然後玉瑲鳴焉。"《纂要》曰："琚瑀所以納間，在玉之間，今白珠也。"

佩刀，乘輿黄金通身貂錯，[1]半鮫魚鱗，[2]金漆錯雌黄室，[3]五色罽隱室華。[4]諸侯王黄金錯，[5]環挾半鮫，[6]黑室。公卿百官皆純黑，不半鮫。小黄門雌黄室，[7]中黄門朱室，[8]童子皆虎爪文，虎賁黄室虎文，其將白虎文，皆以白珠鮫爲鐔口之飾。[9]乘輿者，加翡翠山，[10]紆嬰其側。[11]

[1]【今注】貂錯：雕錯花紋。貂，當讀作"雕"。

[2]【今注】半鮫魚鱗：刀柄半身纏繞着鯊魚鱗皮。案，"半鮫魚鱗"是佩刀哪一處的裝飾，文本表達似乎不够明確，不過也可以做一些推斷。從上下文看，上文"黄金通身貂錯"講刀身，下文"金漆錯雌黄室，五色罽隱室華"説的是刀鞘，因此"鮫魚鱗"應該説的是刀柄部分的裝飾。同時，乘輿"半鮫魚鱗"，諸侯王"環挾半鮫"，公卿百官"不半鮫"應是佩刀同處裝飾的不同等級。諸侯王"環挾半鮫"，位置相對明確，應是刀環半纏有鮫魚鱗皮。禮的等級是漸變的，從刀把半纏鯊魚鱗皮，退至刀環半纏，再到不半纏，正體現了這一變化。

[3]【今注】金漆錯雌黄室：用灑金嵌飾在雌黄色的刀鞘上。金漆，金箔。雌黄，類似檸檬黄的一種顔色。室，刀鞘。

[4]【今注】五色罽（jì）：五彩的毛織物。罽，毛織物。

[5]【今注】諸侯王：爵名。漢代封爵的最高等級。諸侯王可以擁有自己的封地和臣僚，具有相對獨立性，一開始勢力較大。經

過景帝、武帝的削蕃，諸侯王被剥奪治國的權力，其臣僚任命亦須經過朝廷。此後，諸侯王主要依賴封地享有衣食租税等經濟上的特權。漢代的諸侯王絶大多數都是皇子受封。漢高祖劉邦曾封有韓信、彭越、英布、張耳、臧荼、韓王信、吴芮七位異姓諸侯王，但隨後滅去其中六家，僅保留長沙王吴芮。其國傳至西漢文帝時亦除。

［6］【今注】環挾半鮫：刀環上半纏有鮫魚鱗皮。

［7］【今注】小黄門：官名。隸屬少府，職掌侍從皇帝左右，收受尚書奏事。其位低於中常侍，而高於中黄門。秩六百石。

［8］【今注】案，朱，紹興本作“朱朱”。

［9］【劉昭注】《通俗文》曰：“刀鋒曰鏢。”【今注】鏢（biāo）口：刀鞘開口處。

［10］【今注】翡翠山：翡翠雕刻成山形。

［11］【劉昭注】《左傳》曰：“藻綷鞞鞛。”杜預曰：“鞞，佩刀削上飾。鞛，下飾也。”鄭玄《詩箋》曰：“既爵命賞賜，而加賜容刀有飾，顯其能制斷也。”《春秋繁露》曰：“劍之在左，青龍之象也。刀之在右，白虎之象也。韍之在前，朱鳥之象也。冠之在首，玄武之象也。四者，人之盛飾也。”臣昭案：自天子至于庶人，咸皆帶劍。劍之與刀，形制不同，名稱各異，故蕭何劍履上殿，不稱爲刀，而此志言不及劍，如爲未備。【今注】紆嬰其側：在刀鞘側面垂掛有纓絡。

佩雙印，長寸二分，方六分。乘輿、諸侯王、公、列侯以白玉，中二千石以下至四百石皆以黑犀，[1]三百石以至私學弟子皆以象牙。[2]上合絲，[3]乘輿以縢貫白珠，[4]赤罽蕤，諸侯王以下以綔赤絲蕤，[5]縢綔各如其印質。刻書文曰“正月剛卯既決，[6]靈殳四方，[7]赤青白黄，四色是當。帝令祝融，[8]以教夔龍，[9]庶疫剛癉，[10]莫我敢當"，"疾日嚴卯，[11]帝令夔化，慎爾周伏，化兹靈殳。既正既直，既觚既方，[12]庶疫剛癉，莫我敢當"。凡六十六字。[13]

[1]【今注】黑犀：黑犀角。

[2]【今注】案，三，大德本、殿本作"二"。

[3]【今注】上合絲：上穿絲帶。

[4]【今注】縢：繩子。《詩·魯頌·閟宫》"公車千乘，朱英緑縢"，毛傳："縢，繩也。"

[5]【今注】綀（hù）：繫印的絲帶。　案，縣，紹興本、大德本、殿本作"絲"。

[6]【今注】正月剛卯既決：剛卯是漢代的一種辟邪佩飾，與下文的"嚴卯"成對，合稱"雙卯"。"雙卯"通常以金、玉或桃木爲材料，上刻辟邪文字，於正月卯日製作。《漢書》卷九九中《王莽傳中》"正月剛卯，金刀之利，皆不得行"，顔師古注："服虔曰：'剛卯，以正月卯日作佩之，長三寸，廣一寸，四方，或用玉，或用金，或用桃，著革帶佩之。今有玉在者，銘其一面曰"正月剛卯"。金刀，莽所鑄之錢也。'晉灼曰：'剛卯長一寸，廣五分，四方。當中央從穿作孔，以采絲葺其底，如冠纓頭蕤。刻其上面，作兩行書，文曰："正月剛卯既央，靈殳四方，赤青白黄，四色是當。帝令祝融，以教夔龍，庶疫剛癉，莫我敢當。"其一銘曰"疾日嚴卯，帝令夔化，順爾固伏，化兹靈殳。既正既直，既觚既方，庶疫剛癉，莫我敢當。"'"

[7]【今注】靈殳（shū）：神奇的殳書，即指"雙卯"上所刻銘文。殳，秦書八體之一，通常刻在兵器或觚形物體上的文字。

[8]【今注】祝融：傳説中古代南方的帝王，也是南方之神。

[9]【今注】教：猶令。　夔龍：傳説中的神獸。似龍，有一角。《説文·夊部》："神魖也。如龍，一足，從夊；象有角、手、

人面之形。”

［10］【今注】癉（dàn）：發生病災。

［11］【今注】疾日：即忌日，不吉利的日子。

［12］【今注】觚：指有棱角，與方相應。

［13］【劉昭注】《前書》注云：“以正月卯日作。”【今注】凡六十六字：曹金華《後漢書稽疑》：“按：本志載剛卯刻書文‘凡六十六字’，爲一銘。而《漢書·王莽傳》注引晉灼説爲二銘，前者以‘莫我敢當’結束，後者以‘疾日嚴卯’開始，間以‘又一銘曰’隔之。前者三十四字，後者三十二字。本志既謂‘佩雙印’，當爲二銘，故‘疾日嚴卯’前當補‘又一銘曰’四字，分引文爲二也。”（第1675頁）案，曹説以志文本段論“佩雙印”及《漢書》顔師古注引晉灼説佐證六十六字當分作二銘文，甚是。然志文未必闕“又一銘曰”四字。蓋雙印銘文各自已由“剛卯”“嚴卯”領起，是不必再另爲提示。

劍、綖綬、印（據徐州北洞山西漢楚王墓出土陶俑EK3：21、WK2：17繪）

乘輿黄赤綬，四采，黄赤紺縹，[1]淳黄圭，[2]長丈九尺九寸，三百首。[3]

［1］【今注】紺（gàn）：深青色。　縹（piǎo）：青白色。

［2］【今注】淳黄：偏深的黄色。淳，深厚，濃重。　圭：上部尖鋭而下端平直的片狀玉器。

［3］【劉昭注】《漢舊儀》曰："璽皆白玉螭虎紐，文曰'皇帝行璽''皇帝之璽''皇帝信璽''天子行璽''天子之璽''天子信璽'，凡六璽。皇帝行璽，凡封之璽賜諸侯王書；信璽，發兵徵大臣；天子行璽，策拜外國，事天地鬼神。璽皆以武都紫泥封，青囊白素裹，兩端無縫，尺一板中約署。皇帝帶綬，黄地六采，不佩璽。璽以金銀縢組，侍中組負以從。秦以前民皆佩綬，金、玉、銀、銅、犀、象爲方寸璽，各服所好。奉璽書使者乘馳傳。其驛騎也，三騎行，晝夜千里爲程。"《吴書》曰："漢室之亂，天子北詣河上，六璽不自隨，掌璽者投井申（申，紹興本、大德本、殿本作'中'，是）。孫堅北討董卓，頓軍城南，官署有井，每旦有五色氣從井出。堅使人浚得傳國璽（紹興本'浚'後有'井'字）。其文曰'受命于天，既壽永昌'。方圜四十（十，紹興本、殿本作'寸'，是），上有紐文槃五龍，瑨七寸管，龍上一角缺。"《獻帝起居注》曰："時六璽不自隨，及還，於閣上得。"《晉陽秋》曰："冉閔大將軍蔣幹以傳國璽付河南太守戴施，施獻之，百僚皆賀。璽光照洞徹，上蟠螭文隱起，《書》曰'昊天之命，皇帝壽昌'。秦舊璽也。"徐廣曰："傳國璽文曰'受天之命，皇帝壽昌'。"【今注】案，三，紹興本、大德本、殿本作"五"。　首：古代綬、組的單位。《説文·糸部》："絩，綺絲之數也。《漢律》曰：綺絲數謂之絩，布謂之總，綬、組謂之首。"本卷下文云："凡先合單紡爲一系，四系爲一扶，五扶爲一首，五首成一文。"

綬（據山東嘉祥縣武梁祠畫像石《齊王向鍾離春授綬》繪）

諸侯王赤綬，[1]四采，赤黄縹紺，淳赤圭，[2]長二丈一尺，三百首。[3]

[1]【劉昭注】徐廣曰："太子及諸王今印（今，紹興本、大德本、殿本作'金'），龜紐（紐，殿本作'組'），纁朱綬。"

[2]【今注】案，淳，紹興本訛作"浮"。

[3]【劉昭注】荀綽《晉百官表注》曰："皇太子朱綬，三百二十首。"

太皇太后、皇太后，其綬皆與乘輿同，皇后亦如之。

長公主、天子貴人與諸侯王同綬者，[1]加特也。[2]

[1]【今注】長公主：公主之尊者。本書卷一〇上《皇后紀上》："及帝崩，和帝即位，尊后爲皇太后。皇太后臨朝，尊母沘陽

公主爲長公主。”大德本無“長公主”三字。　天子貴人：皇帝的配偶之一。東漢光武帝始置，在後宫地位僅次於皇后。稱天子貴人者，是諸侯王亦有貴人，見下文。

[2]【今注】加特：加特進，意思是權力較同級别者額外高出一些。

諸國貴人、相國皆緑綬，[1]三采，緑紫紺，淳緑圭，長二丈一尺，二百四十首。[2]

[1]【今注】相國：官名。即諸侯王相，是漢諸侯國最高行政官員，類如太守。有長史，如郡丞。秩二千石。

[2]【劉昭注】《前書》曰：“相國、丞相皆秦官，金印紫綬。高帝相國緑綬。”徐廣曰：“金印緑綟綬。”綟音戾，草名也。以染似緑，又云似紫。紫綬名緺綬，音瓜，其色青紫。綟字亦盭，音同也，傳寫者誤，遂作“縶”（紹興本、大德本、殿本無“遂”字）。公加殊禮，皆服之。何承天云：“緺音緺（緺音緺，紹興本作‘禍音媧’，大德本、殿本作‘緺音媧’）。青紫色綬。綟，紫色也。”

公、侯、將軍紫綬，二采，紫白，淳紫圭，長丈七尺，百八十首。[1]公主封君服紫綬。[2]

[1]【劉昭注】《前書》曰：“太尉金印紫綬。御史大夫位上卿，銀印青綬，成帝更名大司空，金印紫綬。將軍亦金印。”《漢官儀》曰：“馬防爲車騎將軍，銀印青綬，在卿上，絶席。和帝以竇憲爲車騎將軍，始加金紫（紫，紹興本、大德本、殿本作‘印’），次司空。”

［2］【今注】公主封君：公主受封有封邑者。

九卿、中二千石、二千石青綬，三采，青白紅，淳青圭，長丈七尺，[1]百二十首。[2]自青綬以上，縌皆長三尺二寸，[3]與綬同采而首半之。縌者，古佩璲也。[4]佩綬相迎受，故曰縌。紫綬㠯上，縌綬之間得施玉環鐍云。[5]

［1］【今注】案，紹興本無"丈"字。

［2］【劉昭注】一號青緺綬。

［3］【今注】縌（nì）：佩玉的絲帶。

［4］【今注】案，遂，紹興本作"繸"，大德本、殿本作"璲"。

［5］【劉昭注】《通俗文》曰："缺環曰鐍。"《漢舊儀》曰"其斷獄者印爲章"也。【今注】鐍：有舌的一種環，用於佩璲。形制猶如現今皮帶上之套環，帶收緊後，以舌納帶孔而進行固定。

千石、六百石黑綬，[1]三采，青赤紺，淳青圭，長丈六尺，八十首。四百石、三百石長同。[2]

［1］【今注】千石：指秩千石的官員，主要包括三公的長史，以及其他中央機構的副職。　六百石：指秩六百石的官員，主要包括中央機構諸令、長，以及地方上的郡丞、縣令等官員。

［2］【劉昭注】《漢官》曰："尚書僕射，銅印青綬。"

四百石、三百石、二百石黃綬，[1]淳黃圭，一采，長丈五尺，六十首。自黑綬㠯下，縌綬皆長三尺，與綬同采而首半之。

［1］【今注】四百石：指秩四百石的官員，主要包括中央機構的丞、尉等低級別官員，以及地方上的小縣縣長、小侯國相等。　三百石：指秩三百石的官員，主要包括東漢中央機構的部分屬吏，小縣縣長及部分列侯國相等。　二百石：指秩二百石的官員，主要包括東漢中央機構的令史之屬，四百石、三百石長相的屬吏丞、尉等。

百石青紺綸，[1]一采，宛轉繆織，[2]長丈二尺。[3]

［1］【今注】綸：當作“綬”。中華本校勘記云：“按：惠（棟）云‘綬’譌‘綸’，當從董巴《輿服志》改。”説是。

［2］【今注】繆織：猶言交織。案，“繆織”下當脱“圭”字。中華本校勘記云：“《集解》引惠棟説，謂‘長’上脱‘圭’字，當從董巴《輿服志》增。”説是。

［3］【劉昭注】丁孚《漢儀》載太僕、太中大夫襄言：“乘輿綬，黄地冒白羽，青絳緑五采，四百首，長二丈三尺。詔所下王綬，冒亦五采，上下無差。諸王綬四采，絳地冒白羽，青黄去緑（緑，殿本作‘緣’，是），二百六十首，長一丈二尺（一，紹興本、殿本作‘二’）。公主綬如王。侯，絳地，紺縹三采，百二十首，長丈八尺。二千石綬，羽青地，桃華縹三采，百二十首，長丈八尺。黑綬，羽青地，絳二采，八十首，長一丈七尺。黄綬一采，八十首，長丈七尺。以爲常式。民織綬不如式，没入官，犯者爲不敬。二千石綬以上，禁民無得織以粉組。”皇太后詔可，王綬如所下。

凡先合單紡爲一系，四系爲一扶，五扶爲一首，五首成一文，文采淳爲一圭。首多者系細，少者系麤，[1]皆廣尺六寸。[2]

[1]【今注】麤（cū）：同“粗”。

[2]【劉昭注】《東觀書》曰：“建武元年，復設諸侯王金璽綟綬，公侯金印紫綬。九卿、執金吾、河南尹秩皆中二千石，大長秋、將作大匠、度遼諸將軍、郡太守、國傅相皆秩二千石（諸將，大德本作‘將諸’），校尉、中郎將、諸郡都尉、諸國行相、中尉、内史、中護軍、司直秩皆二千石（將諸，大德本作‘諸將’），以上皆銀印青綬。中外官尚書令、御史中丞、治書侍御史、公將軍長史、中二千石丞、正、平、諸司馬、中宫王家僕、雒陽令秩皆千石，尚書、中謁者、謁者、黄門冗從、四僕射、諸都監、中外諸都官令、都候、司農部丞、郡國長史、丞、候、司馬、千人秩皆六百石，家令、侍、僕秩皆六百石，雒陽市長秩四百石，主家長秩皆四百石，以上皆銅印黑綬。諸署長楫櫂丞秩三百石，諸秩千石者，其丞、尉皆秩四百石，秩六百石者，丞、尉秩三百石，四百石者，其丞、尉秩二百石（二，紹興本、大德本作‘三’），縣國丞、尉亦如之，縣、國三百石長相（紹興本、大德本、殿本無‘相’字），丞、尉亦二百石，明堂、靈臺丞、諸陵校長秩二百石，丞、尉、校長以上皆銅印黄綬。縣國守宫令、相或千石或六百石，長相或四百石或三百石（四，紹興本作‘三’），長相皆以銅印黄綬。而有秩者侍中、中常侍、光禄大夫秩皆二千石，太中大夫秩皆比二千石，尚書、諫議大夫、侍御史、博士皆六百石，議郎、中謁者秩皆比六百石，小黄門、黄門侍郎、中黄門秩皆比四百石，郎中秩皆比三百石，太子舍人秩二百石。”

太皇太后、皇太后入廟服，紺上皁下；[1]蠶，[2]青上縹下，皆深衣制，[3]隱領袖緣以絛。[4]翦氂蔮，[5]簪珥。[6]珥，[7]耳璫垂珠也。[8]簪以瑇瑁爲擿，[9]長一尺，端爲華勝，[10]上爲鳳皇爵，[11]以翡翠爲毛羽，下有白珠，垂黄金鑷。[12]左右一横簪之，以安蔮結。諸簪珥皆同制，其擿有等級焉。

[1]【今注】紺上皁下：上衣深青色，下裳黑色。

[2]【今注】蠶：行養蠶禮。古時，皇后率領嬪妃及其他貴族婦女培育桑蠶，以示對紡織的重視。本書《禮儀志上》："（春三月）是月，皇后帥公卿諸侯夫人蠶。祠先蠶，禮以少牢。"

[3]【劉昭注】徐廣曰："即單衣。"

[4]【今注】隱領袖緣以絛（tāo）：隱藏領口和袖口用絲帶鑲邊。絛，絲帶。

[5]【今注】翦氂（máo）蔮（guó）：剪氂以爲蔮。氂，牦牛尾。蔮，古代婦女覆於髮上的一種飾物。

[6]【今注】珥：耳飾。

女性首飾（從左至右據河南三門峽市陝州區劉家渠出土琉璃耳璫，《考古學報》1965 年第 1 期，第 152 頁；湖南長沙五里牌出土金勝，《文物》1960 年第 3 期，第 24 頁；江蘇邗江甘泉出土金勝，《文物》1981 年第 11 期，第 3 頁；湖南常德南坪出土金珥，《考古學集刊》第 1 輯，第 167 頁繪）

[7]【今注】案，紹興本、大德本無此“珥”字。

[8]【今注】案，珠也，大德本爲小字。紹興本、殿本無“也”字。

[9]瑇瑁：一種外形似龜的爬行動物，甲殼有黑斑紋和半透明光澤，可以用來製作首飾。 擿（zhì）：髮簪股。

[10]【今注】華勝：即花勝。古代婦女的一種花形首飾。

[11]【今注】鳳皇爵：即鳳凰雀。皇，紹興本、大德本、殿本作“凰”。

[12]【今注】鑷：一種綴附於簪釵的飾物。

皇后謁廟服，紺上皁下，蠶，青上縹下，皆深衣制，隱領袖緣以絛。假結，[1]步搖，[2]簪珥。步搖以黄金爲山題，[3]貫白珠爲桂枝相繆，一爵九華，[4]熊、虎、赤羆、天鹿、辟邪、南山豐大特六獸，[5]《詩》所謂“副笄六珈”者。[6]諸爵獸皆以翡翠爲毛羽。[7]金題，白珠璫繞，以翡翠爲華云。

[1]【今注】假結：即假髻。用假髮製作的髮髻，供婦女裝飾用。

[2]【今注】步搖：古代婦女附在簪釵上的一種飾物。

[3]【今注】山題：步搖的底座。因其形象山，著於額前，故名。

[4]【今注】爵：通“雀”。 華：花。

[5]【今注】羆（pí）：棕熊。羆，紹興本作“熊”。 天鹿辟邪：皆爲傳説中的神獸。《漢書》卷九六上《西域傳上》“有桃拔、師子、犀牛”，顔師古注引孟康曰：“桃拔一名符拔，似鹿，長尾，一角者或爲天鹿，兩角者或爲辟邪。” 南山豐大特：居於終南山灃水旁的一頭神牛。《史記》卷五《秦本紀》“（文公）二十七年，

伐南山大梓，豐大特”，張守節《正義》引《録異傳》：“秦文公時，雍南山有大梓樹，文公伐之，輒有大風雨，樹生合不斷。時有一人病，夜往山中，聞有鬼語樹神曰：‘秦若使人被髮，以朱絲繞樹伐汝，汝得不困耶？’樹神無言。明日，病人語聞，公如其言伐樹，斷，中有一青牛出，走入豐水中。其後牛出豐水中，使騎擊之，不勝。有騎墮地復上，髮解，牛畏之，入不出。故置髦頭。漢、魏、晉因之。武都郡立怒特祠，是大梓牛神也。”　案，獸，紹興本、大德本作“獻”。

［6］【劉昭注】《毛詩傳》曰：“副者，后夫人之首飾，編髮爲之。笄，衡笄也。珈，笄飾之最盛者，所以别尊卑。”鄭玄曰：“珈之言加也。副既笄而加飾，如今步摇上飾，古之制所未聞。”

戴六笄女性（據《密縣打虎亭漢墓》圖五二一號墓中室甬道西壁石刻畫像拓本繪）

［7］【今注】案，紹興本、大德本、殿本無“以”字。

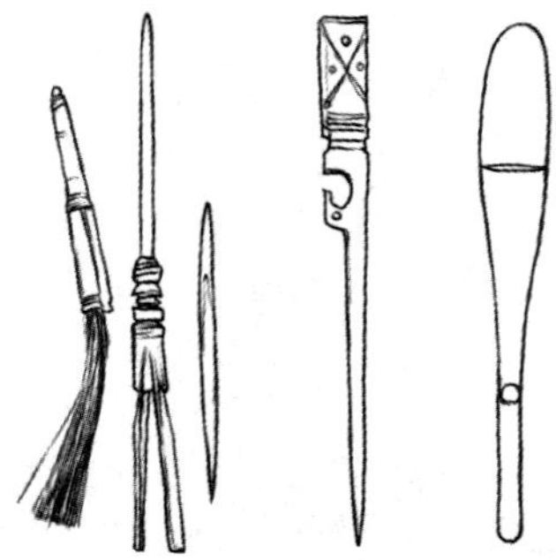

女性首飾——笄〔從左至右據《長沙馬王堆一號漢墓》下集圖版 181（1、2、3）；湖北江陵鳳凰山出土骨笄，《文物》1974 年第 6 期，第 59 頁；河南洛陽西郊出土玉笄，《考古學報》1963 年第 2 期，第 37 頁繪〕

貴人助蠶服，純縹上下，深衣制。大手結，[1]墨瑇瑁，又加簪珥。長公主見會衣服，加步摇，公主大手結，皆有簪珥，衣服同制。自公主封君以上皆帶綬，以采組爲緄帶，[2]各如其綬色。黄金辟邪，首爲帶鐍，[3]飾以白珠。

［1］【今注】大手結：即大手髻或大首髻。大手髻是一種假髻，用鐵絲圍成圈，其外編以髮，用時戴在頭上，其上配飾以步摇、花鈿等飾物。

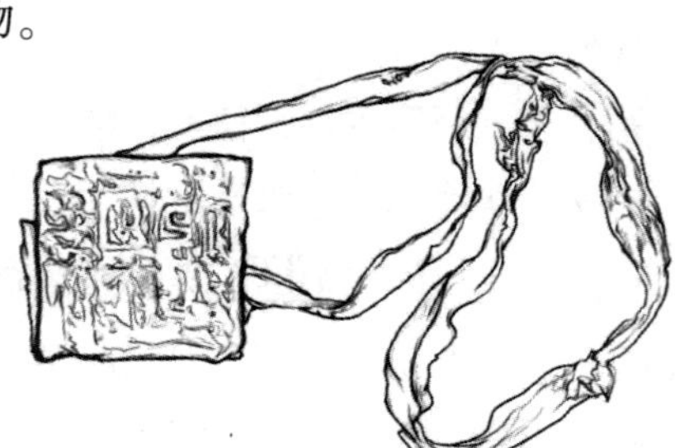

"妾辛追"印與綬（據《長沙馬王堆一號漢墓》下集圖版 179 繪）

戴步摇仕女（據《列女仁智圖》“孫叔敖母”故事中“叔敖母”形象繪）

［2］【今注】緄帶：色絲織成的束帶。

［3］【今注】案，紹興本無“鐍”字。

公、卿、列侯、中二千石、二千石夫人，紺繒幗，黄金龍首銜白珠，魚須擿，[1]長一尺，爲簪珥。入廟佐祭者皁絹上下，助蠶者縹絹上下，皆深衣制，緣。[2]自二千石天人以上至皇后，[3]皆以蠶衣爲朝服。

［1］【今注】魚須：鯊魚鬚。

［2］【今注】緣：有鑲邊。

［3］【今注】案，天，紹興本、大德本、殿本作“夫”，是。

公主、貴人、妃以上，嫁娶得服錦綺羅縠繒，采十二色，重緣袍。特進、列侯以上錦繒，采十二色。六百石以上重練，采九色，禁丹紫紺。三百石以上五色采，青絳黄紅緑。二百石以上四采，青黄紅緑。賈人，緗縹而已。[1]

[1]【劉昭注】《博物記》曰："交州南有蟲，長減一寸，形似白英，不知其名，視之無色，在陰地多緗色，則赤黄之色也。"【今注】緗縹：淺黄色和淺青色。

公、列侯以下皆單緣襈，[1]制文繡爲祭服。自皇后以下，皆不得服諸古麗圭襂閨緣加上之服。[2]建武、永平禁絶之，建初、永元又復中重，[3]於是世莫能有制其裁者，乃遂絶矣。[4]

[1]【今注】襈（zhuàn）：青絳色衣緣。《釋名·釋衣服》："襈，緣也。青絳爲之緣也。"

[2]【劉昭注】司馬相如《大人賦》曰（大，殿本作"李夫"；殿本無"曰"字）："垂旬始以爲襂（垂，紹興本、大德本、殿本作'重'）。"注云（云，殿本作"曰"）："葆下旒也。"則襂之容如旌旒也。【今注】麗圭襂（shān）：一種貴重的女服，其形制已失傳。襂，同"衫"。

[3]【今注】建初：東漢章帝劉炟年號（76—84）。初，紹興本作"武"。　永元：東漢和帝劉肇年號（89—105）。

[4]【劉昭注】蔡邕《表志》曰："永平初，詔書下車服制度，中宫皇太子親服重繒厚練，院已復御（院，紹興本、大德本、殿本作'浣'，是），率下以儉化起機。諸侯王以下至于士庶，嫁娶被服，各有秩品（秩，大德本作'科'）。當傳萬世，揚光聖德。臣以爲宜集舊事儀注本奏，以成志也。"

凡冠衣諸服，旒冕、長冠、委貌、皮弁、爵弁、建華、方山、巧士，衣裳文繡，赤舄，服絇履，大佩，皆爲祭服，其餘悉爲常用朝服。唯長冠，諸王國謁者以爲常朝服云。宗廟以下，祠祀皆冠長冠，皁繒袍，單衣，絳緣領袖中衣，絳絝袜，五郊各從其色焉。

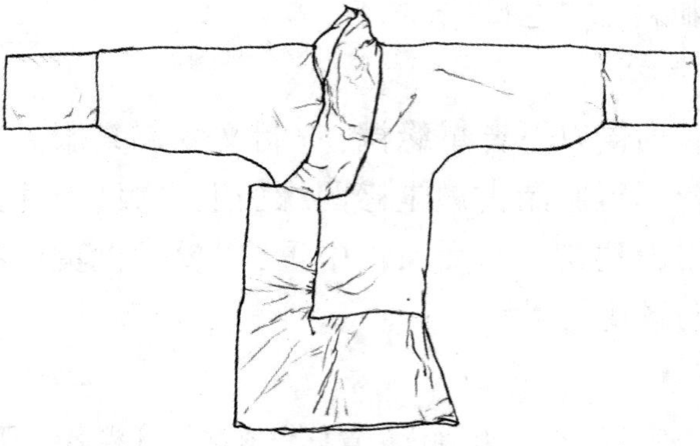

袍(據《長沙馬王堆一號漢墓》下集圖七九印花敷彩黄紗綿袍繪)

單衣（據《長沙馬王堆一號漢墓》下集圖七八素紗單衣繪）

贊曰：車輅各庸，[1]旌旂異局。[2]冠服致美，佩紛璽玉。敬敬報情，尊尊下欲。[3]孰夸華文，匪豪麗縟。

[1]【今注】輅（lù）：一種大車，帝王所乘。　庸：用，用途。

[2]【今注】局：指使用的範圍、環境。

[3]【今注】下欲：降低私慾。